前　言

当前，全球新一轮科技革命和产业变革蓄势待发，我国经济进入速度变化、结构转型和动力转换的关键时期。在新形势下，创造力提升已经成为国民经济发展战略任务，创造力水平的高低已经成为现代企业成功与否的关键要素，个体创造力更是现代组织创新的核心推动力量。只有提升人的创造力，创新才不会遥远，才能促使杰出科学家、发明家、技术专家和企业家不断涌现。同时，让每一个充满梦想的普通人愿意为之付出努力并获得成功，可见个体创造力的提升极其重要，然而目前虽然国内外学者对创造力理论展开了丰富研究，但个体创造力的驱动因素研究依然是热点，且基于信息交换和信息细化的中介作用，展开目标导向对个体创造力影响的相关研究较少。

因此，本书基于个体创造力、目标导向、信息细化、团队信息交换、动机性信息处理及传染病理论，在国内外学者研究的基础上，剖析目标导向对个体创造力的影响机理，构建目标导向对个体创造力影响的理论模型，运用实证研究方法对所构建模型进行验证，移植基于系统动力学方法的传染病理论构建目标导向对个体创造力的动态影响模型，并使用 MATLAB 进行仿真研究，最终从实践层面提出现代组织个体创造力提升的对策和建议。本书核心章节主要有四个部分，第一部分是统领全文的核心理论框架；第二部分展开深入研究，并为第三、四部分提供支撑；第三部分研究持续深入，并作为全书理论层面的最终落脚点；第四部分基于理论研究成果，从应用层面展开研究，是全书实践层面的最终落脚点，下面予以详细阐述：

第一部分，构建目标导向对个体创造力跨层影响的理论模型（为本书第三章）。本部分基于个体创造力、目标导向、信息交换、信息细化、动机性信息处理理论展开目标导向对个体创造力跨层影响的理论模型构建研究，本部分是全书的核心理论研究框架。首先，基于国内外学者的理论，构建了目标导向对个体创造力影响的理论模型框架；其次，深入剖析了团队目标导向对个体创造力的跨层影响、个体目标导向对个体创造力的影响、信息细化和信息交换在目标导向对个体创造力关系中的间接效应、团队目标导向在个体目标导向和个体信息细化关系中的调节作用；最后，在上述系统分析的基础上，提出了15个研究假设，并构建了路径模型。

第二部分，目标导向对个体创造力跨层影响的理论模型验证（为本书第四章）。本部分在第三章基础上，采用实证研究方法对目标导向对个体创造力跨层影响的理论模型进行验证，本部分为第五章、第六章提供支撑。首先，根据研究内容进行调查问卷设计，选择样本并进行调研，对变量进行界定和衡量；其次，针对收集到的数据进行描述统计分析、信度和效度分析；再次，对跨层模型利用SPSS和HLM多层数据模型进行跨层模型聚合检验，以及展开对15个假设的检验；最后，对实证分析的结果从多个层面展开深入的分析，探讨产生这一结果的原因。

第三部分，目标导向对个体创造力的动态影响（为本书第五章）。本部分将基于系统动力学的传染病理论进行移植，展开目标导向对个体创造力的动态影响研究，本部分是全书的最终理论层面落脚点。本部分首先基于第三、四章研究成果，将基于系统动力学的传染病理论进行移植，确立了建模依据和思想；其次，构建了目标导向对个体创造力的动态影响模型，确定了转化规则，配置了模型参数；再次，对模型平衡点、阈值进行了理论探讨，又次，在第四章数据基础上，对阈值内在机理进行分析，确定了模型参数配置方案；最后，针对仿真结果，从多个层面展开目标导向对个体创造力的动态影响分析，本部分为第六章提供理论支撑。

第四部分，现代组织的个体创造力提升对策（为本书第六章）。本部分首先指出现代组织个体创造力提升困境，提出了现代组织个体创造力管理的"1234"体系；其次，基于动机性信息处理理论建立个体信息细化和团队信息交换子系统，为个体创造力提升提供支撑；再次，从团队和个体层面多目标导向提出个体创造力提升策略，从影响目标导向的内隐能力、人格特质、成就动机、自我效能感、能力直觉、情绪倾向、组织环境、家庭情境等多个因素入手提出如何针对不同策略实施；最后，指出个体创造力提升的加强组织文化建设、采取柔性组织结构、丰富组合激励方式和建立长效培训机制四项保障措施。本部分是全书研究的最终实践层面的落脚点。

本书研究具有重要的理论意义和应用价值。在理论层面，推动了个体创造力本专著由"教育部人文社科青年基金项目：乡村振兴战略下目标导向和信息细化对农民合作社绩效影响研究（20YJC630206）""重庆文理学院人才引进项目（R2018JG14）""重庆文理学院学术专著出版资助项目"资助

团队目标导向与个体目标导向对个体创造力的影响研究

Research on the Impact of Team Goal Orientation and Individual Goal Orientation on Individual Creativity

张 健 著

经济管理出版社
ECONOMY & MANAGEMENT PUBLISHING HOUSE

图书在版编目（CIP）数据

团队目标导向与个体目标导向对个体创造力的影响研究/张健著.—北京：经济管理出版社，2020.8
ISBN 978-7-5096-7306-5

Ⅰ.①团… Ⅱ.①张… Ⅲ.①个体经济—经济发展—研究—中国 Ⅳ.①F121.23

中国版本图书馆 CIP 数据核字（2020）第 139152 号

组稿编辑：何　蒂
责任编辑：何　蒂　詹　静
责任印制：黄章平
责任校对：陈　颖

出版发行：经济管理出版社
　　　　　（北京市海淀区北蜂窝 8 号中雅大厦 A 座 11 层　100038）
网　　址：www.E-mp.com.cn
电　　话：(010) 51915602
印　　刷：北京玺诚印务有限公司
经　　销：新华书店
开　　本：720mm×1000mm/16
印　　张：14.5
字　　数：260 千字
版　　次：2020 年 8 月第 1 版　2020 年 8 月第 1 次印刷
书　　号：ISBN 978-7-5096-7306-5
定　　价：68.00 元

·版权所有　翻印必究·
凡购本社图书，如有印装错误，由本社读者服务部负责调换。
联系地址：北京阜外月坛北小街 2 号
电话：(010) 68022974　邮编：100836

理论体系构建,深化了信息交换理论和信息细化理论在个体创造力研究领域应用,为加强目标导向对个体创造力影响研究提供动态视角。在实践层面,能够指导现代组织提高个体创造力管理的系统性,指导现代组织建立完善的个体创造力提升支撑条件,指导现代组织选择科学的个体创造力实施策略、指导现代组织采取可靠的个体创造力保障措施。在未来,一方面将考虑更多的潜在中介变量、进一步聚焦于人的属性变量展开目标导向对创造力的影响研究;另一方面将非营利性机构纳入样本,同时考虑重复感性展开更为深入的仿真研究,以提出更具有普适性的个体创造力提升对策。

目 录

第一章 绪论 ··· 1

  第一节 研究背景与选题意义 ·· 1
    一、研究背景 ··· 1
    二、选题意义 ··· 2
  第二节 国内外研究现状 ·· 5
    一、个体创造力 ·· 5
    二、目标导向 ··· 8
    三、信息交换 ··· 11
    四、信息细化 ··· 13
    五、研究现状评述 ·· 17
  第三节 研究内容和方法 ·· 19
    一、研究内容 ··· 19
    二、研究方法 ··· 21
  第四节 研究技术路线 ··· 22

第二章 相关概念及理论基础 ··· 23

  第一节 个体创造力概念和内涵 ··· 23
    一、创造力的概念 ·· 23
    二、创新与创造概念区分 ··· 25
    三、个体创造力的概念和内涵 ··· 27
  第二节 目标导向概念、分类和影响因素 ···························· 30
    一、目标导向的概念 ··· 30

二、目标导向的分类 ……………………………………………… 34
三、目标导向的影响因素 …………………………………………… 37
第三节 信息细化概念和内涵 …………………………………………… 43
一、信息细化的概念 ………………………………………………… 43
二、信息细化的内涵 ………………………………………………… 47
第四节 团队信息交换概念和内涵 ……………………………………… 48
一、团队信息交换的概念 …………………………………………… 48
二、团队信息交换的内涵 …………………………………………… 50
第五节 个体创造力的相关理论 ………………………………………… 52
第六节 动机性信息处理理论 …………………………………………… 62
一、动机性信息处理理论内容 ……………………………………… 62
二、动机性信息处理和个体创造力的关联 ………………………… 62
第七节 传染病理论 ……………………………………………………… 63
一、系统动力学理论 ………………………………………………… 63
二、基于系统动力学的传染病理论 ………………………………… 64
本章小结 …………………………………………………………………… 65

第三章 目标导向对个体创造力跨层影响的理论模型构建 ………… 67
第一节 目标导向对个体创造力影响的理论模型框架 ………………… 67
第二节 目标导向对个体创造力的影响 ………………………………… 68
一、团队目标导向对个体创造力的跨层影响 ……………………… 70
二、个体目标导向对个体创造力的影响 …………………………… 73
三、信息细化和交换的间接效应 …………………………………… 74
四、团队目标导向的调节作用 ……………………………………… 79
第三节 研究假设及路径模型 …………………………………………… 80
一、研究假设 ………………………………………………………… 80
二、路径模型 ………………………………………………………… 81
本章小结 …………………………………………………………………… 82

第四章 目标导向对个体创造力跨层影响的理论模型验证 ………… 84
第一节 研究方法 ………………………………………………………… 84
一、问卷设计 ………………………………………………………… 84

二、样本选择与调研 …………………………………………… 87
　　三、变量界定与衡量 …………………………………………… 88
第二节　模型信度与效度分析 ………………………………………… 92
　　一、描述性统计分析 …………………………………………… 92
　　二、信度与效度分析 …………………………………………… 93
第三节　模型聚合检验及假设检验 …………………………………… 100
　　一、跨层模型聚合检验 ………………………………………… 100
　　二、理论模型假设检验 ………………………………………… 102
第四节　研究结果讨论 ………………………………………………… 111
　　一、团队目标导向对个体创造力的跨层影响 ………………… 111
　　二、个体目标导向对个体创造力的直接影响 ………………… 115
　　三、个体信息细化和团队信息交换的中介作用 ……………… 116
　　四、团队目标导向在跨层模型中的调节作用 ………………… 118
本章小结 ……………………………………………………………… 119

第五章　目标导向对个体创造力的动态影响研究 …………………… 121

第一节　建模依据及思想 ……………………………………………… 121
　　一、基于系统动力学理论的传染病建模依据 ………………… 121
　　二、基于疾病传播和个体创造力理论的建模思想 …………… 122
第二节　模型构建 ……………………………………………………… 123
　　一、模型假设 …………………………………………………… 124
　　二、动态影响模型构建 ………………………………………… 124
　　三、主体状态转化规则 ………………………………………… 128
　　四、模型参数配置 ……………………………………………… 129
第三节　模型平衡点和阈值 …………………………………………… 131
第四节　仿真实验 ……………………………………………………… 133
　　一、实验数据 …………………………………………………… 133
　　二、阈值内在机理分析 ………………………………………… 134
　　三、仿真参数估计及设置 ……………………………………… 136
第五节　仿真结果分析 ………………………………………………… 138
　　一、G-SEIR 模型仿真分析 …………………………………… 138
　　二、MG-SEVIR 模型仿真分析 ………………………………… 141

三、仿真结果综合讨论 152
　本章小结 157

第六章　现代组织的个体创造力提升对策 159
　第一节　个体创造力管理体系 159
　第二节　个体创造力提升的支撑条件 161
　　一、个体信息细化支撑子系统 161
　　二、团队信息交换支撑子系统 162
　第三节　个体创造力提升策略 164
　　一、学习目标推进策略 166
　　二、绩效趋近目标引导策略 167
　　三、绩效趋避目标回避策略 169
　第四节　个体创造力提升的保障措施 170
　　一、加强组织文化建设 171
　　二、采取柔性组织结构 171
　　三、丰富组合激励方式 172
　　四、建立长效培训机制 173
　本章小结 173

第七章　结论与展望 175
　第一节　研究的主要结论 175
　第二节　研究的创新点 177
　第三节　研究局限及展望 178

参考文献 179

附录 212

后记 215

图 目 录

图1-1 个体创造力载文量变化曲线 ………………………………… 7
图1-2 个体创造力关键词共线网络 ………………………………… 8
图1-3 目标导向载文量变化曲线 …………………………………… 10
图1-4 目标导向关键词共线网络 …………………………………… 11
图1-5 信息交换载文量变化曲线 …………………………………… 13
图1-6 信息交换关键词共线网络 …………………………………… 13
图1-7 信息交换载文量变化曲线 …………………………………… 16
图1-8 信息交换关键词共线网络 …………………………………… 16
图1-9 本书的技术路线 ……………………………………………… 22
图2-1 组织环境中的创造与创新 …………………………………… 26
图2-2 目标导向行为与目标行为 …………………………………… 40
图2-3 信息细化的分类阐述模型 …………………………………… 47
图2-4 团队信息交换过程 …………………………………………… 52
图2-5 个体创造力的成分理论模型 ………………………………… 54
图2-6 创造性绩效的成分 …………………………………………… 54
图2-7 创造力的投资理论成分模型 ………………………………… 56
图2-8 创造力系统模型 ……………………………………………… 61
图3-1 目标导向对个体创造力的跨层影响理论模型 ……………… 68
图3-2 目标导向对个体创造力跨层影响的路径模型 ……………… 82
图4-1 研究模型路径系数 …………………………………………… 108
图4-2 个体层次学习目标导向与团队层次学习目标导向交互
　　　作用项图解 ………………………………………………… 112
图4-3 个体层次学习目标导向与团队层次绩效趋避目标导向

　　　　交互作用项图解 …………………………………………… 113
图 5-1　G-SEIR 基础模型成员转化关系 ………………………… 125
图 5-2　MG-SEVIR 衍生模型成员转化示意图（K=2） ………… 127
图 5-3　λ、$g\epsilon$、γ 变化对阈值影响 ……………………………… 135
图 5-4　$g\epsilon$、γ 变化对阈值影响 ……………………………………… 135
图 5-5　G-SEIR 系统成员状态变化 ……………………………… 138
图 5-6　第 1 组 1~3 方案仿真 …………………………………… 139
图 5-7　第 2 组 4~6 方案仿真 …………………………………… 140
图 5-8　第 3 组 7~9 方案仿真 …………………………………… 141
图 5-9　第 4 组 10~12 方案仿真 ………………………………… 142
图 5-10　第 5 组 13~15 方案仿真 ………………………………… 142
图 5-11　团队层面 16~18 方案仿真 ……………………………… 144
图 5-12　个体层面 16~18 方案仿真 ……………………………… 145
图 5-13　团队层面 19~21 方案仿真 ……………………………… 145
图 5-14　个体层面 19~21 方案仿真 ……………………………… 146
图 5-15　团队层面 22~24 方案仿真 ……………………………… 147
图 5-16　个体层面 22~24 方案仿真 ……………………………… 148
图 5-17　第 9 组 25~27 方案仿真 ………………………………… 149
图 5-18　第 12 组 34~36 方案仿真 ……………………………… 150
图 5-19　第 14 组 40~42 方案仿真 ……………………………… 151
图 5-20　第 15 组 43~45 方案仿真 ……………………………… 152
图 5-21　MG-SEVIR 模型成员状态转化 ………………………… 153
图 5-22　第 10 组 28~30 方案仿真 ……………………………… 154
图 5-23　第 11 组 31~33 方案仿真 ……………………………… 155
图 5-24　第 13 组 37~39 方案仿真 ……………………………… 155
图 6-1　现代组织个体创造力管理体系 …………………………… 160
图 6-2　个体信息细化支撑子系统 ………………………………… 162
图 6-3　团队信息交换支撑子系统 ………………………………… 163

表 目 录

表1-1	个体创造力研究的最新进展	6
表1-2	目标导向最新研究进展	9
表1-3	信息交换研究最新进展	11
表1-4	信息细化研究最新进展	14
表2-1	个体创造力的概念和内涵	27
表2-2	目标导向的概念	31
表4-1	样本基本情况（N=357）	92
表4-2	变量均值、标准差以及相关系数	94
表4-3	样本信度分析结果	95
表4-4	量表题项及效度检验	97
表4-5	测量模型比较	99
表4-6	团队层次数据聚合检验	102
表4-7	团队信息交换的中介作用	105
表4-8	个体信息细化的中介作用	107
表4-9	团队层次的目标导向的跨层次模型分析结果	110
表4-10	假设检验结果汇总	114
表5-1	G-SEIR基础模型主要参数	125
表5-2	MG-SEVIR衍生模型主要参数	127
表5-3	主体的多目标导向系数及部分参数	130
表5-4	基准数据/系数样本	133
表5-5	G-SEIR模型参数设置方案（5组）	136
表5-6	MG-SEVIR模型参数设置方案（10组）	137
表6-1	现代组织个体创造力提升策略及实施	165

第一章 绪论

第一节 研究背景与选题意义

一、研究背景

1. 创造力提升已经成为国民经济发展战略任务

党的十八大明确提出实施创新驱动、创造力提升发展战略,并将其作为关系国民经济全局紧迫而重大的战略任务。党的十八届五中全会将创新作为五大发展理念之首,并进一步指出,坚持创新发展,必须把创造力提升摆在国家发展全局的核心位置,不断推进理论创新、制度创新、科技创新、文化创新等各方面创新,让创新贯穿党和国家的一切工作中,让创新在全社会蔚然成风。李克强总理在 2015 年《政府工作报告》中提出,推动大众创业、万众创新,培育和催生经济社会发展新动力。2015 年 6 月,国务院颁布了《关于大力推进大众创业万众创新若干措施的意见》,其明确指出,推进大众创业、万众创新,提升创造力是培育和催生经济社会发展新动力的必然选择,是扩大就业、实现富民之道的根本举措,是激发全社会创新潜能和创业活力的有效途径。这是认真总结国内外发展实践经验和理论认识的结果,符合当今世界发展实际和创新潮流,具有重要的理论意义和现实意义。

2. 创造力水平的高低已经成为现代企业成功与否的关键要素

Porter(1990)曾经说过"国家的繁荣来源于创造,而不是来源于继承",这句话充分地表达出创造对于组织和国家的重要性,尤其是创造力受到前所未有的重视。随着经济全球化的不断发展，市场需求的变化越来越迅速，国内外竞争也愈发激烈，产品生命周期已经大大缩短，新产品、新技术或新思想时刻改变着各行各业的发展状态。为了维系生存与发展，组织需要不断寻求新的市场策略、新的产品与服务、新的制造工艺以及新的管理实践等，创造力已经成为决定现代组织成功与否的关键要素（Ford，1995）。

3. 个体创造力是现代组织创新的核心推动力量

经济学家熊彼特（代明，2012）认为，创新是企业家对生产要素的重新组合。美国管理学家德鲁克（吉丹俊，2007）认为，创新是赋予资源以新的创造财富能力的行为，创新主要有两种：技术创新和社会创新。著名经济学家诺思（邵延枫，1993）认为，世界经济的发展是一个制度创新与技术创新不断互相促进的过程。影响创新创业的因素有很多，包括国民素质、基础研究水平、科研基础设施条件、体制政策环境等方面，但核心是人的因素，关键是创新型企业的发展壮大。从某种程度上讲，推动创新发展，就是坚持以人为本推进创新，充分调动和激发人的创业创新基因。

不积跬步无以至千里，不积细流无以成江海。当前，全球新一轮科技革命和产业变革蓄势待发，我国经济进入速度变化、结构转型和动力转换的关键时期。面对新的形势，必须深入推进大众创业、万众创新，着力营造有利于杰出科学家、发明家、技术专家和企业家不断涌现，大众创业、万众创新蔚然成风的社会环境和文化氛围，让每一个充满梦想并愿意为之努力的人获得成功，实现经济平稳持续增长、国家强盛、人民富裕和社会公平正义。因此，创新之重要性不言而喻，而只有提升人的创造力，创新才不会遥远。

二、选题意义

目前，创造力理论的相关研究已经被学者进行了丰富挖掘。然而，尽管学者们对个体创造力相关内容进行宽泛的涉猎，但对个体创造力的驱动因素研究依旧是热点问题。本书基于目标导向理论试图对个体创造力进行跨层次研究，研究其对个体创造力的影响、团队信息交换和个体信息细化这两个关键因素在其中所扮演的中介作用，以及随着团体、个体目标导向权值的变化，目标导向对个体创造力的影响是如何动态演化的。因此，本书具有重要的理论创新价值和实践指导意义。

1. 理论意义

（1）推动个体创造力理论体系构建。

过去，个体创造力研究主要集中在创造者人格、特质、能力和思维风格等方面。但是，随着整个人类社会的不断向前发展，单个人的创造逐渐被团队合作创造所替代，特别是在现代企业中，团队是基本的任务个体，通过运用团队来解决企业所面临的问题已经是现代企业新的经营方式。因此，先前个体创造力的研究已经不能满足社会对创造力的实务应用，这种社会需要和实务需求促使研究者跳出原有的单一研究观点，需要在团队或组织环境层次对个体创造力作进一步的研究和探讨，并将研究重点应集中在哪些内外部因素会影响且如何影响个体创造力上。然而基于团队和个人层面，展开目标导向对个体创造力影响、信息细化和信息交换在其中的间接效应、团队目标导向在个体目标导向和个体信息细化之间的调节作用以及目标导向对个体创造力的动态影响等相关研究，将会有力地推动个体创造力理论体系的构建。

（2）深化信息交换理论和信息细化理论在个体创造力研究领域的应用。

管理学领域的信息交换理论研究近几年才逐渐出现，国内外研究成果较少，有研究证明信息交换在工作背景中具有关键作用，可以对工作绩效产生很大影响（Mesmer – Magnus and DeChurch，2009）。本书研究的是团队信息交换对个体创造力的影响，目的是促进员工产生新颖且有用的想法，因此本书将信息交换理论应用于目标导向对个体创造力的跨层影响研究具有坚实的理论基础，并深化了信息交换理论的应用。

信息细化凌驾于信息共享之上，是一种复杂的交流形式，很多研究都是将信息细化作为团队层次变量展开对个体创造力的影响研究，但信息细化并不完全拘泥于团队层次，展开个体信息细化在个体目标导向和个体创造力关系中的中介作用研究，则将信息细化理论拓展应用到个体层次。尽管目前少有学者在个体层次研究信息细化，但信息细化对个体创造力的作用不言而喻。因此，本书将信息细化理论应用于目标导向对个体创造力的研究，深化了信息细化理论的应用。

（3）为加强目标导向对个体创造力影响研究提供动态视角。

将基于系统动力学的传染病理论进行移植，展开目标导向对个体创造力的动态影响仿真研究，弥补了传统实证方法研究的不足。能够深入剖析团队层次的学习目标导向、绩效趋近目标导向、绩效趋避目标导向等因素的变化对团队信息交换的影响，并能够展开其是如何跨层、动态地对个体创造力产生影响的，进而深入揭示团队层次目标导向对个体创造力的跨层动态影响机理。然而对个体层次的学习、绩效趋近、绩效趋避目标导向因素变化对个体创造力的直接和间接动态影响，亦能够解析个体目标导向对个体创造力的动态影响机理。同时，也能够从系统观出发，对目标导向和个体创造力之间的因果关系，形成的复杂的、动态的系统结构，以及系统的全局阈值、局部阈值进行测量和分析，在提高了本书研究系统性的同时，为目标导向对个体创造力影响研究提供了动态视角，更符合快速发展的时代特点。

2. 现实意义

如上文所述，随着全球新一轮科技革命和产业变革的开始，我国经济进入速度变化、结构转型和动力转换的关键时期。在机遇和挑战并存的现实情境下，创造力提升已经成为国民经济发展战略任务，创造力水平已经成为现代企业成功与否的关键要素，个体创造力是现代组织创新的核心推动力量。然而，现代组织却面临诸多个体创造力提升困境：①个体创造力管理体系不健全；②个体创造力提升的支撑条件不完善；③个体创造力提升的策略选择不科学；④个体创造力提升的保障措施不具体。

因此，如何从实践层面构建个体创造力的系统管理体系、健全完善的支撑条件、选择科学的实施策略、采取可靠的保障措施均具有重要的现实意义。

（1）指导现代组织提高个体创造力管理的系统性。

动机性信息处理理论是现代组织个体创造力管理体系坚实的理论基础，贯穿于团队信息交换、个体信息细化、团队和个体层面目标导向对个体创造力的提升过程中。因此，基于动机性信息处理理论建立个体创造力管理体系，能够指导现代组织提高个体创造力管理的系统性，同时也提高了可操作性。

（2）指导现代组织建立完善的个体创造力提升的支撑条件。

从团队层面，采用先进的计算机技术、物联网技术、移动通信技术，通过不同的传播渠道为数据分享、想法分享、知识分享提供便利的条件，可以不断提升团队信息交换水平。从个体层面，在动机性信息处理理论支撑下，建立认知机制观，调动与利用多样化的组织信息资源，为观点交换、思维交换、知识交换提供丰沃的土壤，亦是个体信息细化水平不断提升的有效途径。因此，从团队信息交换和个体信息细化视角出发，指引现代组织完善团队信息交换和个体信息细化支撑的子系统，不断促进团队信息交换和个体信息细化水平持续、稳定提升，为现代组织个体创造力的提升建立极为完善的支撑条件。

（3）指导现代组织选择科学的个体创造力实施策略。

从团队层面、个体层面的学习目标导向、绩效趋近目标导向、绩效趋避目标导向对个体创造力的动态作用出发，确定提升个体创造力的学习目标导向推进、绩效趋近目标导向引导和绩效趋避目标导向回避策略，能够指导现代组织采取更为科学的个体创造力提升策略。从影响目标导向的内隐能力、人格特质、成就动机、自我效能感、能力直觉、情绪倾向、组织环境、家庭情境等多个因素入手，则亦能指引现代组织系统将上述策略予以实施。

(4) 指导现代组织采取可靠的个体创造力保障措施。

①加强组织文化建设以形成创新文化、缔结心理契约；②采取柔性组织结构以实现组织结构扁平化、网络化；③丰富组合激励方式以提高个体创新积极性、诱发创新动力源；④建立长效培训机制以促进显性知识内化、提升组织知识流量。这四项保障措施能够指导现代组织实现个体创造力提升目标、保障创新战略的实现。

第二节 国内外研究现状

在个体创造力、目标导向、信息交换、信息细化领域，国外的研究起步较早，也比较成熟，国内则略显滞后。因此，为立足国内研究现状，追踪国外研究热点，本书采用归纳总结方式，对近几年的国外相关领域研究进行系统梳理，并总结出研究热点和发展趋势；而针对国内相关研究领域，则采用文献计量学方法，以《中国学术期刊全文数据库》（简称CNKI）为数据源，结合数理统计和可视化工具展开研究现状分析。

一、个体创造力

1. 国外个体创造力研究现状及趋势

为了更好地了解个体创造力国外研究现状，本书选择2009年以来有关个体创造力的相关实证研究进行分析，主要以2013～2016年文献为主，以年份为排序方式，对其中的自变量、调节变量、中介变量和因变量进行了提取，从而可以使大家对其有一个较为清晰的认识，具体如表1-1所示。

从近几年的国外文献可以看出，国外学者对个体创造力的研究，主要是为了研究其对组织创新的影响，其中领导所扮演的角色也是其所关注的问题。当前，针对个体创造力的影响因素研究，很多学者都专注在领导风格以及团队因素上，如Silke Astrid Eisenbeiß等（2013）研究了转换型领导与员工创造力的关系，Seong Wook Chae等（2015）研究了任务多样性与个体创造力的关系。然而将目

团队目标导向与个体目标导向对个体创造力的影响研究

标导向作为影响因素进行研究的尚不多见，目标导向的研究往往将组织绩效作为结果变量进行研究，而创造力是创新的前提，创新是一种组织绩效的体现，故而研究目标导向与创造力的关系很有必要。

表1-1 个体创造力研究的最新进展

年份	作者	自变量	调节变量	中介变量	因变量
2016	Young Wook Seo 等	创造力自我效能感、个体知识、IT支持	主观幸福感、探索和利用	个体吸收能力	个体创造力
2015	Seong Wook Chae 等	任务多样性、任务可分析性	—	知识共享、团队成员交换	个体创造力
2013	Min Hee Hahn 等	任务复杂性、官僚文化和支持性文化	—	探索与利用	个体创造力
2014	Nejib ben Moussa	个体创造力、领导力	—	创造性氛围	创新能力
2014	Ching Tsung Jen	社会关系	—	知识多样性	个体创造力
2014	Chung-Jen Wang 等	转换型领导	工作复杂性	创造性的角色识别、创造性的自我效能感	员工创造力
2014	Hülya Gündüz 等	心理授权	—	个体创造力	企业创新
2014	Robert C. Litchfield 等	个体创造力	个人观点采择、团队创造环境	—	组织创新
2014	Jianping Peng 等	个体创造力	—	—	组织创新
2014	Gönül Kaya Özbağ	组织氛围	—	个体创造力	组织创新
2013	Lucy L. Gilson 等	任期多样性	知识共享	个体显性知识	个体创造力
2013	Gary Charness 等	个体创造力	—	事前目标（Ex-Ante Goals）	财政激励
2013	Silke Astrid Eisenbeiß 等	转换型领导	员工依赖性	—	员工创造力
2010	Zhang Xiao Meng 等	授权领导	授权角色识别、领导创造力鼓励	心理授权、创造性过程参与、内在动机	员工创造力
2009	Jing Zhou	社会网络	—	个人价值	创造力

资料来源：笔者根据相关文献整理。

2. 国内个体创造力研究现状及发展趋势

以知网（CNKI）为国内数据源，检索条件为：检索主题＝"个体创造力"，时间限定为1988～2017年，数据库来源类别选择为"全部期刊"，截至2017年8月5日，共检索到162篇期刊文献。

（1）载文量时间序列变化。

个体创造力载文量随时间变化曲线如图1-1所示，国内个体创造力研究大致可分为三个阶段。1999年以前为第一阶段，个体创造力研究刚刚起步，发文量较少。2000～2011年为曲线发展阶段，在此阶段国内学者开始关注个体创造力研究，发文量也呈现上升、下降再上升的曲线发展阶段，说明国内学者在个体创造力的研究方面，不断碰到新的问题和瓶颈，并予以突破后取得进展。第三阶段为2012～2017年，是个体创造力研究的高速发展阶段，2016年载文量18篇达到顶峰。但从整体发文数量来看，仍然偏低，这说明国内研究同国外还有较大差距。

图1-1 个体创造力载文量变化曲线

（2）关键词共线网络。

关键词共线网络如图1-2所示，国内关于目标导向与创新、创造力的文献较少。张文勤（2010）研究发现：团队成员学习目标导向对其创新行为具有显著正向影响，且这种正向效应不会受到团队创新气氛的调节作用。张文勤（2014）认为：知识型员工学习目标导向对知识获取行为与知识分享行为具有显著的正向效应，且团队反思可以显著调节（增强）学习取向对知识分享行为的影响作用。马君（2015）发现学习目标导向对工作创新行为有正向影响，表现目标导向影响工作创新行为的直接证据不显著;发展型绩效评价模式对工作创新行为有正向影响而评估型有负向影响。朱秀梅(2016)研究表明员工学习目标导向和绩效趋近目标导向对创业学习具有正影响,而绩效趋避目标导向对员工的创业学习具有负影响。可见国内个体创造力研究主要围绕创造力、团队创造力和个体创造力关系展开,对于内部动机、团队自省、创新能力等要素在其中的作用也有所涉猎。对比国外研究会发现,国内个体创造力研究普遍视野偏窄,而从目标导向、信息细化、信息交换角度展开研究的尚为空白。

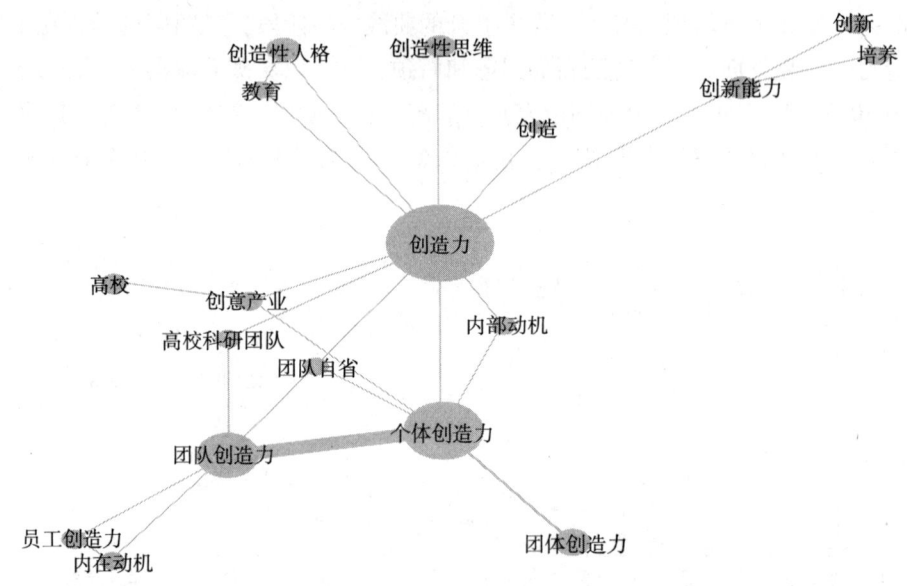

图1-2 个体创造力关键词共线网络

二、目标导向

1. 国外目标导向研究现状和趋势

本书通过对2000年以来文献的收集和整理,对其中的自变量、中介变量、调节变量和因变量进行了提取,以期对目标导向研究现状和发展趋势建立更加清晰的认识,整理结果如表1-2所示。

从表1-2中可以看出,国外学者普遍关注的还是其与绩效之间的关系,但将团队信息交换、个体信息细化加入到团队与个体目标导向和个体创造力的关系研究之中鲜有涉及。

表1-2 目标导向最新研究进展

年份	作者	自变量	中间变量	因变量
2014	L Huang 和 F Luthans	学习目标导向	积极的心理资本	创造力
2013	TY Kim 等	团队目标导向	信息交换	创造力
2013	Rachel W. Y. Yee 等	转换型领导、交易型领导	学习目标导向、绩效目标导向	服务质量
2013	Meng U. Taing 等	学习目标导向	—	绩效
2012	Ngien-Siong Chin 等	目标导向（任务、自我定向）	—	内在动机、外在动机
2012	Marcello Russo	目标导向的多样性	任务相关信息细化	团队绩效
2011	Douglas F. Cellar 等	特质目标导向	自我监管	绩效
2011	Anne Nederveen Pieterse 等	目标导向	团队柔性	团队绩效
2010	Olivia F. Lee 等	目标导向（掌握和学习）	组织承诺（情感的、公正的、持续的）	工作满意度、创新工作绩效
2009	G Hirst 等	目标导向	团队学习行为	个体创造力
2008	MDD Borlongan	目标导向	—	创造力
2004	David J. Radosevich 等	目标导向	—	自我监管过程
2005	Caroline 等	绩效目标导向、工作避免目标导向、掌握目标导向	战略、努力	成就
2004	Jennifer Cumming 等	目标导向	—	训练的自我效能感
2004	Seijts 等	学习目标导向	自我效能感、信息搜寻	绩效
2003	Joseph J. Martocchio 等	认知能力、训练前自我效能感、学习目标导向	训练中自我效能感	训练后自我效能感、陈述性知识、目标导向背景
2001	Kozlowski 等	绩效导向、学习目标导向、能力	训练绩效、自我效能感	适应性绩效

资料来源：笔者根据相关文献整理。

2. 国内目标导向研究现状和趋势

以知网（CNKI）为国内数据源，检索条件为：检索主题="目标导向"，时间限定为 1988~2017 年，数据库来源类别选择为"全部期刊"，学科限定为经济与管理科学,截至2017年8月5日,共检索到1221篇期刊文献。

(1) 载文量时间序列变化。

目标导向载文量随时间变化曲线如图1-3所示,国内目标导向研究大致可分为两个阶段。2000年以前为第一阶段,目标导向研究发文量较少,处于刚刚起步阶段。2001~2017年,目标导向领域研究进入快速发展阶段,发文量也从2001年的8篇攀升到2016年的168篇。说明国内学者在目标导向的研究领域能够迅速解决新问题,没有遇到发展瓶颈,学术成果较为丰硕,缩短了同国际先进水平的差距。

图1-3 目标导向载文量变化曲线

(2) 关键词共线网络。

关键词共线网络如图1-4所示,对比图1-3和图1-4可知,国内学者关于目标导向与创造力的研究还是落后于国外。韩翼(2011)检验组织承诺对员工创新绩效的影响,并探讨目标定向对两者关系的调节作用。王端旭(2011)认为积极心境部分中介学习目标取向对员工创造力的作用,领导成员交换显著正向调节学习目标取向与员工创造力的关系。马君(2015)发现在低绩效控制下,精熟目标导向、表现—趋近导向对员工创造力有正向影响。屈晓倩(2016)探讨了团队学习目标导向在信息型断裂与团队创造力之间的调控机理,认为团队学习目标导向显著调节信息型断裂与团队创造力的关系,团队反思对团队创造力具有直接促进作用,团队反思能够中介团队学习目标导向、信息型断裂与团队创造力之间的调节关系。

由此可见国内目标导向研究主要围绕财务管理、绩效管理展开,成就目标导向和学习目标导向的研究也有所涉猎。但从聚类结果来看,国内学者尚未将目标导向和成就目标导向、学习目标导向有机结合,在相关应用领域展开更深层面的研究,而对比国外研究会发现,此方面的研究则更具有理论创新价值和实践意义。

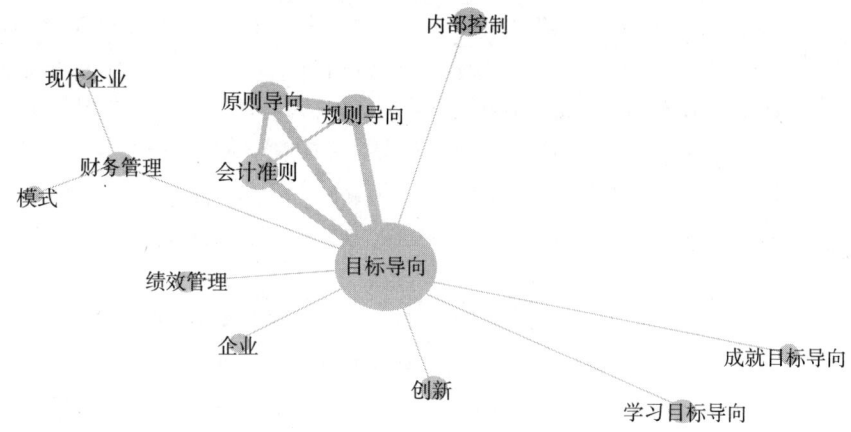

图1-4 目标导向关键词共线网络

三、信息交换

1. 国外信息交换研究现状和趋势

当前在管理学领域针对信息交换的研究比较少见且基本集中在国外,然而随着学者对信息交换的研究,发现其在团队中的作用越来越明显,且有学者研究发现信息交换可以有利于组织创新和团队创造力的提升。本书对国外管理学领域有关信息交换的研究进行汇总,汇总的结果如表1-3所示。

表1-3 信息交换研究最新进展

时间	作者	研究内容
2012	Yaping Gong 等	研究对团队层次的目标导向、信息交换和创造力进行了研究,且以与团队领导的信任关系作为调节变量,调节团队目标导向和团队信息交换的关系
2008	Bruce J. West 等	其研究目的在于发现在错综复杂的网络结构中发现扩大信息交换的方法
2007	P. Marijn Poortvliet 等	作者检验了成就目标对任务相关的信息交换的影响。其一,具有掌握目标导向或者无目标的个体具有更少的信息交换伙伴,且具有更少的信息开放度。其二,成就目标导向对信息交换产生一个利用性的导向。此外,相较于前者,追求绩效目标的个体可以通过利用更多从信息交换伙伴处获得的高质量信息来提升其任务绩效

续表

时间	作者	研究内容
2003	Goldman 和 Zilberstein	其研究目的在于在合作性的多代理体系中找到优化信息交换的方案
1997	Anitesh Barua 等	对组织内部的信息交换优化进行研究,发现可以利用组织文化在促进有效的信息流动方面的能力来促进组织内的信息交换。其研究的组织文化涉及的方面有永久性价值、信任、团队工作和可信度
1996	Alan R. Dennis	对团队决策中信息交换和信息使用进行研究,且认为团队领导者可以引导团队成员进行信息交换和信息使用,但是无法引导团队成员对信息进行创造
	Caroline Haythornthwaite	利用社会网络分析对信息交换的方法和技术进行研究
1995	Niraj Dawar 等	对人际关系间的信息交换进行了跨文化的研究,研究发现,权力距离和不确定的、避免的文化特征会影响消费者对产品信息搜寻活动的专注,但是不会影响其与他人进行产品信息共享的倾向

资料来源:笔者根据相关文献整理。

从表1-3中可以发现,国外在管理学领域针对信息交换的研究较少,国外聚焦于团队层次的信息交换比较有影响力的是TYKim等(2013)的研究,但是其研究主要是专注于团队层次,并没有将信息交换放到个体层次去研究,而个体层次的目标导向直接决定着个体的行为方向和决策,由此延伸对个体层次的目标导向以及个体创造力的研究很有价值。

2. 国内信息交换研究现状和趋势

以知网(CNKI)为国内数据源,当检索条件为:检索主题="信息交换"时,即使学科限定为经济与管理,大部分检索结果是同物联网、计算机信息相关的技术类论文,同本书信息交换定义偏差较大,因此设定检索条件为:检索主题="信息交换"+"团队",时间限定为1988~2017年,数据库来源类别选择为"全部期刊",截至2017年8月5日,共检索到32篇期刊文献。

(1)载文量时间序列变化。

信息交换载文量随时间变化曲线如图1-5所示,国内信息交换研究2003年才刚刚起步,远远滞后于国外,各年度发文量普遍较少,现阶段比较有代表性的是蒿坡(2015)在心理学报发表的文章,其对共享型领导通过团队信息交换这一认知性的中介对团队绩效产生的影响进行了研究。说明国内学者在信息交换领域研究尚处于探索阶段,2015年和2016年虽处于下降后的反弹期,但是如果学者在2017年给予较多关注,加强各类基金支持,或许能形成蓬勃发展的上升通道。

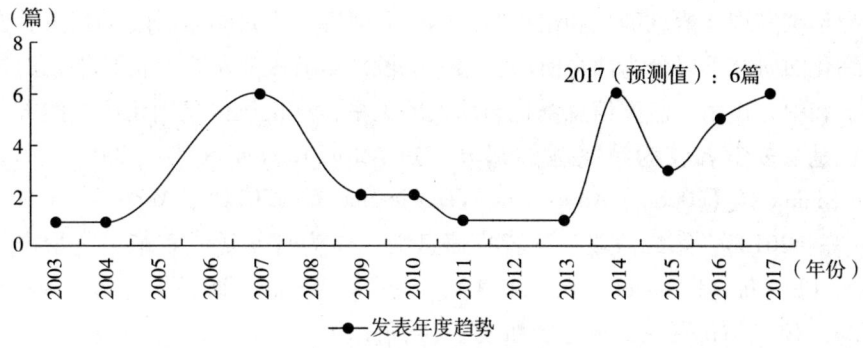

图1-5 信息交换载文量变化曲线

(2) 关键词共线网络。

关键词共线网络如图1-6所示,国内信息交换研究主要围绕高管团队行为和管理绩效展开,如基于信息交换研究共享型领导如何影响团队产出、信息交换在高管团队共享心智模型的绩效过程机制作用等。可见,国内信息交换的研究仅仅停留在高管团队信息交换,还未拓展到团队信息交换层面,同时仅仅是将其作为影响因素或中介变量在某一个细分领域应用,在目标导向和个体创造力关系之间信息交换的作用还未有文章涉猎。

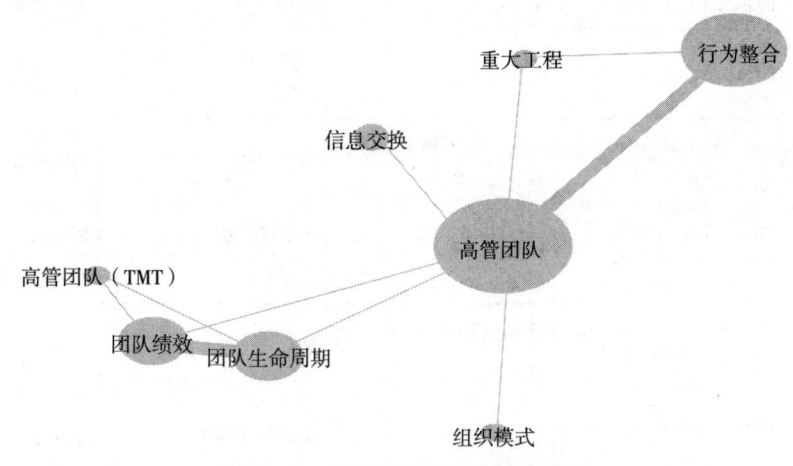

图1-6 信息交换关键词共线网络

四、信息细化

1. 国外信息细化研究现状及趋势

自VanKD(2004)提出信息细化的概念以来,综观近十年对信息细化的相关研究不难发现，信息细化和组织绩效的关系研究一直是学者关注的焦点，有关信息细化的研究可以分为两个阶段：第一阶段，学者主要是探究信息细化所扮演的调节和中介作用，研究信息细化与绩效的关系，这也是信息细化研究的关键部分，也是诸多学者较为感兴趣的部分，如 Astrid C. Homan 等（2007）、Wendy P. van Ginkel 等（2008）、Anne Nederveen Pieterse 等（2011）、Anne Nederveen Pieterse 等（2013）。第二阶段，学者将信息细化作为自变量或者结果变量进行研究，如 Christian J. Resick 等（2014）、Shirley Wang（2015）、Zhenjiao Chen（2012）。信息细化研究最新进展如表 1-4 所示。

表 1-4 信息细化研究最新进展

年份	作者	自变量	中间变量	因变量
2015	Vicente Peñarroja 等	团队反馈	团体信息细化	团队学习
2015（推理类）	Sarah Harvey	人口差异	—	信息细化
2015	Shirley Wang	情感智力	—	信息细化
2015	Shirley Wang	信息细化	—	绩效
2014	Christian J. Resick 等	信息细化	—	团队绩效
2014	Christian J. Resick 等	团队认知能力	战略相似性（团队心理模型）	信息细化
2013	Anne Nederveen Pieterse 等	文化多样性和学习方法导向	信息细化	团队绩效
2012	Zhenjiao Chen 等	任务冲突	任务自反性	信息细化
2012	Marcello Russo	目标导向的多样性团体	团体信息细化	绩效
2012	Ramo' N Rico 等	目标结构和任务角色分配	任务相关信息细化	团队绩效
2011	Anne Nederveen Pieterse 等	学习目标导向多样性和自反性	团体信息细化	团体绩效
2009	Peter M. Gollwitzer 等	实施意图	注意力控制和信息细化	消费者决策制定
2009	Wendy P. van ginkel 等	强调细化的任务陈述	团体信息细化	团体决策绩效
2008	Wendy P. van ginkel 等	任务陈述	—	信息细化

续表

年份	作者	自变量	中间变量	因变量
2008	Hanneke J. M. Kooij-de bode 等	种族多样性、信息分配、信息整合	信息细化	决策质量
2008	Wendy P. van ginkel 等	共享的任务陈述	团体信息细化	团体决策绩效
2007	Astrid C. Homan 等	多样性的信仰	任务相关信息的细化	信息化多样性团队的绩效

资料来源：笔者根据相关文献整理。

由表 1-4 可知，国外学者对信息细化的研究中，很多时候都是将信息细化作为中间变量，研究组织中相关变量如多样性、团队认知能力、信息细化和组织绩效的关系，也有学者研究了信息细化和组织学习之间的关系，如 Vicente Peñarroja 等（2015）。可见，信息细化是提高员工创造力的一种必不可少的能力，研究信息细化和员工创造力的关系存在很大的迫切性，这也为本书提供了研究的空间。

2. 国内信息细化研究现状及趋势

以知网（CNKI）为国内数据源，设定检索条件为：检索主题＝"信息细化"，时间限定为 1988~2017 年，数据库来源类别选择为"全部期刊"，截至 2017 年 8 月 5 日，仅仅检索到 25 篇期刊文献。

（1）载文量时间序列变化。

信息细化载文量随时间变化曲线如图 1-7 所示，国内信息细化研究虽然发文量较少，但自 2012 年开始，呈现上升趋势，但因为样本量较少，即便 2017 年达到 6 篇，也不足以说明趋势稳定。目前张健、倪旭东、曾梦禹的文章比较有代表性：张健（2016）基于国内外学者的信息细化研究成果及相关理论，构建新媒体环境下具有多目标导向性的信息细化 SEIVR 模型，分析了多目标导向权重变化对信息细化的影响；倪旭东（2016）研究了信息细化在知识异质性的平衡性对团队创造力影响机制中的中介作用；曾梦禹（2014）则对信息细化与团队创新绩效之间的关系进行了研究。组织学习是创新的前提，通过学习对相关信息进行收集整理从而才能促进员工创造。但信息细化的研究远未成为国内学者关注的重点，对比此领域国外信息细化的丰硕成果以及应用信息细化理论解决热点前沿问题成果层出不穷，更印证本书研究具有重要的理论价值和实践意义。

团队目标导向与个体目标导向对个体创造力的影响研究

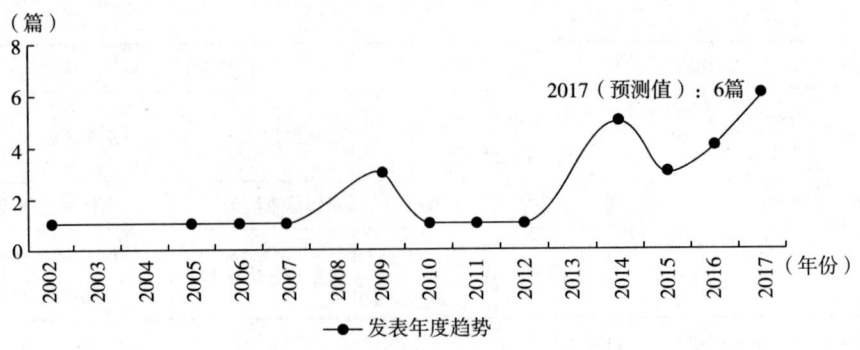

图1-7 信息交换载文量变化曲线

(2) 关键词共线网络。

关键词共线网络如图1-8所示,国内信息细化研究极为分散,虽然在信息细化的技术算法、数学模型方面予以关注,能解决部分问题,但信息细化的概念、内涵、作用、机制、机理等基础层面的问题不解决,盲目运用信息细化解决现实问题则是无本之木。因此,应在解决上述基础层面问题的基础上,将信息细化理论应用于剖析社会现象、解决热点管理的问题。总之,信息细化在国内研究应该说尚处于初级发展阶段,同国外差距较大。

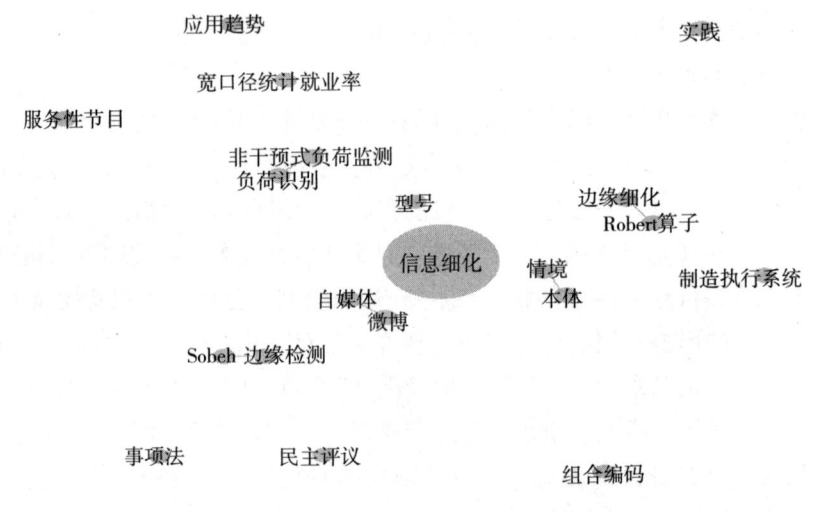

图1-8 信息交换关键词共线网络

五、研究现状评述

通过上述国内外文献的梳理可以看出，国内外学者采用定性和定量相结合的角度，从不同学科视角对目标导向和个体创造力展开研究，下面从目标导向对个体创造力影响的角度展开研究现状总结和趋势述评。

1. 研究现状综合述评

当前针对个体创造力的影响研究，很多国外学者都专注在领导风格以及团队因素上，如 Silke Astrid Eisenbeiß 等（2013）研究了转换型领导与员工创造力的关系，Seongwook Chae 等（2015）研究了任务多样性与个体创造力的关系；而国内个体创造力研究起步较晚，主要围绕创造力、团队创造力和个体创造力关系展开，对于内部动机、团队自省、创新能力等相关领域的研究也有所涉猎。但将目标导向作为影响因素进行研究的国内外成果尚不多见，目标导向的研究往往将组织绩效作为结果变量进行研究，而创造力是创新的前提，创新是一种组织绩效的体现，故而研究目标导向与创造力的关系具有重要的理论意义。

然而，从前文的文献回顾可以看出，早期目标导向概念主要用于描述个体或积极进取或消极退却的行为倾向，分析层次仅限于个体水平。尽管基于不同角度的目标导向研究获得了大量的经验结果，但仍然存在许多困惑，难以得出稳健的结论，如用从个体水平分析得到的证据来分析情景目标结构的影响时，会遭遇到无法解释的困境。从目标导向概念的产生过程来看，早期的目标导向主要强调个体的成就动机，个体层次是主导的分析层次。随着概念内涵的丰富，研究层次逐渐拓展到人际比较层次和团队层次。但是，从文献搜索结果来看，团队目标导向还是一个处于探索初期的研究议题，团队层次目标导向的研究还不多见。

可见，虽然国内外学者在目标导向对个体创造力的影响领域尚存在许多未被探及的问题，但丰硕的相关研究成果给本书的研究奠定了坚实的理论基础。同时，也进一步说明本书的研究属于热点前沿领域，具有重要的理论创新价值。

2. 研究视角、内容和方法

如前文所述，无论是国外还是国内学者，对目标导向和个体创造力进行系统研究的成果较少，但从信息细化层面展开目标导向和个体创造力研究、从信息交换层面展开目标导向研究是国外学者主要采用的研究视角；而融合信息细化和信息交换理论进行研究的成果较少，研究视角较为单一。从研究内容来看，主要集中在将信息细化、目标导向中的一个因素作为中介变量，研究其对个体创造力的中介作用以及和目标导向的关系，也有少部分学者探讨其同组织绩效、创新之间的关联。

从研究方法来看，大多采用理论分析、调查研究、实证研究的方法，较少采用建模仿真的方法展开要素变化对创造力的动态影响研究。同时，目前学者在实证研究中，所建立的模型均为单一层次模型，而将目标导向划分为团队和个体两个层次，运用实证研究方式阐释其对个体创造力的影响，则传统的线性模型如线性回归与ANOVA，无法对具有嵌套性的跨层数据进行有效处理。首先，传统线性模型无法解决嵌套问题，只能就线性、独立、正态以及齐方差的假设进行检验，而对于存在嵌套的假设则无法进行，会造成较大误差；其次，传统线性模型无法处理样本规模不一致的问题，鉴于面向不同的企业单位，所调研的员工数量是不一样的，故而无法估计方差以及协方差成分（张雷等，2003）。因此，现有国内外学者的研究方法在研究复杂动态的跨层个体创造力影响模型方面具有一定局限性。

3. 研究启示

（1）应提高研究层次，注重理论创新。

Midgley等（2001）指出，在实证研究中，之所以目标导向与结果的关系不稳定甚至相冲突，主要原因在于这些研究大多仅从个体水平展开分析。因此应该提高分析层次，关注更高层次的情景目标结构，如团队或班级的目标导向。在解释目标导向更高分析层次的实践意义时，Midgley等（2001）指出更高层次的目标导向如班级目标结构是通过集体指导、任务分派和评价程序等来体现的。Lau和Nie（2008）也认为个体水平的研究结论不能用于解释情景水平的效应，而情景水平的分析需要能体现团队（或班级）的集体实践特征，因为任何单一水平的研究都可能遗失来自不同层次效应的重要信息，从而造成解释困境。因此，应从团队目标导向和个体目标导向两个层次，并注重团队目标导向在个体目标导向和个体创造力关系中的调节作用，展开对个体创造力的影响研究，其具有重要的理论创新价值。

（2）应采用多视角融合，夯实理论根基。

综合国内外研究，学者基于团队信息交换视角展开了一定的研究，但主要是专注于团队层次，并没有将团队信息交换结合个体层次去研究。同时，国内外学者大多认同信息细化是提高员工创造力的一种必不可少的能力，并将信息细化作为中介变量研究其对个体创造力的作用。然而，只有基于信息细化和目标导向的融合视角，展开团队目标导向和个体目标导向对个体创造力的研究，才能够进一步夯实个体创造力研究理论的根基，厘清研究脉络，拓宽研究视野。

（3）应拓展研究方法，加强研究严谨性。

多层次、多视角融合的个体创造力研究会涉及个体层次以及团队层次的研究变量，因而所获取的资料和数据之间必然存在嵌套性的结构关系。因此，应在现有研究方法的基础上，应用多层线性模型分析法来检验本书中所涉及的变量之间的关系。多层线性模型可以有效地解决上述所描述的问题，能够将因变量的变异有效地分解成两个层次，即个体层次与团队层次，从而可以使研究者清晰地观察到不同层次自变量所产生的效果，即组内效应以及组间效应，且可以就团队层次变量是否可以调节自变量和因变量之间的关系进行探索。同时，上述方法仅仅是研究目标导向对个体创造力的静态影响，而实际上，随着环境的变化、竞争的加剧，团队和个人的目标在不断变化，其个体创造力也在不断提升，因此有必要采取建模仿真的方法，展开目标导向对个体创造力的动态影响研究，深入剖析其中的动态影响机理，评估各子要素变化对个体创造力的影响程度，对整个模型的系统阈值进行解析，则能进一步加深个体创造力理论研究，提高研究的严谨性。

第三节　研究内容和方法

一、研究内容

本书基于个体创造力、目标导向、信息细化、团队信息交换、动机性信息处理及传染病理论，在国内外学者研究的基础上，构建目标导向对个体创造力影响的理论模型，运用实证研究方法对所构建模型进行验证，移植基于系统动力学方法的传染病理论构建目标导向对个体创造力的动态影响模型，并使用MATLAB进行仿真研究，最后从实践层面提出现代组织提升个体创造力的对策和建议。

本书主要内容如下：

第一章，绪论。

本章首先围绕选题的研究背景，对选题意义进行论述；其次，对个体创造力、目标导向、信息交换、信息细化的国内外研究现状进行阐述，并进一步从目标导向对个体创造力影响角度进行述评；最后，对本书的主要研究内容进行介绍，对采用的研究方法和技术路线进行阐释。

第二章，相关概念及理论基础。

团队目标导向与个体目标导向对个体创造力的影响研究

本部分是全书理论研究基础,主要对相关概念和相关理论进行介绍,主要包括:①个体创造力的概念和内涵,即创造力的概念、创新与创造概念区分、个体创造力的概念和内涵;②目标导向的概念和内涵,即目标导向的概念、目标导向的内涵、目标导向的分类;③信息细化概念和内涵,即信息细化的概念、信息细化的内涵;④个体创造力相关理论,即创造力成分理论、创造力投资理论、创造力系统理论;⑤动机性信息处理理论,即动机性信息处理理论内容、动机性信息处理和个体创造力的关联;⑥传染病理论,即系统动力学理论、基于系统动力学的传染病理论。

第三章,目标导向对个体创造力跨层影响的理论模型构建。

本章基于个体创造力、目标导向、信息交换、信息细化、动机性信息处理理论展开目标导向对个体创造力跨层影响的理论模型构建研究,本章是全书的核心理论研究框架。首先,基于国内外学者理论,构建了目标导向对个体创造力影响的理论模型框架。其次,深入剖析了团队目标导向对个体创造力的跨层影响、个体目标导向对个体创造力的影响、信息细化和信息交换在目标导向对个体创造力关系中的间接效应、团队目标导向在个体目标导向和个体信息细化关系中的调节作用。最后,在上述系统分析的基础上,提出了 15 个研究假设,并构建了路径模型。

第四章,目标导向对个体创造力跨层影响的理论模型验证。

本章在第三章基础上,采用实证研究方法对目标导向对个体创造力跨层影响的理论模型进行验证,本章为第五章、第六章提供支撑。首先,根据研究内容进行调查问卷设计,选择样本并进行调研,对变量进行界定和衡量。其次,针对收集到的数据进行描述统计分析、信度和效度分析。再次,对跨层模型利用 SPSS 和 HLM 多层数据模型进行跨层模型聚合检验以及展开对 15 个假设的检验。最后,对实证分析的结果从多个层面展开深入的分析,探讨产生这一结果的原因。

第五章,目标导向对个体创造力的动态影响研究。

本章将基于系统动力学的传染病理论进行移植,展开目标导向对个体创造力的动态影响研究,本章是全书的最终理论层面落脚点。本章首先基于第三、四章研究成果,将基于系统动力学的传染病理论进行移植,确立了建模依据和思想。其次,构建了目标导向对个体创造力的动态影响模型,确定了转化规则,配置了模型参数。再次,对模型平衡点、阈值进行了理论探讨,然后在第四章数据基础上,对阈值内在机理进行分析,确定了模型参数配置方案。最后,针对仿真结果,从多个层面展开目标导向对个体创造力的动态影响分析,本章为第六章提供理论支撑。

第六章，现代组织的个体创造力提升对策。

本章首先指出现代组织个体创造力提升困境，提出了现代组织个体创造力管理的"1234"体系。其次，基于动机性信息处理理论建立个体信息细化和团队信息交换子系统，为个体创造力提升提供支撑。再次，从团队和个体层面多目标导向提出个体创造力提升策略，从影响目标导向的内隐能力、人格特质、成就动机、自我效能感、能力直觉、情绪倾向、组织环境、家庭情境等多个因素入手提出如何针对不同策略实施。最后，指出个体创造力提升的加强组织文化建设、采取柔性组织结构、丰富组合激励方式和建立长效培训机制四项保障措施。本章是全书研究的最终实践层面落脚点。

第七章，结论与展望。

本章在上述理论分析、实证研究、仿真研究的基础上，提出本书的研究结论和创新点，并阐述本书的不足和未来研究的方向。

二、研究方法

本书主要的多学科交叉研究方法有以下几点：

（1）定性归纳法。

本书充分吸收个体创造力、目标导向、信息细化、团队信息交换、动机性信息处理及传染病理论等多个领域的研究成果，通过对相关概念的界定和相关理论的阐释，归纳总结研究背景、意义、现状和发展趋势，明确相关概念、追踪前沿热点并建立全书理论研究的根基。

（2）实证研究法。

本书第三、四章采用实证研究方法，在大量调查问卷获取样本数据的基础上，运用SPSS 19.0和有关统计软件，采用HLM多层次数据模型，展开目标导向对个体创造力的跨层影响研究。

（3）仿真研究法。

本书第五章运用MATLAB工具针对目标导向对个体创造力的影响网络和演化过程进行仿真，对个体创造力系统阈值机理进行了分析，针对仿真结果进行了讨论。

（4）多学科交叉研究法。

本书核心章节尝试综合运用心理学、管理学、情报学、计算科学等多学科交叉的方法展开研究，其中第三、四章主要采用心理学、管理学、计算科学学科交叉研究方法，第五章主要采用管理学、计算科学、情报学学科交叉研究方法。

第四节 研究技术路线

本书采用的技术路线如图1-9所示。

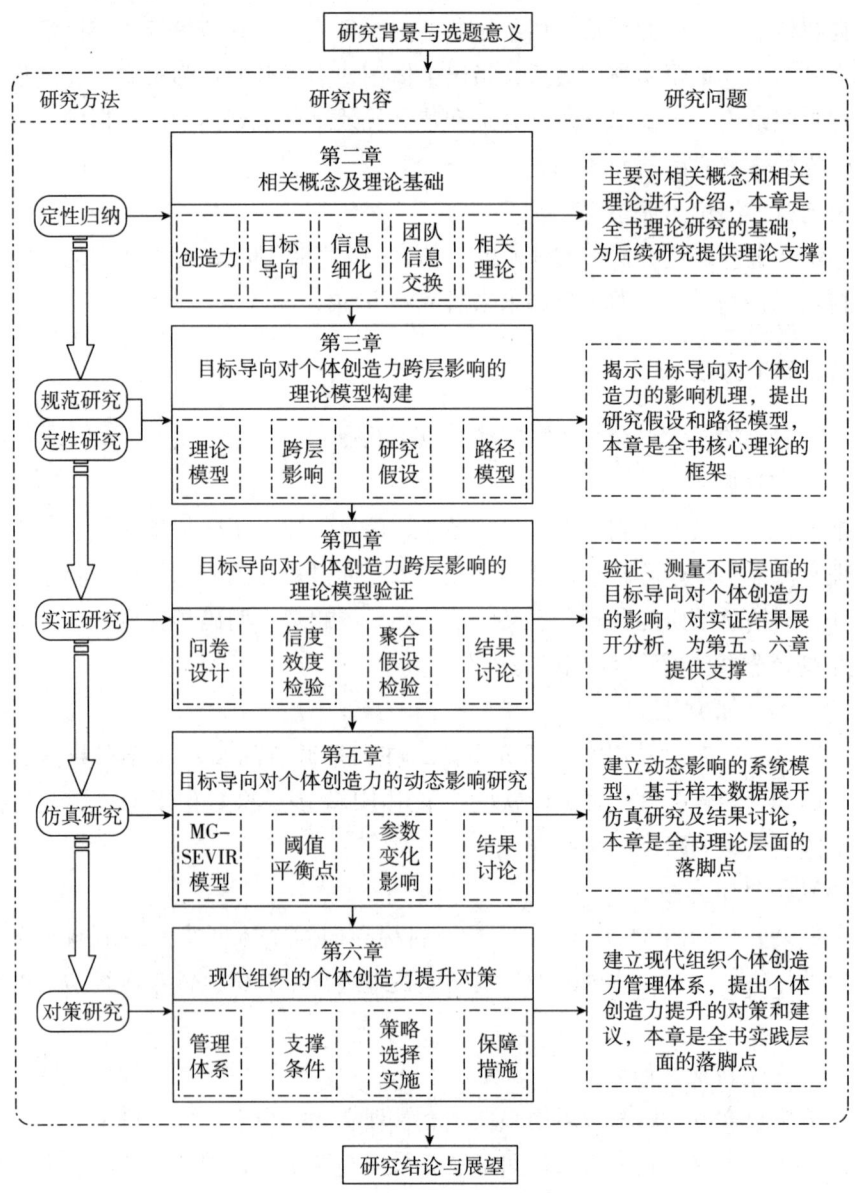

图1-9 本书的技术路线

第二章 相关概念及理论基础

第一节 个体创造力概念和内涵

一、创造力的概念

创造力的概念极易被混淆,不同的学者对创造力的内涵有不同的理解。例如:人格特质论下的创造力是指特殊类型人群的一种人格特质;持过程论的学者,将创造力定义为经过对已认知信息再加工的创造活动开展过程;结果论则将创造界定为个体开展创造活动的成果;能力论则指出,创造力是个体具有的一种创造能力。从创造的思想出发,如狭义的"创造"主要指"第一次提出、产生出崭新的东西",表现为"从无到有"的过程,也称之为"首创"或"原创"。从狭义定义出发,创造力可定义为"在世界范围内首次或第一次提出或产生出崭新的东西(包括物质产品和非物质产品)的能力",或"首创前所未有的事物的能力"。广义的"创造"指的是"打破旧事物重新构建产生新事物的一切活动,可指一切相对创造主体而言做过的、有益于社会发展的思维、行动过程或结果",其产品可以是革命性的,也可以是微不足道的。从广义定义出发,创造力可定义为"产生出一切相对于创造主体而言的、有益社会发展的新的思维、行动或结果的能力。"但无论是人格过程论、能力论、特质、结果论还是狭义或者广义的创造思想,均从创造力的独创性(Originality)和有效性(Efficiency)出发,这也是创造力的标准内涵。

独创性毫无疑问是创造力的基本内涵,其经常被贴上新颖性的标签,但是无论标签怎么样，如果有些东西不是不同寻常的、新颖的、独一无二的，那么它就是普遍的、平常的、常见的。一部科学论著尽管使用了一部已有作品的思想、信息和创作技法，但只要没有对已有作品借以表达这种思想和信息的结构和语言进行完全的或实质的模仿，与已有作品存在差异，就具有独创性。当然，这并不是说一部作品中使用已有作品的思想和信息在任何情况下都不涉及道德规范或其他法律规范。独创性也并不限于原始作品。改编、翻译、注释、编辑或整理已有作品而产生的演绎作品，尽管不是绝对的独立构思的产物，但仍然是经过一定的创作活动产生的，而不是对改编、翻译、注释、编辑或整理同一部已有作品而产生的另一部演绎作品的完全的或实质的模仿，因而也具有独创性。独创性对创造力而言至关重要，但是并不够充足，想法和产品可能仅仅是想法好，但可能是无用的。独创性可以在精神世界被发现，也可以通过语言处理工具生产出来，然而独创性对于创造力来讲并不是足够的。

有效性可能被视为价值的一种形式，这种对创造力的理解在经济研究领域比较清晰，它描述的是独创性且有价值的产品和想法如何依赖于现有的市场，更具体的是指逆向思维的成本和益处（Rubenson, 1991; Rubenson and Runco, 1992, 1995; Sternberg and Lubart, 1991）。"创造性的工作是现实的或者是可以在一定程度可接受的条件上被实现"，具有太多的限制对于新想法的产生来讲是非常致命的，需要挑选出一些较好的想法，然后进行一些评估，因此，Guilford（1950）认为创造力需要有效性。Morris（1953）也认为"创造性的工作是一种新颖的工作，应该是可以被接受的、有用的或者站得住脚的，被大众在一定时间点上认可的"，这可能取决于问题的本身或者基于存在相关领域的知识和经验以及这些交流的创造性个体的特征。具有"有效性创造力"的另一个代名词就是富有创造力。有效性就是人的本质或本性在一个侧面的体现。因为每个人都在某一个方面会显示出具有某些独特的创造性，它似乎是普遍人性的一个基本特征，所有人与生俱来都具有这种潜力。作为具有健全人格的人的本性而言，都有自我实现的倾向和愿望，也就是健康人都具有一般创造力。一个健康人会在某些领域、某些方面像婴儿一样创造性地关照世界。然而，在现实中，很多人往往没有表现出创造力的有效性，在马斯洛看来，这并不是本性上缺乏创造力，而是成人由于社会、家庭、教育条件和环境原因，潜在的创造力被压抑在"无意识"或"深层自我"中，因而似乎是丧失了有效性。单纯的儿童基本上都能显示出创造力就是一个明证，如大多数人逐渐丧失了有效性，但少数人保持了它，有些人在后来的生活中又失而复得。

第二章　相关概念及理论基础

二、创新与创造概念区分

创造（creativity）和创新（innovation）这两个概念经常可以在文献中互相应用，因此有必要对这两个概念进行分析。

熊彼特的一项重要的贡献就是把发明和创新区别开来。熊彼特（代明，2012）认为，"创新"就是一个经济范畴而非技术范畴，它不仅是指科学技术上的发明创造，而更是指把已发明的科学技术引入企业之中，形成一种新的生产能力。也就是说"创新"就是把生产要素和生产条件的新组合引入生产体系，即"建立一种新的生产函数"，其目的是为了获取潜在的利润。其包括五种情况：一是创造一种新的产品；二是采用一种新的生产方法；三是开辟一个新的市场；四是取得或控制原材料或半制成品的一种新的供给来源；五是实现任何一种新的产业组织方式或企业重组。熊彼特（代明，2012）还指出创新是对新产品、新过程的商业化及新组织结构等进行的搜寻、发现、开发、改善和采用的一系列活动的总称。C. Freeman（1950）认为，一项发明是一种新型的或改进的装置、产品、工艺或系统的想法、草图或模型。这种发明常可以获得专利，但并不导致技术创新。在经济意义上讲，创新只是在实现新的产品、工序系统、装置的首次商业交易时才算完成，尽管这个词也用来描述全过程。当然，后续的发明常常在创新过程中产生，而且更多的发明和创新可以在推广的过程中实现。

一些创造力的定义集中在用于产生解决问题的新视角或者办法的思维过程和个人的智力能力，其他的定义专注于个人的个性特征和个人的智力能力，并且就不同的创造性尝试的质量和结果而言，其他的有些仍专注于产品（Arad et al., 1997；Udwadia, 1990）。创造力作为一个具体背景评估的概念，可以从一个团体、组织和一种文化中过渡到另外一种，并且它也会随时改变。评估创造力因此被认为应该在个体、组织、行业、专业和更宽的层次上进行研究（Ford, 1995）。本书研究的主要是个体层次的创造力。创造力的概念被定义成在具体的背景下个体或者团体产生的有关产品、服务、流程和程序的新的、有用的/有价值的想法。

创新的概念会根据不同的分析层次发生一些变化。方法变化得越大，概念也会有更大的变化（West and Farr, 1990）。一些定义是一般性的且较为宽泛的，而其他的更专注于具体的创新定义，如一个新的产品或者服务的完成。在一个组织的环境中，创新的案例是思想重建、成本节约、改善交流、生产过程的新开发技术，新的组织结构和新的个人计划或者项目的实施（Kanter, 1983）。West 和 Farr（1990）将创新定义为"个体、团体或者组织对于想法、过程、产品或者程序的有意的引进和应用,这些想法的应用对于采用想法的个体来讲是新的,所设计出来的这些想法明显有益于团体、组织或者更广泛的社会"。很明显,一个新想法、产品、服务或者活动被实施的背景决定了是否其可以被作为一种具体背景下的创新(Martins,2003)(见图 2-1)。

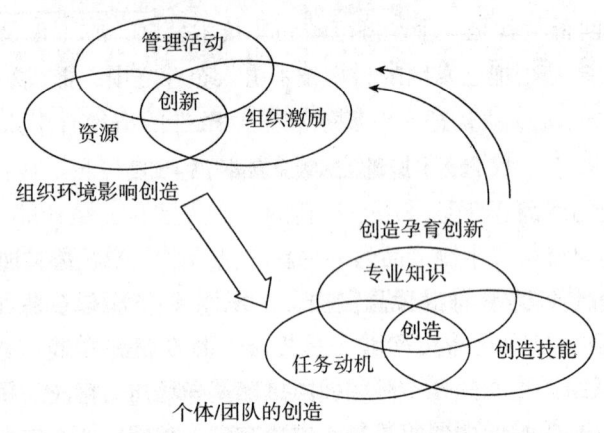

图 2-1　组织环境中的创造与创新

资料来源：通过 Martins 和 Terblanche（2003）内容整理①。

从人文和社会意义上探讨创造与创新,我们得出的结论是:①创造与创新都是人类的本质属性,创造与创新的主体完全相同。②创造是"想前人所未想,做前人所未做",是一种"从无到有"的过程。创新是在创造基础上的进一步发展,是对原有事物"从有到好"的改进和"从有到用"的延伸。③创造与创新所涉及的领域完全相同,而且非常广阔,涉及人类社会、自然科学、工程技术等各个领域。经济学上有创新,企业家以创新为灵魂。同样,政治学上也有创新,并且是政治家们的灵魂。创新也是自然科学以及工程技术人员的灵魂。说到底,"创新是一个民族进步的灵魂"。创新也是国家兴旺发达的不竭动力。④创造与创新都是时间的函数。今天你没创造,可能明天你就会创造;今天你没创新,可能明天别人会创新。因此,就其发展的深度和时间维度来讲,创造相对短暂浅薄一些,而创新则相对长远深厚一些。

创新经常和改变发生联系。创新被认为是一些可以致使改变的新事物。然

---

① Martins E. C., Terblanche F. Building Organisational Culture that Stimulates Creativity and Innovation [J]. European Journal of Innovation Management, 2003, 6 (1): 64-74.

而，改变不能总是被认为创新，因为改变并不总是会包含新想法，如夏季改变办公的时间这一改变就不是创新。

三、个体创造力的概念和内涵

个体创造力是其他创造力的基础（周耀烈，2007），有关个体创造力的概念研究层出不穷，学者们在研究中所采用的定义方式也存在区别（王先辉，2010），本书通过对近几年的有关个体创造力的相关研究进行了文献整理和筛选，筛选出近几年对个体创造力的研究，并按照年份排序，找出不同作者在研究中所采用的不同定义方式，以及维度划分或者个体创造力所采用的衡量方式，来进一步地对个体创造力进行解析（见表2-1）。

表2-1 个体创造力的概念和内涵

年份	作者	个体创造力的内涵	个体创造力的维度或衡量方式
2015	Young Wook Seo 等	创造力在任何领域中都被定义成是一种新颖性且有用性想法的结合产品	专长、创造性思考技能和内在的任务动机
2015	Seong Wook Chae 等	将创造力定义为通过个体与工作环境相互结合新颖且有用的想法的产生	领域相关技能、创造力相关技能和任务动机
2015	Min Hee Hahn 等	基于生产新事物的能力，个体创造力被定义成用于产生创造性结果的任何过程	将创造力的社会维度分为组织结构、组织文化和工作压力
2014	Nejib ben Moussa	创造力被定义成具有新想法的任何产品，形式主要有：产品、流程和程序	创造力视为单维度通过 Tierney 等（1999）的四个题项进行衡量
2014	Ching Tsung Jen	将个体层次结构上的定义为新颖且适当的想法、产品、流程或者解决办法的产生	创造力被视为单维度，用 Zhou 和 George（2001）的量表进行衡量
2014	Chung - Jen Wang 等	创造力被认为是新产品、服务、流程相关的新颖性想法的产生，尤其是在酒店服务业的研究	作者采用 Oldham 和 Cumming's（1996）的三个量表题项来评估员工的创造力
2014	Hülya Gündüz 等	创造力是指个人或组织对有关产品、实践、服务或者流程等方面新颖且有价值的想法的开发，同时并对组织是有利的	个体创造力采用 Tierney 等（1999）量表的衡量方式进行衡量，包括13个题项

续表

年份	作者	个体创造力的内涵	个体创造力的维度或衡量方式
2014	Robert C. Litchfield 等	创造力是新颖且有用的想法的结合物	个体创造力由 Zhou 和 George（2001）开发的量表进行衡量，主要包括13个题项
2013	Jianping Peng 等	个体创造力是指在产品、服务、实践和流程方面想法的独特性	领域相关知识、创造性相关技能和动机
2013	Lucy L. Gilson 等	创造力被定义成新颖或具有独创性以及具有有用性或者实际性潜力的想法、产品或者流程的产物	用 Janssen's（2000）中的前三个题项量表进行衡量
2013	Gary Charness 等	创造力被定义成在任何领域中新颖且有用性想法的结合产物	创造性风格、刺激寻求、过去对艺术性任务的参与
2013	Silke Astrid Eisenbeiß 等	创造力指的是个体或者个体工作所在的小团体所一起产生的新颖性且有用性想法的产物	作者采用 Zhou 和 George's（2001）所开发的10题项量表进行衡量
2010	Zhang xiaomeng 和 Kathryn m. Bartol	创造力是指个体或者个体工作的团队一起创造出的新颖且有用的产品	员工创造力是用 Zhou 和 George（2001）开发的13个题项的量表进行衡量

资料来源：笔者根据相关文献整理。

由表2-1可知，学者根据自身研究的差异，选择了不同的定义方式，但确实大同小异，被大家一致认同的定义主要是 Amabile（1988）的定义，将个体创造力定义为个体所创造的新颖且有用想法相结合的产物。在对个体创造力的衡量中，大多数学者都是采用了创造力的成分理论，将个体创造力分为三个维度进行分析，三个维度主要包括领域相关知识、创造性相关技能和动机。

传统的框架认为个体创造力受到员工个体特质、员工所处工作环境的特质以及这些特质之间的交互影响。个体和环境特质能相互影响这一论点说明了环境能够和个体特质相"匹配"，而这种匹配能够导致更高水平的员工创造力。这个框架是由有关创造力的早期理论衍生出来的，这些理论通常比较关注个体和环境的相互影响（Amabile，1996；Woodman，Sawyer and Griffin，1993）。个体特质主要包括个性以及认知风格两个维度，这两个维度在创造力领域得到了非常多的关注。这两者都被认为能通过影响运用多样化的、能够促进创造性想法开发的战略的程度来影响个体创造力。例如，有某种特殊个性的个体可能特别善于识别问题或整合新信息，这可能使他们产生更多创造性的成果（Rodan and Galunic，2004；Tierney and Farmer，2002；宋志刚，2015；丁栋虹，2016）。

为了更全面地理解创造力，必须同时考虑个体和环境因素的相互作用以及不同环境之间的相互作用。

所谓个体创造力是指个体在创造性活动中所进行的以问题为出发点，以创造性人格为导向，综合运用多种思维形式，以直觉、灵感、顿悟等突发性思维引起认识飞跃为显著标志，具有全脑性、选择性、类比性、全功态性、审美性等特征，能产生有社会价值的、前所未有新成果的思维活动。个体创造性思维不同于一般思维的特征表现在其新颖性、全脑性、发散性、综合性、选择性和突发性等方面。个体创造性思维最大的特点表现在它的求异性和差异性，对于同样一个问题，一般思维方式看来很普通很平常，而创造性思维则能发现契机，引发个体创造力，导致创造性行动和创造性成果的诞生。创造性思维的发散性包括了逆向思维、顺向思维、转向思维等。个体创造性思维的综合就是创造。想象力和创造性思维是创造力的两个最重要的意识支柱，是创造力的灵魂，亦是创造性人才必须具备的核心能力。敏锐的感知力和合理的知识结构则是创造力的基础能力，又是想象力和创造性思维方式的基础保障。感知力的优劣取决于感知的过程客观性、细致性、灵敏性和知识水平以及感知过程中的思维方式，想象力来源于人们在一定知识的基础上对记忆中的信息经过加工和组合而创造出新的形象或观念的思维活动。没有知识背景的想象力，是空中楼阁、无中生有、不切实际，知识是传承，加上想象力就会有新的构想，新构想还要通过评估或批判思考（创造性思维）才会产生"有用的构想"，如果把知识比作原木，那么想象力就是刻刀。想象力依赖于知识，又是知识进化的源泉，它有助于一个人知识的获得和其他各种能力的提高。思维要有创造性，就必须不断更新知识结构，随时淘汰已经过时的知识，补充新知识。创造性思维与合理的知识相结合，才能有效地发挥创造力，创造出新思想、新发明、新产品。创造力是知识与心灵的完美结合，没有知识做基础，创造力无从谈起；感知迟钝、思维僵化、没有敏锐的洞察力和丰富的想象力，就不可能发现别人没有发现的知识和疑点，从而多侧面、多角度发现问题，探究问题，另辟蹊径处理问题，从而发现创造契机，达到创新创造的目的。在个体发挥创造力进行创造活动的过程中，感知力、想象力、知识结构及创造性思维等几项基本要素互为补充、互为依存。

强调个体—环境的交互影响是因为有某种个性特质的个体更可能会看重因某

种特定环境因素而产生的机会和奖励,因此当这样的条件成立时,这些个体往往会体现出较高的创造力。然而强调不同环境因素的相互影响是因为当某种环境因素同时存在时,员工会更可能注意到或者欣赏另一种环境因素的特点,如第一章所述,本书更聚焦于社会即外部环境特质对个体创造力的影响,环境特质概括性的定义是可能影响员工个体创造力但又不属于个体部分的工作环境特征。本书通过对已有研究进行回顾与归纳外部环境特质对个体创造力的影响,主要体现在以下几个层面:①个人层面,知识的深度和广度与创造力有关。②工作层面,工作的客观特点影响着个体的动机与工作态度(Hackman and Oldham, 1975)。③团队层面,创造力是成员之间互动的结果(Agrell and Gustafson, 1994;Mumford and Gustafson, 1988),团队多样性与更高的创新绩效有关(Andrews, 1979;Payne, 1990;Visart, 1979)。④组织层面,发现组织氛围是研发创新的最重要组成部分(Abbey Dickson, 1983)。在创建创新整体氛围时,人力资源战略思考尤为重要(Huselid et al., 1997)。

第二节 目标导向概念、分类和影响因素

一、目标导向的概念

目标导向(国内又译目标定向、目标取向、成就目标导向)的概念最早产生于20世纪80年代,在对目标导向的定义中,有学者认为目标导向指的是个体追求成功时的一种反应倾向(Spinath and Stiensmeier, 2003)。有学者认为目标导向是个体在进行某项任务时所要追求的目标(Dweck and Leggett, 1988)。目标导向起初被定义为在一个任务完成过程中的行为情境导向,定义了人们为什么以及如何成功地完成各种目标,并且如何达到完成行为的首要目的。这些导向被设想为包含着在情境中人的经验,参与事件的进行与认知、情感和行为产生的形式。虽然目标导向的起始定义是有关行为的情境目的,但是这些导向也被认为是可以持久的(彭芹芳,2004;邓今朝,2012),过去几年的研究已经常规性地对这些导向视作一种状态或者作为一种特征来进行研究。为了更好地了解目标导向概念的演化进程,表2-2总结了部分学者对目标导向概念的描述。

表2-2 目标导向的概念

学者	内涵
Dweck（1988，2000）	目标导向指个体从事某项任务时所要追求的目标；在动机过程中，个体的目标导向组织了个体的认知、情感、行为过程
Maehr（1989）	目标导向建立了社会认知框架，与意义、目的、自我的认知指导着行动、思想和情感
Anderman 和 Maehr（1994）	目标导向定义了人们为何以及如何达成各类目标
Pintrich 和 Schunk（1996）	目标导向的中心思想是人们整合自己的某种信念，并据此完成个人目标。随着信念不同，人们在追究目标的过程中会选择不同的达成方式，也会选择不同的标准去判断成败，进而影响到他们关于动机的信念，如归因和情感等，以至于影响一个人的学习和表现
Heimeck 等（2003）	目标导向为个体架构起一定的思维模式，影响人们在特定情景中的成就追求、行为方式以及行为结果
Spinath 和 Stiensmeier（2003）	目标导向是指个体对于成功的反应倾向

由表2-2可知，自 Dweck 和 Leggett（1988）提出目标导向的概念之后，学者们多是在其概念的基础上对目标导向的维度进行探究，基于本书的研究目的，本书采用 Dweck 和 Leggett（1988）对目标导向的定义。Dweck 和 Leggett（1988）研究表明个体所追求的目标决定了他们解释事件、结果并对此做出反应的模式，即个体具有不同的目标导向会表现出不同的行为模式。Dweck 和 Leggett（1988）发现个体追求不同的目标会使个体产生不同的认知和行为，并认为目标导向是单层次构念，学习目标导向是指个体寻求发展自己的能力，并学习和掌握新知识、新技能；绩效目标导向是指个体寻求对自己能力的肯定性评价、避免对自己能力的否定性评价。

创造力成分模型指出，员工提高创造力水平要具备三个条件：领域相关的技能、创造力相关技能和对任务的内在动机为学习导向的员工热衷获取新知识，频繁使用深度处理策略解决挑战性任务，探索未知领域和不断验证概念之间的关联性，能够提升其创造性相关技能，尤其是在遇到困难或者不确定时，学习导向的员工不受外部环境干扰，凭借对任务的浓厚兴趣，坚持不懈地进行创新性活动实证了学习导向与员工创新能力呈正相关，尽管创新不等同于创造力（创新包含创造力和创意执行两个阶段），但可以类推学习导向能够提升员工创造力。然而目标导向员工主要关注外界的评价，受环境因素影响较大，其与员工创造力关系需要结合情境特征才能做出有效的判断。

团队目标导向与个体目标导向对个体创造力的影响研究

目标导向理论研究的是行为与目标之间的关系。人们实现目标要有两种行为存在于这种过程之中，一种是目标导向行为，另一种是目标行为。目标导向行为就是行为不是直接去完成目标，而是引导行为去完成目标。因此，目标导向行为越短越好，因为越是接近目标，需要强度就越大；如果长了，会减弱对目标的渴求实现的强度，容易产生消极作用。管理行为只有被职工认为能得到目前和将来的需要满足时，职工才会接受。领导者要认识到职工存在着工作目标需要，并应设法激起这种需要。要使实现工作目标后的报酬对职工具有诱惑力，以提高职工的激励力；而且要进行引导，使他们能够通过一定途径获得这种报酬。当工作任务模糊不清，职工无所适从时，要帮助其把工作做出明确规定和安排，以增加实现工作目标的期望概率；而当工作内容已经明确或进行的都是例行性工作，则需要对职工给予同情、关心和赞扬。要排除实现目标的障碍，扫清通路，以体贴的精神使职工在通路上顺利通过。领导方式有指示式、支持式、成就指向式、参与式等多种类型，要根据职工个人特点（教育程度、成就需要等）和环境因素（工作性质、组织特点等）采用相应的领导方式。这一理论是目前西方占统治地位的领导理论。它是在行为主体对行为目标已有深刻明确认识并形成高强度达成目标的动机，具有能够达成目标自信心的前提下出现的。其基本特点主要包括行为方向稳定，达成目标的努力持续不断。促成目标导向行为的因素主要包括行为主体的意志品质，对达成目标的坚定信念，行为目标的吸引力，行为主体的素质与能力，为达成目标而愿付出一切代价的决心以及相应的行为环境等。

随着学者们对目标导向的深入探究，对目标导向的理解经历了从单一到多重的过程。目标导向在最初被认为是一个两极构思（Bipolarconstruct），即个体在某一目标导向上得分较高，而在另一个取向上得分较低，但不可能在两个取向上同时得分很高（或很低）。后来，研究者对该假设提出了质疑，并开发出独立的学习目标导向（Leaning Goal Orientation，LGO）量表和绩效目标导向（Performance Goal Orientation，PGO）量表（Button，Matnieu and Zajae，1996），Button 等（1996）指出，个体通常有多重的、相互竞争性的目标，他们证明了个体既有超过竞争对手的目标导向，同时也有提高自我绩效的目标导向，因此个体同时在 LGO 和 PGO 上得分较高是可能的，目标导向是一个双维度结构。

目标导向（Goal Orientation）理论是当前工作动机领域研究的关键一环，主要关注于内部动机，并强调个体成就目标导向对动机的影响。始于动机中对目标的研究，起源于组织行为学中的社会认知理论、成就动机理论和归因理论。一直以来，人们倾向于认为推动人们以满足个体需求的内部动力就是动机，是导致个

第二章 相关概念及理论基础

体行为的直接原因，由个体的需求和诱因构成。目标就属于动机诱因的一种，它使个体获得价值知觉后激发动机，研究者们进而发现，动机是由主观意识调控的，并将更多的关注点投到了动机和主观意识的关系研究上，并正式提出了目标设置的理论。目标导向的概念最初被独立出来是在20世纪80年代。之后Dweck等（1988）为了对成就动机进行研究，对小学生面对困难时的反应做了一项研究，研究发现孩子们在面对困难时出现了两种反应模式：一种是无助式反应模式，即当面对困难时，这部分的孩子表现出无助，对自己的能力没有信心，感到沮丧，士气低迷且不愿继续执行任务；另一种则具有适应性反应模式，即这部分孩子在面对困难时，乐于接受挑战，对自己充满信心，并且会想出相应的方法来解决问题。深入调查研究发现产生这两种反应模式的原因是，孩子们在面对困难时怀有的目标不同。适应性反应模式的孩子是为了学习新的事物并以此来提高自己的能力；而无助式反应模式的孩子则只是为了获得他人的赞扬。之后Dweck（1988）总结了这种现象，并提出成就目标理论，把目标导向分为了学习型和绩效型两种目标导向。学习目标导向是指个体通过执行任务、掌握新技能和新方法来提高个人的能力，与增量理论有关；绩效目标导向是指个体尽量避免可能产生不利评价的任务，以获得有利的评价，与实证理论有关。Dweck等（1988）提出，这两个目标在一个人身上是无法同时拥有的，故之后的目标导向都假定是一个基本概念对立的两面。20世纪90年代，目标导向又被引入到组织研究中。Farr等（1989）通过在多个组织问题（如目标设置、实习动机、任务兴趣等）中对比学习目标导向和绩效目标导向，认为目标导向是决定个体怎样解释个人成就情景的心理结构，并就此提出了有价值的指导意见。

在此基础上，V和Ewalle（1997）将绩效目标导向（PGO）进行了进一步细化，提出了目标导向的三维度模型。他们认为，PGO本身就是一个多维度的概念，因为其原意就包含获得有利评价和避免不利评价两种取向，可以把PGO划分为绩效趋近目标（PPGO）和绩效趋避目标（APGO）。两者虽然都是关注自我绩效结果，但前者聚焦能力展示和获得正面评价，而后者则关注不展示自己的不足，避免得到负面的评价，实证研究结果也表明，三因素模型优于两因素模型（V and Ewalle，1997）。国内外许多研究也支持该概念模型，比较有代表性的学者如Elliott（1997）和他的同事提出了类似的成就目标框架，他们将PGO细化为趋近目标（Approach Orientation）和趋避目标（Avoidance Orientation），其含义分别与PPGO和APGO相近，同时证明了这两种目标导向具有不同的前因变量和结果（Elliott and Church，1997），目标导向的三维度结构在实证研究中被广泛使用

团队目标导向与个体目标导向对个体创造力的影响研究

（周小兰，2017），本书将采用此模型进行讨论。

二、目标导向的分类

学者们用多种角度来探视目标导向，并对目标导向的分类展开了研究，目前比较典型的分类有掌握目标导向、绩效目标导向、学习目标导向、外在目标导向、社会目标导向和工作避免目标导向六类，下面对同本书密切相关的目标导向分类进行阐述。

1. 掌握目标导向

掌握目标导向理论也可以叫作掌握问题导向理论，是一种激励理论。想要完成任何目标都要先以目标为导向制定相应的计划，然后实施，才能有效地达成目标。为了长久持续地发展，需要使人保持积极的状态，那么则要求个体要保持一个较强的行为动机水平。为了达到这一目的，就需要在一个目标达成后，根据实际情况及时地重新提出更高的目标，以使个体产生新的目标导向，从而使个体保持较高的行为动机水平。

掌握目标导向（Mastery Goals Orientation）倾向于发展新技能、试图了解工作、增加能力或达到自我参照的掌握标准（Elliot and Church，1997；Elliot and Harackiewicz，1996），指的是以发展竞争力为目的的学生更专注于学习、理解、发展技能和掌握信息。许多相关的研究已经支持了掌握目标导向和许多积极产出之间的关系，包括努力和毅力、深度学习、信息学习、自我效能感、积极的情感和总体幸福感，用采访方式的定量研究也发现了掌握目标和适应结果之间的关系（e.g.，Levy，Kaplan and Patrick，2004）。

2. 绩效目标导向

要想明确绩效目标导向，就要建立以战略目标为导向的绩效计划机制。坚持战略统领，引入精益管理中的 KPI 体系，将战略目标进行分阶段、可衡量、能实现的分解，构建起"企业、部门、员工"三级 KPI 管理体系，实现关键绩效指标与战略目标联动。在以绩效为目标导向时，需要围绕关键战略节点和年度重点工作任务，明确年度企业级 KPI，各级管理部门进行层层分解，形成部门级和岗位级 KPI，实现指标保目标、目标保战略。围绕 KPI 确定具体重点工作项目，借鉴甘特图模型，设计年度、月度工作计划表模板，用表单的形式将年度重点工作计划分解到月、细化到周、落实到岗位，体现部门周自评、考核部门月初评、分管领导月终评三级评价全貌，从而推动各项工作高效执行。建立以例会制度为载体的绩效沟通机制，建立对应各管理层级的例会制度，加强全过程全方位的绩效管理沟通辅导，改变事后控制的绩效考核模式，注重事前沟通、事中控制、事后提升。

在具体实施过程中，各层级统一运用《工作例会报告》模板进行规范化的检视、总结和反馈。日例会为基层所队、客户服务部等部门所用，主要帮助各基层岗位人员盘点工作进度、分享工作经验、明确当天工作重点。主要负责人利用每月、每周例会进行绩效面谈，部门主要负责人与部门员工利用每月、每周例会进行绩效面谈，主要检查 KPI 实现进度，复盘重点工作实现情况，抓住改进点，提出下期工作要点。季度例会在市局（公司）层面召开，主要检查复盘各单位、部门的目标实现难度和进度。建立以问题为导向的绩效评价机制。改变"发现问题就扣分"的导向，各业务部门负责各业务领域工作的检查评价，将检查出来的问题根据影响程度分为问题点和扣分点，将问题点进行归类，提出改进指导意见和要求，通报于企业内网，促进各部门绩效持续改进。在月度绩效考核中，改变"工作检查评价得分直接关联绩效得分"的思维，部门级 KPI、工作计划、协同工作、工作成效评价模块合计得分 95 分以上的，相应的工作业绩合计分视同满分，进一步体现"绩效评价的目的在于识别问题、减少浪费"的精益管理思想。

建立以改进为导向的绩效管理应用机制。在坚持绩效考核结果与员工工资、员工培养、员工晋升相关联的基础上，为了激发全员持续改善的内生动力，在市县两级以及 7 个机关部门推行目标可视化看板，每月将企业或部门 KPI 指标、重点工作进行可视化管理，评选出"上月最出彩的一项工作"和"本月最应改进的一项工作"，在企业范围内形成了看目标、想责任、追标杆的良好氛围。同时，鼓励改进创新，在实际工作中，经过纵向、横向对比确认具有突破性和先进性的工作实现，均可以申请突破性加分，作为月度加分和年度部门、个人评优评先的依据，充分体现"追求企业整体创新能力、尊重价值创造"的精益管理思维。以战略目标为导向的精益绩效管理体系突出战略统筹、目标牵引、问题识别、改进创新、高效协同，促进了以"事"为中心的分散式绩效考核向以"创造组织业绩"为中心的全面绩效管理转变、事后监管向过程挖潜转变、单部门作战向全员协作转变，使得关键绩效指标与企业战略目标相联动、绩效考核与职能管理相融合、绩效评价与价值创造相促进，有效激发了员工自觉服务他人和干事创业的潜力，引导员工立足岗位、改进管理、提质增效，带来了员工精神面貌的变化和企业绩效的改善，为企业实现更高质量、更有效率的协调发展提供了坚实保障。

团队目标导向与个体目标导向对个体创造力的影响研究

Vandewalle（1997）将绩效目标导向（PGO）进行了进一步细化，提出了目标导向的三构面模型。他认为可以把PGO划分为绩效趋近目标（PPGO）和绩效趋避目标（APGO）。两者虽然都是关注自我绩效结果，但前者聚焦能力展示和获得正面评价，而后者则关注不展示自己的不足，避免得到负面的评价。"趋近"指的是专注于失败的可能性和对避免失败的尝试。"趋避"目标被认为和低效率、担忧、对帮助寻求的避免、机会均等化相联系。与绩效趋近目标相联系的形式被认为是最积极的，因为这个目标导向被发现和毅力、积极情感和分数这些结果相关。

3. 学习目标导向

学习目标导向作为员工的个体特征，通常表现为员工选择具有挑战性的工作，进一步提升自己的能力和获取技能。目标导向理论指出具有学习目标导向的员工更愿意把困难当作机遇，愿意花费时间和精力去解决困难，以确保自己的既定目标与行为上的一致性。

具备学习目标导向的个体为了完成一项新工作或者新任务会不断地提高他们的能力水平。他们认为能力是一种循序渐进的技能，可以通过获得知识和完善自我不断地提高，使自己的创造力水平获得提升。他们寻找具有挑战性的任务，这些任务为提高他们的知识和能力提供了机会，并将错误视为学习过程的自然组成部分，拓宽自己的视野。学习目标导向的程度与许多适应性结果相关，包括工作的效率、工作本身的价值、对工作的兴趣、自身的努力与坚持、学习方法以及其他更好的表现。具有高学习目标导向的个体追求一种适应性反应模式，在这种模式中，他们坚持不懈、不断努力，并享受挑战的过程。此外，社会认知理论指出，员工的工作实践也是增长技能的重要途径，而学习目标导向会驱使员工去获得更多经历，不断获取新的能力，同时对于员工工作能力的提升会进一步激发其产生创造力的热情。

学习目标导向目的在于增进自己的能力与技能，希望从努力与学习中获得成就感。具有学习目标导向作为质素的个体将积极地寻找识别他们能力的回馈，他们的这些能力可以被潜在地发展并且学习新的技能来提高他们的绩效（Tuckey, Bruwer and Williamson, 2002）。具有学习目标导向的个体将承担起对任务的挑战，为了学习目标导向，并且为了延伸目标限制，以及不想去制造任何的错误，他们将目标导向视为学习过程的一部分（Seijts et al., 2004）。

学习目标导向对创造力的影响主要体现在员工对工作的感知，对于工作感知度较高的员工，会具有明确的方向和目的，具有较高的学习目标导向。具备学习目标导向的员工会不断地通过自己的努力学习新知识，不断提升自己的知识储备，这将有助于提高员工对于克服工作中困难的信心。高学习目标导向的员工会不断通过各种途径掌握最新的方法和技能，从而提高自身创造力为企业做出贡献。与此同时，工作意义的感知与员工反馈寻求行为在学习目标导向和员工创造力之间具有部分中介作用。当具备学习目标导向的员工在工作中遇到麻烦时，员工会增加反馈寻求的频率，以求通过不同人员的帮助，尽快找到解决麻烦的有效方法和技能。一旦员工获得工作意义的感知，即使面对相对困难的工作也不会轻易言败，通过更进一步的努力学习，坚定解决困难的信念，不断促进员工在工作中知识的积累和员工创造力的不断提升。

4. 工作避免目标导向

工作避免目标导向的显著特征是"工作避免"和"学术异化"，与这一目标相联系的具体行为倾向是用尽可能少的努力去完成系统学习工作，我们称它为"工作避免目标导向"。个体工作避免目标和绩效趋避目标存在相似性行为，原因在于不同的潜在认知情感框架，绩效趋避目标和工作避免目标之间存在弱相关性（Skaalvik，1997）。

尽管目标导向的分类有很多种，但在实证研究中以 Vande Walle（1997）提出的三构面分类方法及其定义应用最为广泛，即学习目标导向、绩效趋近目标导向、绩效趋避目标导向。后期有学者提供了其中绩效目标导向细分为趋近和趋避的证据（Vande Walle，Cron and Slocum，2001），另有一项调查研究展示了目标导向中这几个维度的差异化影响（Porath and Bateman，2006）。但近年来学界出现了新的观点，也许正是因为有太多的研究支持绩效目标导向具有趋近性和趋避性两种截然不同的特征，另有一些学者提出了目标导向结构的2×2模型，认为与绩效目标导向一样，也可以把学习目标导向中的趋近性和趋避性区别开来，形成目标导向的2×2框架，即学习趋近目标或掌握趋近目标（Learning – Approachgoal or Mastery – Approachgoal）、学习（或掌握）趋避目标（Learning – Avoidancegoal or Mastery – Avoidancegoal）、绩效趋近目标（Performance – Approachgoal）、绩效趋避目标（Performance – Avoidancegoal）四种取向（Elliot and MeGregor，2001；van Yperen，2006）。

三、目标导向的影响因素

1. 目标导向的动机内涵

动机广泛存在于日常生活中，理解在工作背景下人类动机的最有效的方法之一就是目标设置理论（Goal Setting Theory）（Locke and Latham, 1990），人们尝试着各种方法以使自己变得更有能力、更有效率，而成就动机理论（Achievement Motivation Theory）被用来解释这种现象。成就动机理论中的趋避型动机和趋近型动机是两类被广泛认同的动机，在即使是不同的动机作用下，个体的行为倾向表现差异很大，就在对于为何会产生内在动机的探索中，产生了目标导向理论（Goal Orientation Theory）。

在传统 DEMATEL 方法的基础上，通过多专家群组决策扩展了传统 DEMATEL 方法的单一专家经验性与局限性，并引入概念格技术对群组专家意见进行聚类，从人的认知视角，根据同类意见专家具有相同权重的原则进行加权，确定专家权重系数，使影响因素重要度的识别更符合对扎根理论选取出影响因素的对象与属性的对应关系。由中心度计算结果可知，团队目标导向影响因素重要度排序为：组织承诺＞组织公平感＞组织激励＞员工工作情绪＞团队竞争＞组织—个体目标匹配＞团队沟通＞员工工作能力。由原因度计算结果可知：组织承诺、组织公平、组织激励、组织—个体目标匹配对其他影响因素的影响大，是原因因素；团队沟通、团队竞争、员工工作情绪、员工工作能力受其他影响因素的影响大，是结果因素。

作为成就动机理论的重要组成部分，目标导向的概念自 20 世纪 70 年代提出后就引起了组织心理学者的浓厚兴趣，虽然发端于教育心理学，但目标导向在组织行为和管理学研究中得到了迅速推广和应用，取得了丰硕的研究成果。

2. 目标导向的行为内涵

目标导向理论认为，要达到任何一个目标必须经过目标行为，而要进入目标行为又必须先经过目标导向行为。两种行为对动机强度的影响是截然相反的，为了解决这一矛盾，使动机强度经常保持在一个较高的水平上，就必须交替运用目标导向行为和目标行为。也就是说，当一个目标实现后，应适时地提出新的更高的目标，以便进入一个新的目标导向过程，从而使动机强度维持在较高的水平上，使人保持一种积极的状态。

然而，团队目标导向主要受个体层面和组织层面因素的影响，组织承诺和组织公平感对团队目标导向影响最大，同时组织激励和员工工作情绪也是不可忽视的重要因素，企业要加强团队目标导向对团队目标的引导作用，必须加强员工对企业的信任度、忠诚度和归属感，通过组织关怀和及时的组织激励减少员工的权力距离感知，尤其是在生产企业中，管理者要重点关注员工工作情绪的变化，对情绪工作的员工进行及时调节，避免由员工负向工作情绪导致的员工不安全生产行为给企业安全生产带来的潜在风险行为。科学家把人的行为分为目标导向行为、目标行为、目标完成行为三类。目标导向行为是指个体由强烈的动机所驱使，希望达成某一目标的行为。

目标导向理论来自教育心理学，它探讨的是影响学习者从事学习行为的动机过程（Dweck，1986）。随着团队成员的人格特质或认知特质组合的研究逐渐受到研究者的重视（Barney，1991），目标导向的团队组合概念也随之被提出（Bunderson and Sutcliffe，2003）。研究者认为目标导向也存在于团队层面，它是一个集体概念（Gully and Phillips，2005），是从个体层面目标导向的概念演变而来，反映的是一个团队对学习目标、绩效趋向目标或绩效规避目标的重视程度的共同理解（Kim et al.，2013）。它有助于团队决策，并以合作的方式解决问题，实现团队协调，而这些反过来会使团队继续保持重视学习目标导向或绩效趋向（规避）目标导向（Bunderson and Sutcliffe，2003）。

关于团队目标导向的研究，存在着两种观点：一种观点是将目标导向视为一种状态变量，它会随情景的变化而改变（Anju et al.，2009）。这种观点可以通过特质激活理论来解释，它认为目标导向可以用情景因素来反映，如领导力、分配的任务或评价因素（学习或绩效）（Bunderson and Sutcliffe，2003；Gully and Phillips，2005）。这些情景线索揭示了"在一个特定的群体或集体中，成员被期望、被重视或者被奖励的目标和行为的信号"（Bunderson and Sutcliffe，2003）。由于团队成员会经常遇到同样的情景线索，所以会相互协商来解释这些线索，从而使他们的认知相互靠拢以团队目标导向的形式形成对共同目标的看法（Kim et al.，2013）。也就是说，外界环境会显著影响团队目标导向的形成或改变（管建世等，2016），团队目标导向是由情景诱发的状态，是动态的、可塑的（Payne et al.，2007；管建世等，2016）。另一种观点是将团队目标导向视为一种稳定的特质变量（Porter，2005）。该观点认为个体的目标导向与个体特质相似，具有相对的稳定性和持久性，因而被认为是一种团队成员构成，属于相对稳定的团队特征。

个体层次的目标导向一般分为三类，即学习目标导向、绩效趋向目标导向和绩效规避目标导向；与个体目标导向相对应，团队目标导向也分三个维度，即团队学习目标导向、团队绩效趋向目标导向和团队绩效规避目标导向（邓今朝，2011；Dragoni，2005）。目标导向理论来自教育心理学，它探讨的是影响学习者从事学习行为的动机过程（Dweck，1986）。随着团队成员的人格特质或认知特质组合的研究逐渐受到研究者的重视（Barney，1991），目标导向的团队组合概念也随之被提出（Bunderson and Sutcliffe，2003）。研究者认为目标导向也存在于团队层面，它是一个集体概念（Gully and Phillips，2005），是从个体层面目标导向的概念演变而来，反映的是一个团队对学习目标、绩效趋向目标或绩效规避目标的重视程度的共同理解（Kim et al.，2013）。它有助于团队决策，并以合作的方式解决问题，实现团队协调，而这些反过来会使团队继续保持重视学习目标导向或绩效趋向（规避）目标导向（Bunderson and Sutcliffe，2003）。

目标导向行为与目标行为的区别在于它们对需要的强度具有不同的影响力。目标导向行为与目标导向区别如图2-2所示。

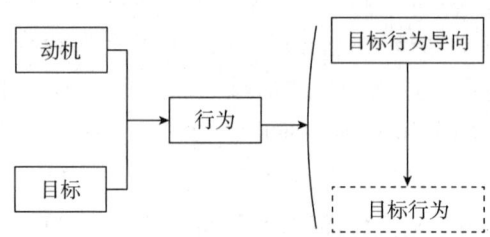

图2-2 目标导向行为与目标行为

图2-2说明人由强烈的需要或动机的驱使会产生目标导向行为和目标行为。但是，不管动机的强度如何高，并非所有的目标都能够达成，有的目标甚至永远也达不到，这也并不是罕见的，因此目标行为以虚线表示。

3. 目标导向的影响因素

通过对上述目标导向的动机和行为内涵分析，国内外学者将目标导向的影响因素划分为个体和情境两类：人格特质、情绪倾向、自我效能、内隐能力、能力知觉和成就动机六个方面归属于个体因素；家庭环境、组织环境和学习环境三个方面则归属于情境因素。具体来说，个体的能力可以通过持续努力和学习来提高，完成成就任务的过程中，个体可以通过学习而获得能力提升，从而影响目标导向的确立；责任心、宜人性、神经质、外倾性、开放性五类人格特质和学习、绩效趋近、绩效趋避目标导向有密切关系；追求成功的成就动机越高，个体则更专注于积极结果，对目标导向的影响也越大；对自身能力可变性的认知同个体自我效能感密切相连，个体既往的积极经验能有效提高自我效能感，即学习的过程体验能直接影响目标导向；个体表现预期受个体能力水平感知能力决定，如果个体能力知觉较高，能够高水平感知自我能力，则更倾向于提高学习目标导向；个体积极和消极情绪则可以影响个体的目标导向，不同的情绪类型因情绪效价的不同会影响个体采取不同的目标；领导风格也对个体的目标导向产生影响，其中组织情感承诺在其中发挥中介作用；领导的积极或消极反馈类型亦影响个体的目标导向；家庭教养方式对个体目标导向也有一定影响；个体对学习环境的感知会影响他们的目标导向。

团队目标导向是团队成员个体在目标倾向和偏好方面的共同认知（Mehta et al.，2009）。特质激活理论认为，外界环境会显著影响团队目标导向的形成或改变（管建世等，2016）。但是，目前关于团队目标导向影响因素的研究并不多。

在团队层面上，团队氛围是解释团队目标导向的重要方式，同时团队氛围与环境特征密切相关。因此，情景是团队目标导向的重要影响因素（邓今朝，2010）。Dragoni（2005）认为团队领导行为以及团队氛围知觉是影响团队目标导向的最重要因素，他是从团队互动过程的角度来分析团队目标导向的形成过程的。邓今朝（2010）通过案例研究和现场调查，发现团队领导在团队目标导向形成的过程中起到直接驱动作用，作为情境条件的突变式组织变革在团队目标导向形成的过程中起间接驱动作用；团队目标导向的形成会受到团队领导成就模式的强烈影响，同时还会受到团队选择并实施的变革应对策略的影响。管建世等（2016）也支持这样的观点，即团队领导者的行为会对团队目标导向的形成及调整有重要影响，变革型领导对团队学习目标导向有显著正向影响，交易型领导对团队绩效趋向目标导向具有显著正向影响。

另外，史丽萍等（2016）采用扎根理论的研究方法，对46位受访者进行深度访谈，探索团队目标导向的影响因素，然后运用概念格—加权群组DEMATEL方法对影响因素的重要度进行识别，结果发现团队目标导向主要受到组织、团队和个体三个层面的影响，组织层面的具体影响因素包括组织激励和组织—个体目标匹配；团队层次包括团队沟通和团队竞争；个体层面包括组织承诺、组织公平感、员工工作情绪以及员工工作能力。在所有影响因素中，组织承诺和组织公平感最具影响力。早期目标导向理论的概念表明其他目标导向除了掌握和绩效目标导向以外，可能作为成就行为的目的。以前其他的目标导向没有受到许多关注，但在过去几十年，学者不断开始去关注这些目的。此外，从学生定量报告中检查目标导向的研究表明质量较差的两个目标框架是不足够描述学生在学校的动机导向的。因此，目标导向的衍生构建产生了。

在早期的研究中（e. g., Maehr and Nicholls, 1980），一个目标导向验证了外在目标导向：有关实现一个外在动机的目的。外在目标导向的学生以实现一些切实的回报或者为了避免切实的惩罚为目的而参与到任务中。到目前为止，目标导向的理论学者几乎没有将外在目标作为一个分离的结构。早期，外在目标被认为是一种绩效目标的形式。此外，还有学者认为理论和实证的研究需要将绩效目标：专注于管理能力印象，和外在目标相区分（Midgley et al.，1998），然而，仅仅有几个学者将外在目标导向作为一个区分化的变量进行研究。大部分理论学者对吸收其他学者的研究进入他们自己的研究框架是很满足的。然而，有关外在目标导向的工作可以获益于一个更完整的探索，获益于对这个构念更清楚的定义，以及从其与其他外在动机构建的关系中获益。例如，外在价值、外在的因果关系和竞争依情况而定的回报。

另一个被早期概念化的目标导向是社会目标导向的种类（e.g.，Maehr and Nicholls，1980）。在一个目标导向的理论框架中，社会目标导向涉及参与成就行为的社会或者人际之间的原因（Urdan and Maehr，1995）。这些可能包括使某人或者某些团体满意或者获得他们的支持，或者获得一个参与渴望的社会活动的机会。然而，社会目标的概念至今存在一个差异化的历史研究，不同于掌握和绩效理论研究。社会目标的概念现在被用于许多大部分目标导向的理论研究中，这些大部分的目标导向的理论研究多是起源于对程序的研究，这些程序最初主要专注于学生正尝试完成什么，而不是专注于学生为什么参与到一个特殊的成就任务中。此外，到目前为止，几乎没有学者关注社会目标在行为上的起源，这些行为被认为是与掌握目标导向和绩效目标导向相平行，尤其对情境或者某些条件怎么导致不同的社会目标的采用，对目标导向研究的学者认识到在成就背景中，如教师，某些个体是对追求成功或者甚至是避免展示差的能力都是不感兴趣的；他们仅仅想独自待着。为了捕获这个导向，研究者表述了另一个目标导向，一个明显和"成就目标导向"想法的导向，被明显地贴上"工作避免"和"学术异化"的标签。与这一目标相联系的目的是用尽可能少的努力去完成学习系统的工作。和工作避免目标相联系的行为模式似乎和绩效避免目标相似。研究发现一致表明了工作避免目标导向的个体认知、情感和行为的消极模式。然而，个体追求工作避免目标和绩效避免目标的相似性行为起源于不同的潜在认知情感框架。正如Archer（1994）指出的，"对于被疏远的学生，他们的兴趣和自尊心的来源是缺乏能力，而不是对外宣称的不努力"。此假设也受到一些学者研究的支持，绩效避免目标和工作避免目标之间呈现低相关（Skaalvik，1997）。

第三节 信息细化概念和内涵

一、信息细化的概念

信息细化（Information Elaboration）是一种认知机制，团队成员通过这种机制能共享与推敲不同的知识和观点，从而对任务形成更好、更多的创造性解决方案。先前的研究中已经发现信息细化在复杂或动态的任务中可以提高组织绩效，尤其是在需要创新的任务中（Homan et al. , 2008；Homan et al. , 2007；Stasser and Titus, 1985）。为了做出好的决策，形成新的观点，团队必须能够打开个体团队成员所具有的知识，并且对这些知识进行整合，从而形成一个解决办法或者决策（Kooij－de Bode et al. , 2008；Stasser and Titus, 1985）。团队成员通过信息细化的过程对现有的分布式信息进行整合，成员信息量的增加会增加团队成员的知识基础，从而可以提高团队成员的认知能力，进而可以提高团队对认知整合需求的处理，这将有助于提高个体的创造力。

信息细化是一个交流的复杂形式，涉及"信息和视角的交换，将个体层面处理的结果反馈给团体的过程，以及对其含义的讨论和整合"（van Knippenberg et al. , 2004），信息细化过程超越了信息共享的层面，来捕捉团队成员对他们想法详细解释的贡献程度和相互讨论各自的见解所花的时间，整合信息并决定如何将他们的知识应用到现有的问题中（Hoever et al. , 2012）。反之，团队能够平衡他们独一无二的知识资源并胜过一致性的团队（Hoever et al. , 2012；Homan et al. , 2007, 2008；Rico et al. , 2012；van Ginkel and van Knippenberg, 2008, 2009）。

Homan（2007）将团队信息细化定义为信息和视角的交换、个体层面对信息和视角的处理、对团队的反馈以及对这些含义的讨论和整合。此任务相关的信息更深更广泛地反映了使多样性的团体比一致性的团队在信息处理和决策需求中做得更好的可能性（e.g. et al. , 2000；De Dreu, 2007；Jehn et al. , 1999）。

van Knippenberg 等（2004）首次将信息细化的概念应用到团队任务的相关研究中，并将其定义为对团队任务相关的想法和视角的交流与讨论的整合过程。同时对信息细化模型进行了分类。信息细化一般都是用在团队任务中，为了达到高效的目的，团队成员进行合作性的信息细化将信息进行整理分析的过程。

团队目标导向与个体目标导向对个体创造力的影响研究

先前的研究和理论还没能充分地解释多样性在工作团体中的积极和消极影响，所以研究可以用一种令人满意的方式对社会分类和信息/决策视角进行整合。为了处理这一问题，van Knippenberg（2004）采用了分类细化模型。分类细化模型识别了许多的理由，关于多样性的研究会产生如何不一致的结果，接下来会进行详细的介绍。第一，多样性的研究已经对团体信息处理进行了不充分的关注，并且对团队信息处理的重要调节作用进行了不充分的关注，来作为多样性潜在的正向影响。第二，多样性研究经常从一个过渡简单的社会分类过程的概念进行工作。这已经明显地导致多样性研究到极大地忽略了多样性和社会分类以及社会分类和分类消极结果之间关系的调节作用（如组织偏见）。第三，多样性研究已经典型地研究了信息/决策过程和社会分类在孤立中的过程，然而，分类细化模型表明信息/决策和社会分类过程相互作用。第四，许多多样性的研究已经着手于假设：信息/决策和社会分类过程是每一个和多样性相联系的特殊维度。我们有关这些过程的考虑表明，多样性的每一个维度可能基本上会引出信息/决策和社会分类过程。这个在分类细化模型中的信息/决策和社会分类过程的重新概念化和整合指出了已经在多样性研究中被忽略的调节和中介变量，并且表明未来有关多样性和组织绩效之间研究的一个历程，这可能会解决许多在多样性研究中的不一致发现的问题。

分类细化模型建立在信息/决策视角的基础上，我们认为组织的多样性和团队任务相关的信息细化和团队内的视角呈正相关，也就是说，和团体成员的交换、讨论和想法、知识和团体任务相关的视角的整合呈正相关。任务相关信息和视角的细化反过来会被认为和团队绩效相关，尤其和团体创造力和创新以及决策质量相关。然而，团体的多样性将总是导致任务相关信息和视角的细化。因此，我们确认了调解多样性和细化关系之间的因素。简单地说，我们认为当团体任务有强大的信息处理和决策成分，当团体被过程任务相关和视角激励，并且当团体成员在任务能力中较高时，团体多样性是最可能导致任务相关信息和视角的细化。

和多样性研究中的社会分类视角相一致，我们也将作用归功于社会分类（组织内和自己主观性相似的其他人和组织外和自己主观上不相似的其他人之间的差异）。构建在社会分类中的理论和研究，我们认为团队成员造成社会分类的差异程度因三个因素而定：认知的可接触性、规范匹配和分类的可比较匹配。认知可接触性指的是舒适（Ease），差异化（如男人和女人）所暗示的社会分类伴随着这种舒适被认知性地激活。规范匹配反映的是分类对团体成员所制造的主观性感觉的程度。可比较匹配指的是分类中高度团队内的相似性和团队之间的差异化程度。我们也认为自身的社会分类不应该和团体之间的偏见相等同（更多对其他分类在组内而不是组外分类的可支持回应），这些团体之间的偏见可能会从社会分类中流露出来，并且认为团体之间的偏见和非社会的自身分类对多样性的团队是具有破坏性的。一个关键问题是在什么条件下，社会分类会导致团体内的偏见。我们认为对子团体识别的威胁和挑战是驱动团体之间偏见的主要因素。

我们认为多样性的所有维度可能会激发任务相关信息细化和社会分类过程。信息细化在大多数情况下都是在团队中进行研究，本书通过对 van Knippenberg 等（2004）信息细化在团队中的作用分析，整理出其分类细化模型，使信息细化的作用更加显而易见。van Knippenberg 等（2004）将信息细化定义为与团队任务相关的观点、知识或思维的交换、讨论以及整合，并将信息细化视为调动与利用多样化的组织信息资源的关键性过程。信息的细化和整合有利于好的决策（Larson et al.，1998；Stasser and Titus，1985）和新的观点（Hargadon and Sutton，1997；Mumford and Gustafson，1988）的产生。信息细化包括集体认知（collective cognition）的几个阶段（Hinsz et al.，1997）。首先，信息细化要求成员对信息和观点进行共享，以及对个人的信息和观点进行处理（Homan et al.，2007；Kooij－de Bode et al.，2008；van Knippenberg et al.，2004），为了实现这一过程，团队成员必须意识到他们所掌握的独一无二的信息，并且将信息与其他人分享（Stasser and Titus，1985）。其次，信息细化包括对不同成员视角的整合，为了实现这一过程，成员必须对他人的信息进行讨论和评估，判断其对组织任务的有效性和适宜性（Gibson，2001）。最后，通过对他人信息的考虑，组织成员必须将自己的信息和他人的信息进行整合（Stasser et al.，1985；Knippenberg et al.，2004）。

信息细化过程观认为信息细化是个体的信息和观点交互过程，信息细化认知机制观则强调信息细化是一种个体认知机制，而信息细化过程—认知机制观则认为信息细化是个体在信息精致阐释、观点认知基础上进行信息整合的复杂形式（张健，2016，2017；李全喜，2016；顾美玲，2016）。

1. 信息细化过程观

van 于 2004 年首次提出信息细化的概念，并将其界定为团队成员对任务相关的信息和观点进行交互的过程。从信息细化内涵来看，是团队成员在对任务相关的观点、知识或思维进行交换、讨论以及整合的基础上，调动与利用多样化组织信息资源的关键性过程，具有团队信息处理器的特征。团队成员通过信息细化的过程对现有的分布式信息进行整合，成员信息量的增加会提高团队成员的认知基础，从而可以提高个体的知识创新能力，这将有助于提高团队的创造力。

信息细化有助于提高企业创新绩效，知识融合中的知识获取维度不能有效提升信息细化与企业创新能力。这诠释了企业能够通过将知识融合获取的多源、异构、分布式知识内化吸收推演出新的知识，这一过程将有效促进信息细化，帮助企业成员对创新任务形成更加深刻、全面的理解，增强企业成员创新任务完成的能力，从而提高创新绩效。此外，知识获取维度并未发挥其积极效应，可能的原因一方面是知识获取负面的作用抵消了积极效应：大量异构知识的涌入致使企业在从事创新活动时需要花费大量的时间进行处理、筛选，从而影响创新的效率，甚至会导致错误地采用某种知识造成创新的失败，从信息细化过程观出发有助于对团队决策问题的深入研究。

2. 信息细化认知机制观

Homan（2007，2008）强调信息细化是一种认知机制，团队成员通过这种机制能共享与推敲不同的知识和观点，从而对任务形成更好、更多的创造性解决方案。这种认知机制赋予团队成员在复杂或动态任务中得以提高组织绩效的能力，尤其是在需要创新的任务中则更为有效。即使在处理多样、异构信息时，团队成员仍能够通过这种认知机制挖掘同任务密切相关的信息、推敲不同的观点，在知识内化基础上提出更具有创造性的解决方案，信息细化认知机制观能有效应用于绩效研究领域。

3. 信息细化过程——认知机制观

Hoever（2012）在过程观和认知机制观的基础上，指出信息细化是一个交流的复杂形式，信息细化过程超越了信息共享的层面，团队成员对个体观点进行详细阐释并相互讨论各自的见解，在认知机制作用下决定如何利用、整合信息资源到现有的问题中。这种观点更具有现实性，从信息挖掘、知识内化及外化角度来看，这种认知机制作用于任何个体节点，从信息生产、传递、分解、消费等信息传播阶段来看，信息细化过程贯穿始终，信息细化过程—认知机制观对于信息细化触发机制研究具有重要意义。

在概念界定层面，国内学者从2012年才开始展开了信息细化的相关研究，章振（2012）将信息细化界定为信息精细加工化，是指团队个体对信息进行加工后在团队成员间进行信息交互和整合从而提高团队绩效的过程。倪旭东（2013）认为信息细化是任务相关信息的详细阐述。姚春序等（2014）将信息细化称为信息处理，是团队成员由于认知差异而形成合力的体现。由此可见，国内学者对信息细化概念界定尚存在争议。

二、信息细化的内涵

2004年，van在团队多样性和团队绩效关系研究中，首次提出信息细化概念，并将其作为中间变量构建了分类阐述模型（Categorization - Elaborationmodel），如图2-3所示。可见信息细化理论起源于团队多样性研究，团队成员在任务目标相关信息和视角的基础上，对其自身和其他团队成员相似性和差异性进行评估，然后趋向于同相似性程度较高的成员进行信息的交互和观点的整合，从而实现了信息细化的过程。

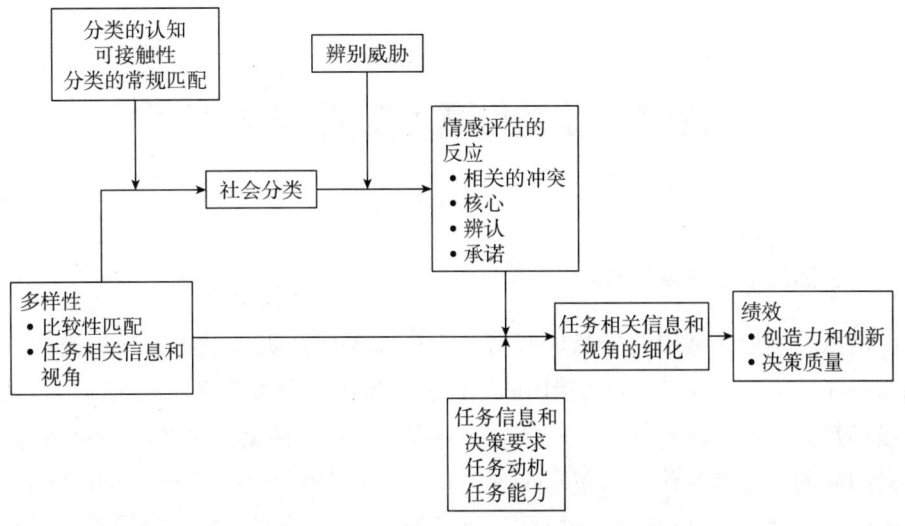

图2-3　信息细化的分类阐述模型

资料来源：笔者整理自 van Knippenberg D. 等（2004）。

先前的研究中已经发现信息细化在复杂或动态的任务中可以提高组织绩效，尤其是在需要创新的任务中（Homan et al.，2008；Homan et al.，2007）。为了做出好的决策，形成新的观点，团队必须能够打开个体团队成员所具有的知识，并且对这些知识进行整合，从而形成一个解决办法或者决策（Kooij - de Bode et al.，2008；Stasser and Titus，1985）。团队成员通过信息细化的过程对现有的分布式信息进行整合，成员信息量的增加会增加团队成员的知识基础，从而可以提高团队成员的认知能力，进而可以提高团队对认知整合需求的处理，这将有助于提高个体的创造力。

信息细化过程超越了信息共享的层次，来捕捉团队成员对他们想法详细解释的贡献程度和相互讨论各自的见解，整合信息并决定如何将他们的知识应用到现有的问题中（Hoever et al.，2012）。反之，团队能够平衡他们独一无二的知识资源并胜过一致性的团队（Hoever et al.，2012；Homan et al.，2007，2008；Rico et al.，2012；van Ginkel and van Knippenberg，2008，2009；杨鑫，2013；郭婧，2014）。信息细化既包括个人层次上对组织信息和想法的处理，如团队成员对个人的建议可靠性的判断等，又包括团队层次上的处理，如团队成员如何对多个信息进行整合等，本书将聚焦于个体层次上的信息细化能力来探索其对个体创造力的影响。

第四节 团队信息交换概念和内涵

一、团队信息交换的概念

信息交换指的是团队成员之间对于工作相关的数据、想法和知识进行分享（Johnson et al.，2006），是连接团队属性和结果的一个关键性团队过程，尤其是连接创造力（van Knippenberg et al.，2004）。信息交换是一个核心的团队过程，会对团队的结果产生影响（Mesmer-Magnus and DeChurch，2009；van Knippenberg et al.，2004；Williams and O. Reilly，1998）。特别是，信息交换对创新至关重要（Ebadi and Utterback，1984）。创新要求不同的资源输入（Kanter，1988），尤其对于研发团队来讲，其工作就是在于处理复杂的问题和开发新产品和新服务，需要团队成员对自身所掌握的知识和先前的经验进行交换和共享（Hülsheger et al.，2009）。

等级制度在传统企业组织中扮演了重要的角色，是以往组织的基本制度之一。团队这一概念基本不存在，传统企业的金字塔式的组织模式要求组织内的成员服从安排，凡事向上级汇报，组织内部等级森严，成员大多数不具备互相学习与合作的想法。在以往的企业竞争中，这种制度发挥了重要的作用，帮助企业专心对付外部竞争。但是随着社会经济的发展，这种等级森严的组织已经难以适应时代的发展，环境动态性、工作任务复杂性、经济及制度等因素不断促使组织变革。尤其是当前信息网络化的时代，组织模式出现了边界模糊甚至无边界的情形，组织内部变化越来越迅速（Faraj and Yan，2009）。

团队逐渐成为企业基本组织构件，个人贡献已经远远不能满足于组织的要求，以团队为基本单位的工作模式越来越普遍（Lawler et al.，1992）。团队既具有组织在环境变化反应中所不具备的快速性，又具有超过个人对组织贡献的高效性。团队的定义随着时代的变化而发展，团队定义也因不同的研究视角和作用而不同，本书将从团队属性的角度对团队定义进行如下分类：

（1）强调团队与群体区别。

Rosenbloom（1994）提出，团队是一种多个个体组成的正式群体，为了某一目标相互协作。Shonk（1982）强调团队是成员彼此相互协调完成共同目标的群体。Salas 等（2004）提出，团队是不同于工作群体的特殊性群体，具体表现为工作任务的相互依靠性、工作的整体结构及任务完成的时间长短。团队与群体的不同主要表现为：前者强调整体创新绩效的实现，注重团队整合，后者则多数由共同特点聚集在一起，注重共同性；团队存在积极的协同效应，而群体不仅不存在集体协同效应，有时还存在消极的相互作用；团队强调责任的共同性与集体性，而群体强调个体的责任是分散的互不相关的；团队成员虽然技能多样化，工作技能方面相互弥补，但是像团队一样高度整合起来却显得十分困难。

（2）强调团队过程。

Marks 等（2001）强调，团队是行为相互依赖的群体，团队具有共同目标，而目标的实现需要团队成员的共同努力和行动。Hackman 和 Wageman（2005）认为，团队绩效依赖于团队整体表现，个人绩效突出并不代表团队绩效，团队在分配任务时需要考虑团队内不同成员的能力，根据成员每次的任务完成情况来布置工作，团队绩效依赖于每个成员目标的高度一致性。

（3）强调团队是开放的内外部系统。

Katz 和 Lazer（2004）认为团队类似于组织，具有自上而下的影响机制，团队的表现会因团队内部优秀成员的影响而变化，表现在认知、情感及积极性等方面。Kozlowski 和 Bell（2003）提出任务相互依赖性、情境创造和约束、多层次影响及时间动态性四个存在于工作团队中的概念。团队是嵌入组织情境中的集体，团队的发展、资源的获取都离不开团队所属的组织，团队在面临复杂的任务时会自动跟组织互动，同时维持自身的团队边界。团队边界需要通过团队内部系统和外部系统的相互影响、协调和促进来维持和管理。

整合目标导向和信息交换视角，本书认为团队目标导向可以激励或者抑制信息交换，因为共享的目标本质会影响集体的目标奋斗行为（Chen and Kanfer，

2006；Deshon et al.，2004），例如交流和交换（DeDreu et al.，2008；Weingart，1992）。为了清楚地解释团队层次目标导向如何有效地对个体创造力产生影响，本书采用信息交换视角（Mesmer – Magnus and DeChurch，2009；Williams and O. Reilly，1998）。

二、团队信息交换的内涵

团队信息交换是指团队成员之间包含书面、语音、电子数据等多种形式的信息传播和知识的共享。因此，团队信息交换具备信息传播和知识共享的多层次内涵。①团队信息交换是知识管理的核心，是团队之间或团队与个体之间进行隐性或显性知识的交换，从而实现知识创新的过程（Hooff and DeRidder，2004）。也是彼此分享经验、技能和信息的过程（Zhang et al.，2011）。团队信息交换需要通过正式或非正式方式将不同团队、不同部门的知识进行整合的过程（Tsai and Hsu，2014）。②团队信息交换的渠道由信息或知识发送者、信息或知识接收者和传播渠道构成，团队、组织和个人借助正式或非正式交流进行团队信息交换（Alavi et al.，2001）。③团队信息交换可以基于学习、转化、沟通、交易四个视角进行分类（Senge，1997），即团队之间学习的过程、主体间沟通交流的过程、团队和个人之间显性隐性知识互动转化过程、团队信息交换参与者之间的交易收益过程。

信息交换作为团队内部的整体性变量，可以较全面地反映团队内部知识、信息等要素的交流合作程度（Hambrick，1994）。关于信息交换与创新绩效方面的国内外研究很多，最早由 Hambrick（1994）提出，信息交换首先应用于高管团队内部，认为它是团队成员在思想和行动方面的整体体现，成员集体互动频繁，团队成员之间不孤立。它是一个整体性的概念，不是团队过程中的某个过程，而是将复杂和动态的战略决策中的团队全部过程交换在一起。信息交换是一个复合概念，反映成员之间的关系和相互吸引的情感组合即合作信息交换，还有与团队任务和行动相关的维度——成员间交换的频率和质量即信息交换，以及共同制定决策即共同决策。Hambrick（1994）提出的信息交换概念超过了任何一个内部过程，更好地解释了高管团队动态及复杂的决策活动，交换了团队过程中的多个相关过程。信息交换这一概念后来陆续在信息发展团队、研发团队等得到运用，经过实证检验分析后被证实其概念及测量方法的普适性（Carmeli，2008）。国内学者 Li 等（2002）从团队视角针对北京技术开发区的创业团队进行了调查研究，得出了团队信息交换能力影响团队整体的理解能力和创新性的解决方案，进而影响团队产品开发的创新程度,对自身所处的行业也产生一定的影响。刘宁等(2012)发现信息交换可以比其他任何团队内部因素更好地解释对团队创新的影响,通过实证检验发现信息交换会正向影响团队创新。

Magni等(2009)对意大利的信息类发展团队进行了研究发现,信息交换能够体现团队内信息交换的能力,个人创造性受到团队内信息交换的影响。在信息能够通畅交换的团队中,团队成员能够对变化做出及时调整,高度信息交换的团队,使得团队成员能够在个体水平上有更多的发挥。关于信息交换变量的相关研究很多,从信息交换的前因变量的视角来看,Smith(1994)研究53家高科技行业公司发现,团队信息交换因素中包括团队的非正式沟通及沟通频率,而团队沟通会受到人口统计学特征的影响。Simsek(2005)在其"构建高层管理团队信息交换多维变量"报告中指出,CEO层面中CEO集体主义导向、CEO任期与信息交换显著相关,团队层面中团队任期对信息交换没有影响,团队规模对信息交换具有负向影响。姚振华(2010)调查研究多家企业高管团队发现,信任水平正向影响团队信息交换,团队规模、经营战略偏好异质性负向影响团队信息交换。

从信息交换的结果变量来看,Jiajun Gu和Fenghua Xie(2009)提出信息交换能有效提高战略制定过程,迅速针对环境变化制定决策,最终影响企业绩效。国内学者刘宁(2012)以研发团队为例,团队分散的智慧能够受到信息交换的有效交换,团队创新能力会因此而得到有效提升。关于信息交换影响企业、团队创新绩效的文献比较多,信息交换促进信息交换的理论得到了国内外学者的统一意见。

当然,信息交换也具有中介、调节等作用。马可一(2005)在研究民营企业高管团队时就将信息交换作为中介变量来进行分析。刘宁(2012)更是提出信息交换是团队构建的关键要素,信息交换在团队多元性与创新绩效的关系中,起到部分中介作用。马富萍和郭晓川(2010)在跨层次实证研究中则发现信息交换在团队层面上的团队异质性与在企业层面上的企业技术创新关系中起到调节效应。综上所述,信息交换概念是一个整体性概念,可以作为前因变量、结果变量及中介或调节变量,是团队内部整体性活动的一种表现,突出团队内部的交换性及目标统一性。对信息交换的研究主要是对其前因变量、结果变量的探讨及其在变量间的中介、调节作用。虽然信息交换一开始不是被应用在研发团队而是应用在高管团队中,但是在后续的研究中逐步被应用在研发团队中,并且在研发团队中的变量间具有中介、调节作用。这充分说明信息交换在团队研究中的作用正变得越来越广泛和重要,它是研究团队运作过程中的关键变量。

21世纪,团队信息交换过程是借助先进的计算机技术、物联网技术、移动通讯技术,通过不同的传播渠道实现信息的生产、分解、传递、消费以及知识的交流、学习、整合、理解和创新过程。Hansen(1999)认为完整的团队信息交换过程由信息和知识搜寻、信息和知识转移两阶段构成。也有学者认为团队信息交换包括知识和信息需求、吸收、获取、转移四个阶段(Szulansk,2000)。综合以上观点,本书认为团队信息交换包括信息和知识提供、传递、吸收三个阶段,其中团队信息交换基本要素包括信息和知识、信息和知识主体、信息和知识客体、信息和知识传递技术、信息和知识环境。团队信息交换过程如图2-4所示。

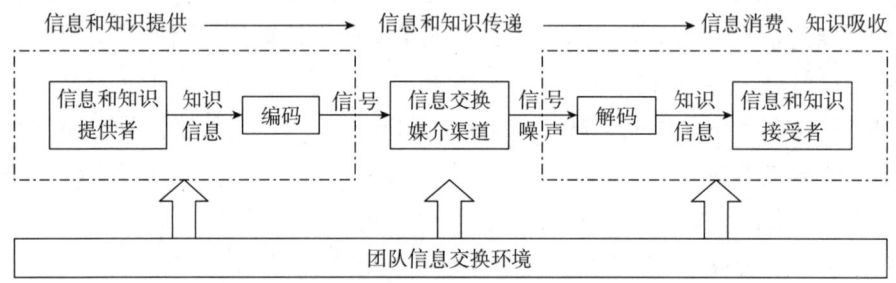

图2-4 团队信息交换过程

第五节 个体创造力的相关理论

在创造力的基础理论研究上,研究者往往会因不同的研究兴趣,而对创造力有不一样的观点。但近来大多数学者都是以产出的角度来作为创造力的评断标准,因此创造力被认为是一种具有创造出新奇性(即独创性和新异性)和适切性(即有用的、适合特定需要的)工作成果的能力(Lubart and Sternberg,1995;Sternberg and Lubart,1996)。以下三种理论,构成了创造力的基本框架,被学术界广泛认可与采纳。

1. 创造力的成分理论

Margaret Boden(1995)认为,创造力是人类思想中一种引以为豪的特征,

第二章 相关概念及理论基础

但是这种特征又与困惑共存，创造力的概念可能像一种对谜团的追踪，但是伴随着总会出现很多争议性的问题。这些问题主要有：创造力是什么？创造力应该如何被定义？每一个新想法都是具有创造性的吗？如果没有，又存在哪些差异呢？如果有必要进行正向的评估，那么哪种评估会被涉及？创造力是一个心理分类还是社会分类？创造力可以被测量吗，如何可以该怎样测量？基本上可能会使对两个创新的想法进行比较，看那个更具有创新性？或者这些判断尽管相似，但是仍然不能主观判断？

创造力是对一个开放性任务的一种新颖且适当回应的产物。尽管这种成果必须是新的，不能仅仅是不同的；但是一个精神分裂患者荒谬的讲话可能是新颖的，但是几乎没人考虑它的创造性。因此，回应对于任务本身的解决必须是适当的。也就是说，它必须是有价值的、正确的、合理的，或者是对某种目标相匹配的。此外，任务必须是开放式的，而不是有一个单一的、明显的解决方法。基本上就是说，一个回应或者一个产品在一定程度上是具有创造性的，对于熟悉相关领域的人来讲也是具有创造性的。

创造力的成分理论是一个全面的社会成分和心理成分的模型，创造性的成分理论由 Amabile（1983）首次明确地提出，其理论的构建在心理创造力研究和组织创造力研究中都是较为全面的且有用的，其将创造力的过程以及各种对过程和结果的影响做出了描述。Amabile（1988）从产品的角度出发，再次提出创造力的成分理论（The Component Theory of Creativity）来描述工作环境影响创造力的构成要素，并在 1996 年进一步对原先的成分模式加以修正补充。

Amabile（1988）认为创造力是由领域相关技能、创造力相关技能和工作动机组合而成。在创造过程中，这三个成分不断交互作用，影响个人的创造力表现，三者交集越多，便表示个人的创造力越高。其中领域相关技能包含与领域相关的知识、需要的技能以及在特殊领域内所具备的相关天分；创造力相关技能包含适当的认知形式、产生创意的内在或外显的有益的工作形式；工作动机包含对于工作的态度、个人觉察自己在进行任务时的动机。在此模式中，领域相关技能是创造力的知识基础，创造力相关技能是认知风格方面的特征，工作动机则是影响个人能做、愿意做的主要因子。本书通过 Amabile 的成分模型提取整理如图 2-5 所示。

同时为了使领域相关技能、创造力的相关技能和任务动机所包含的含义被更加清楚地展示出来，本书通过对 Amabile（1988）的研究整理出结果如图 2-6 所示。

团队目标导向与个体目标导向对个体创造力的影响研究

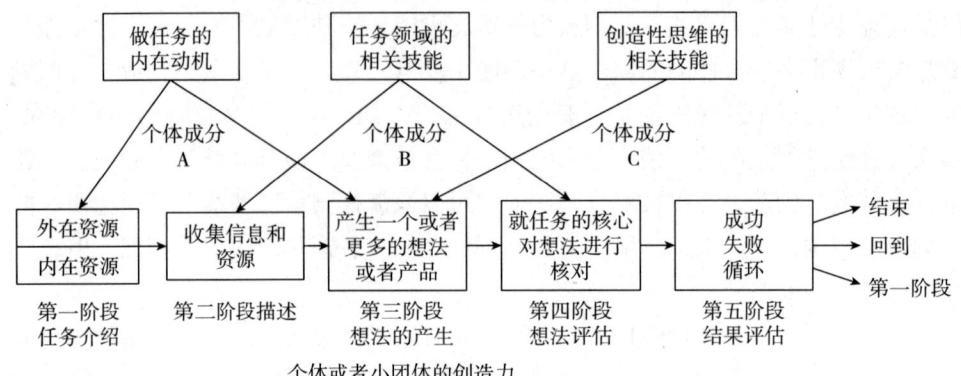

图 2-5 个体创造力的成分理论模型

注：虚线表明特殊因素对其他因素的影响，实线表明过程中连续的步骤。

资料来源：整理自 Amabile（1988）。①

领域相关技能	创造力的相关技能	任务动机
包括： • 领域相关知识 • 技术技能资源 • 特殊领域相关天赋 依赖于： • 内在的认知能力 • 内在的感知和动作技能 • 正式与非正式的教育	包括： • 适当的认知方式 • 启发想法产生的显性或者隐性的知识 • 传导性的工作风格 依赖于： • 训练 • 想法产生的经验 • 个性特征	包括： • 对任务的态度 • 对承担任务的自我动机认知 依赖于： • 对任务内动机的层次 • 在社会环境中，显著存在的外在限制 • 个体缩小外在限制的认知能力

图 2-6 创造性绩效的成分

资料来源：Amabile（1983）②。

在成分理论中，对创造力的影响包括个体层面的三个成分，领域相关技能（在相关领域的专长）、创造力的相关过程（对新颖性想法指导的认知和个性过程）和任务动机（具体地讲，是指在跳出趣味性、享受型或者个人的挑战心理以外的内在动机）。个体成分以外的是环绕的环境，尤其是社会环境。理论具体

---

① Amabile T. M. A Model of Creativity and Innovation in Organizations [J]. Research in Organizational Behavior, 1988, 10 (10): 123-167.

② Amabile T. M. The Social Psychology of Creativity: A Componential Conceptualization [J]. Contemporary Sociology, 1983, 13 (5): 637.

地讲就是创造力需要所有成分的集合,当所有内在的和外在的成分整合到一起,创造力应该是最高的。

领域相关技能。领域相关技能包括知识、专长、技术知识、智力和在特殊领域上的天赋,如产品设计或者电子工程上的工作。这些技能包括个体可以通过创造性过程获得的原材料,可以结合到创造可能性的结果元素,以及个体判断方法可能性的专长。

创造力的相关过程。创造力的相关过程(起初被称为创造力的相关技能)包括一个认知风格和个性特征,这些对于独立性、冒险性和采取解决问题的新视角以及一个自律的工作风格和产生想法的技能。这些认知过程包括运用广泛的、灵活的信息分类和对其的整合能力以及打破现有感知框架的能力。个性化过程包括自律和对模糊程度的忍受能力。

任务动机。内在的任务动机是充满激情的,具有承担一个任务或者解决一个问题的动机,是因为它是有趣的、具有挑战的或者令人满意的,而不是仅仅因为定了回报、监督、竞争、评估或者用某种方式做事的要求契约而承担这些任务,这已经逃离了内在动机。成分理论的中心原则是创造力的内在动机原则:当人们受到兴趣、享受、满意度和任务自身的挑战的激励,而不是外在动机时,人们是最具有创造力的。正如研究表明的,显著的外在动机可以破坏内在的动机,它们在社会环境中的存在也是很重要的,也是一种可以支持内在动机的存在性力量。

社会环境。工作环境的外在成分或者更明确地讲就是社会环境。这个包括了所有外在的激励因素,而这可能会对内在的动机产生破坏性的作用,在环境中许多其他因素可能作为一个内在动机和创造力的障碍或者刺激。对组织设定的相关研究表明,许多工作环境因素可能破坏创造力,如对新想法的严厉的批判、组织内部的政治问题,对现状的强调;高层具有的一个保护性的、低风险的态度,以及外在的时间压力。其他因素可以刺激创造力,如一种工作中的积极挑战;合作的、多样性技能和想法集中的工作团队;工作的自由;鼓励新想法开发的主管;鼓励创新的高层;开发新想法的机制;组织中活跃信息共享的条例。

2. 创造力的投资理论

Sternberg 和 Lubart(1995)提出的创造力投资理论(Investment Theory of Creativity)是以财务金融的观点:低买高卖(Buy Low and Sell High)来比喻创造力。低买是指主动追求别人尚未知晓的想法,或是别人丢弃但具有成长潜力的想法;高卖指在这个想法或产品替你赚很多钱,变成很有价值时,就要放手卖掉

团队目标导向与个体目标导向对个体创造力的影响研究

去进行新的创造。Sternberg 和 Lubart（1995）认为创造力就像股票投资一样，有创意的人好比股市中买低的人，不会理会潮流或人云亦云，而当别人最终看到其想法的价值时，他便会高卖其想法，产品在市场上就会变得炙手可热。低买高卖，创造力的投资理论是基于此想法。当进行各种类型的投资时，包括创造性的投资，人们应该低买高卖。换句话说，最好的创造力贡献一般情况下可能在某些价值没有被发现的情境中产生。或许人们可能意识不到它的重要性，因此可能存在创造出巨大提升的潜力。对一个想法越支持，越可能存在更少的价值潜力，因为这个想法本身已经被高度评估了。想法在感觉上就像是安全感，它们或多或少地会被支持，并且当它们受到的支持越少，他们成长的潜力可能会越少，其创造性的努力是最有价值的（低买）。当人们已经接受了创造性的想法，那么就会紧接着进行下一步（高卖）。在一个安全的市场中，每个人都知道了应该低买高卖，但是几乎没有人是这么做的（Malkiel, 1985）。同样，我们认为，几乎没有人在想法市场上这么做。为什么不呢？我们认为为了这样做，一个人需要将六个因素都考虑进去，即智力、知识、思考方式、个性、动机和环境。这些资源结合在一起创造了创造性绩效。

创造力投资理论指出，创造力的充分展现，必须要有其他资源辅助，才能将隐藏在个人内在的创造力潜能激发出来，这六项资源分别为智能（Intellectual）、知识（Knowledge）、思考模式（Styles of Thinking）、个性（Personality）、动机（Motivation）与环境情境（Environment）。创造力的投资成分模型如图 2-7 所示。

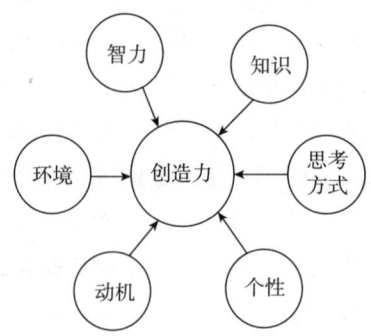

图 2-7 创造力的投资理论成分模型

智力的两个主要方面和创造力相关：重新定义问题的能力和深刻思考的能力，而后者的能力经常会服务于前者。主要创造性的创新经常包括用一种新方式看待旧的问题。例如,爱因斯坦通过相对论的命题对物理领域的重新定义,Piaget(1964)通过自己的基因连锁模型重新定义了认知发展领域。三个洞察能力可以帮助重新定义问题(Sternberg,1985):①选择性编码,被用于识别什么信息在问题中对于解决问题或者重新定义问题是重要的;②选择性的结合,被用于当不是很明显地知道应该把现有的碎片如何整合的时候,将一些混乱的碎片整合到一起;③挑选性的比较,用于识别旧的相关的信息来解决新的问题,其中这些信息可能是不明显的。

为了对知识领域做出创造性的贡献,个人必须对这个领域具有相关的知识。否则,个人冒险去重新发现一些已经被大家知道的东西。在相关领域没有知识,对于个体来讲对问题进行评估和对一些重要事物的判断是非常困难的。但是,知识是一把"双刃剑",因为知识经常是一种防卫工具(Entrenchment),或者是被大家所常说的井蛙之见。因此,专业知识的获取实际上会干扰而不是促进创造力,因为一个人可能已经失去了用一个新方法看待问题的柔性。

思考方式是人们用或者探索其智力和知识的方法。因此,思考方式关注的并不是能力而是他们所获得的能力和知识如何通过他们自身而被应用在每日的生活环境中。我们用清晰的方式勾画出生理的自我管制理论(Sternberg,1988)。创造性的人们可能是立法倾向比较强的那些人。一个立法的个体是享受结构问题的,会创造出新的法规系统和看待问题的新方法。例如,一个人可能是和高管类型的个体相反的,有些人喜欢实施系统、规则和其他人的任务,而有人喜欢评估人、事和规则。因此,创造性的人不仅仅是有用一种新方法看待问题的能力,而且也会喜欢这么做。创造性的人也可能有一个全球的而不是当地的一个看问题的视角,尽管所有的树都是创造性努力的标志,但是其可以看见整个森林。

创造性的人们似乎会共有某些个性特质。尽管一个人可能在没有这些特质的情况下在短期内是具有创造性的,而长期的创造力需要这些个性特质。第一个特质是对模糊度的忍受(Barron and Harrington,1981)。在最具创造性努力的过程中,需要一段时间,个体需要自己摸索,来尽力去发现这些模糊的碎片是什么,怎样将这些碎片整合到一起,怎样将他们与已知的东西联系起来。在这段时间,个人可能会感到对问题比较焦虑。一个创造性的个体愿意忍受这个漫长的焦虑过程来达到一种理想的、接近完美的状态。第二个特质是成长的意愿(McCrae,1987)。当一个人具有创造性的想法,并且能够使其他人接受这些想法,个人会因为这个想法而觉得受到奖励。也正是由于奖励的存在,使其很难转移到其他的想法上,当他们的想法被大家接受,他们会继续移动,而不是追求到减少回报的目标上。但是创造性的个体不仅仅是低买，也会高卖，当他们已经赢得他们想法并被大家接受，他们会继续移动，而不是追求到减少回报的目标上。第三个特质是对承担风险的敏感度（McClelland，1956）。作为经济上的真实性来获得一个主要的回报，个人需要承担风险。具有高创造性的想法基本上很少是安全的。如果一个人不愿意去冒着丢失脸面的危险，基本上是不可能做出很大创造性贡献的。第四个特质是自我信仰（Barron and Harrington，1981；Mackinnon，1965）。因为他们经常违背了巨大的兴趣，创造性的人们经常发现他们自己会处在一种情境中：没人相信他们的想法，处理他们自己本身。然后几乎他们的想法谁都无法接受，因为没人去鼓励他们。

当我们相信内在的动机是创造性贡献的一个关键，我们也强调专注于任务动机的重要性，这和主要专注于外在的目标来完成这些任务正好相反。当人们发现他们做的工作是他们所喜欢的工作时，他们往往会将工作做到最好。

人们如果被放在一个培养、接受和活跃性奖励的创造性的环境中，通常是最具有创造力的。许多环境尤其那些学校，并不是这么做的（Sternberg and Lubart，1991）。相反，创造性的想法被认为不是和已经被做的事情是相匹配的，其经常受到抑制的，无论其是否精细。环境也需要与个人所提供的创造力种类相匹配（Lubart，1990）。没有完全的标准来确定创造性的工作到底是由什么组成的，并且什么是可能在某个环境中被视为是具有创造性的，个人可能因此需要发现可以对自身所提供的作品做出评估的环境。

3. 创造力的系统理论

Csikszentmihalyi（1996）认为创造力不仅存在于个人心中，若创意理念要产生效用，必须以别人能够理解的方式陈述，还要通过专家的检阅，最后还要被纳入所属的文化范畴。因此，Csikszentmihalyi（1996）提出由领域、学科场域、个人组成的创造力系统理论（Three-Pronged Systems Models of Creativity），指出创造力是由构成系统的三项要素交互作用而产生。Csikszentmihaly 后来更加直接地指出，创造力不可能存在于真空之中，创造力需要社会的评判。因此，创造力系统模型将创造力概念从单纯的个体层面上升到社会层面，只有在高于个体的层面上，才能更加充分地认识到创造力的复杂性。Csikszentmihalyi 强调了外在环境的重要性，为工作环境的研究提供了思路（Csikszentmihalyi，1999）。

Csikszentmihalyi（1997）通过对先前学者的研究，主要专注于创造力和创新产生的社会背景进行研究。例如，他已经提出工作在一个有相关人员从事创造性活动的一个地方可能会有更大的益处，如在一个绘画和雕刻的 14 世纪的佛罗里达，以及20世纪60年代和70年代的北加利福尼亚州发展起来的电脑技术，以及20世纪东南亚的工业。因此，Csikszentmihalyi（1993）提出了他的创造力系统理论，涉及个人在其工作领域的创造性努力和这些对创造性努力的价值的评估。这提供对创造力努力怎样产生于社会领域的一个渗透性分析。通过对领域多年的研究，Csikszentmihalyi（1997）讨论了领域知识、领域信息传递者和创造性个体之间的相互作用。许多在相关其他领域被应用的点同样可以应用到组织的创造力和创新中。Teresa Amabile（1998）已经画出了内在动机在创造性努力中的重要性。商业已经外在传统汇报了这些人，并对其进行奖励和晋升，但是创造性的行为经常引起对某些领域长久的投入。他欣赏这个仅仅是因为方程的一部分，还有在相关领域的专长和充足的对问题假设的生理灵活度和对想法的思考都是重要的。因此，他通过对科学家、研究者和管理者观察进行有关创造力和创新的研究。他指出了挑战的关键性要点，如将人们与其感兴趣的任务匹配在一起，允许人们自由地完成创新，设定一个多样性的团队创新任务，其中伴随着充分的资源、鼓励和支持。Michael West和Claudia Sacramento（2004）对团队任务、团队组成、组织背景和团队过程进行了整合研究，因为这些会影响组织中团队创新的水平。他们考虑了内在动机和对团队任务的外在需求的差异化水平，注意到尽管高水平的外在需求可能限制新的、早期的在创新过程中的发现，一个中等水平外在的需求经常会促进团队中创新的实施。他们继续考虑了多样性和挑选团队组织程序的作用，部分包括了组织的氛围和回报以及团队规则鼓励尝试创新的作用，如处理破坏性冲突的影响、活跃地寻找交叉团队联系和对其他人需求敏感的领导阶层的益处。

  Csikszentmihalyi（1997）认为心理学家倾向于将创造性视为一个生理过程，但创造性是和文化的与社会的事件相联系，尽管这是一个心理事件。因此，我们将创造力视为不仅仅是单一个体的产物，而且是一个社会系统对个体产品进行的评估。任何对创造力所进行客观上的定义，都需要一个内在主观的事实：观众也是重要的组成部分。环境有两个突出的方面：一是文化的或者象征的方面，这些被称为内在领域（Domain）；二是社会方面，被称为外在领域（Field）。创造力是一个过程，仅仅可以在个人、内在领域和外在领域的交叉处发现。对于创造性的产生，需要将一系列的规则和实践从领域中传递到个人的手里，个体必须产生一个在内在领域中新颖的变量，然后变量必须被外在的领域所挑选。当个体在内在领域中做出了一个改变时，创造力产生，一个改变将通过一些时间被传送。一些个体是更可能去制造一些改变，或者是因为个体的特质或者是因为他们有一个在内在领域中处于好的位置,他们更容易接触到它,或者是因为他们的社交环境允许他们有自由的时间进行试验。大多数的科学进步是由人的手段和重组的时间构成:税吏拉瓦锡、医生伽尔伐尼,他们可以建立自己的实验室,并专注于他们的想法。当然,他们居住的环境具有一个传统的系统性关于自然的观察和一个传统的用数字记录的符号,使他们的见解可以被具有同样训练的人进行分享和评估。但是,大部分新颖性的想法会被快速地忘记。这些信息传递者他们称之为场外人员。

传统的创造力理论多将焦点放在人的因素上,认为创造力的事物是由具有创造性特质的人创造出来的,这种建构在个别差异的观点虽然发现了一些重要的成果,包括创意人的背景经历、人格特质和工作风格等,但却仍有其局限性,因为这些理论忽略了社会环境在创造力与创新过程中扮演的角色(Amabile, 1997),因此从20世纪80年代初,创造力的研究开始逃脱传统的个体导向,将焦点转移到外在环境因素对创造力的影响上。

Amabile(1988)所提出的创造力成分理论是以工作动机作为研究的焦点,后来Amabile修正原先的结构,加入社会环境的层面,指出环境因素会通过对内外在动机的影响而影响到创造历程的不同阶段。此创造力成分理论是属于个人的层次。

Cesikzentmihalyi(1999)更进一步地以系统或演化的观点审视创造力,其理论包含三个次系统:领域(Domain)、学科领域(Field)与个人(Individual)。以Csikzentmihalyi的理论而言,创造力不单只是个体现象,个体所处环境脉络中,领域的可接近性(Accessible)与可取得性(Available)以及学科领域的积极主动倾向、守门机制、开放性与联结性等都是创造力的重要成分,即个体以外的单位,诸如教室、学校、组织、社群、社会、国家(Csikzentmihalyi, 1999)等,都在总体层次上有其总体创造力的组成,总体创造力不单单为个体创造力的加总,总体系统本身的知识密度、知识状态的可接近与可取得性、文化倾向、拒绝与选择的机制与结构、开放与链接的社群结构等,都是总体创造力的重要成分。

Woodman等(1993)所建构的多层面创造力理论中,个人创造力为群体创造力的重要投入因子,而群体创造力则为组织创造力的投入因子。然而,组织(群体)创造力不是群体(个人)创造力的简单加总,要受到组织或群体层面的因素影响,包括环境、组织的脉络因素(Contextual Influences)以及群体的组成(Group Composition)、群体特征(如大小、凝聚程度)、群体过程(如解决问题偏好策略、社会信息过程)以及人际互动所形成的社会影响(Social Influence)等。

Ford(1995)基于Woodman等(1993)与Csikzentmihalyi(1990)的理论,建构出多层面创造力理论。比较于Woodman等(1993)的理论,Ford理论中的

组织创造力更加重了在总体层面本身的一些独特维度、机制或系统。组织创造力不仅是个人创造力汇总的函数,更重要的是组织身处一个复杂的社会网络,组织内有群体网络,组织外有跨组织的机构环境或产业群落以及市场,这种交错编织的社会网络,各自以其系统边界内的学科场域(Field)与领域(Domain)规则与知识运作,却又彼此渗透与影响。

Drazin 等(1999)认为大部分的创造力研究,都是在一组假说下进行的,假如改变这些假说,则可能产生出相当不同的理论。Drazin 等(1999)指出,大部分创造力研究的焦点,其实仍然是在个人或小团队上。这些研究倾向于将个人或小团队所处的各种层次的脉络环境,全摆到对同一层面一起对个人(或小团队)产生同一性质、同一方向的影响。

综合以往理论研究,本书认为工作环境在个人层次的创造力产生了关键性的作用。

本书通过对 Csikszentmihalyi(1999)文献的整理构建了如图 2-8 所示的创造力系统模型。

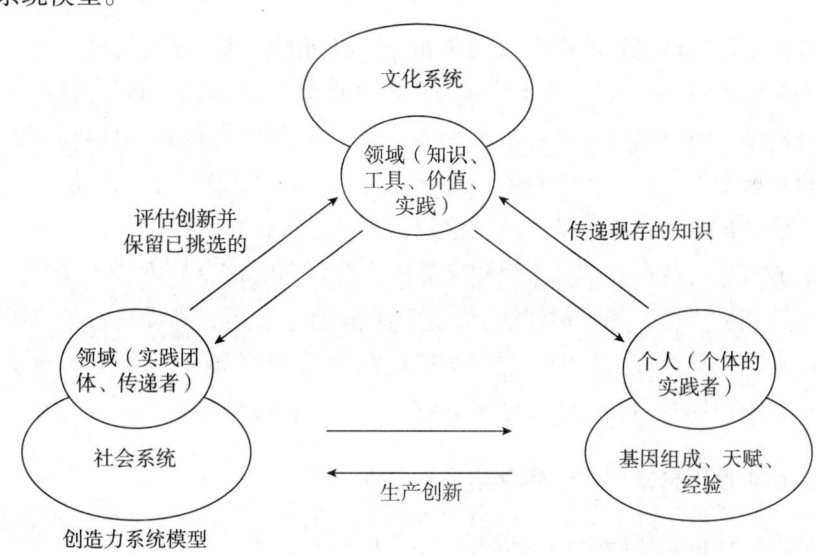

图 2-8 创造力系统模型

资料来源:整理自 M. Csikszentmihalyi(1999)。①

---

① Csikszentmihalyi M. 16 Implications of a Systems Perspective for the Study of Creativity [J]. Handbook of Creativity, 1999: 313.

第六节 动机性信息处理理论

一、动机性信息处理理论内容

动机性信息处理理论（Motivated Information Processing Theory）（De Dreu and Carnevale，2003）来源于社会心理学，重点剖析动机、认知、行为之间的全面关系，为很多问题的解决提供了新的理论视角。动机性信息处理理论核心假定为动机塑造认知的过程中，员工有选择地感知、编码以及保留与他们的期望相一致的信息。动机性信息处理理论的主要观点是动机决定信息处理的深度和方向与方式，团队成员的信息搜索、编码、存储、提取和共享受到自身动机的影响（吴梦，2012）。

动机性信息处理理论能够解决团队和个体层面的信息处理同构性问题，团队在执行决策任务时，也需要结合目标进行信息搜寻、编码、存储及提取。因而，信息处理实际上包含两个层面：一是个体层面，二是团队层面。个体层面的团队成员单独获取和加工信息，然后通过沟通、传递、共享的方式在团队层面进行共享。在共享和整合过程中，信息价值会降低，信号会存在噪声。从团队层面来说团队层面的信息传播和共享又会反过来影响个体层面的信息处理，个体、团队层面的信息共享、传递、加工循环往复，直至团队做出决策，即动机性信息处理理论认为，人类信息处理过程中，受到求知动机和社会动机的双重影响，社会动机影响信息处理选择及内容，求知动机影响信息处理精细化程度。

二、动机性信息处理和个体创造力的关联

个体内部动机是影响个体创造力的重要因素（李阳，2015），在个体内部动机驱动下，个体产生学习、兴趣追求、目标探索的意愿，进而聚焦于原创、新颖、独特的想法，着手个体创造力提升的探索性活动。然而，个体具有创造性的想法需要具备"新颖性"和"有用性"特征。个体受内部动机驱动而开展创新活动（裴瑞敏，2013），更多的具备新颖、原创性，在"有用性"方面则可能有所欠缺。因此，在创新的"决定结果的新颖性"早期阶段，需要内部动机，但随着创新活动的持续开展，新颖性则变得没有有用性关键，其他动机则会让个体

更关注何时、何地、何种方式实现创新目标（杨燕，2016）。

可见，个体创造力提升的早期阶段，个体内部动机驱动新颖性想法的产生而推动个体创造力发展，但并不必然导致"有用性"创新想法的产生，而动机性信息处理理论则能够解释"有用性"创新想法的产生而导致个体创造力发生质变的作用机制。根据动机性信息处理理论，员工的愿望将塑造他们处理信息的方式，而对利益相关者等"其他人"观点的关注和采纳（即"聚焦于其他"的心理过程），将促使具有内部动机的员工发展不仅"新颖"而且"有用"的想法。这其中的机理在于对于利益相关者（如同事、监督者、顾客等）的关注及意见采纳提供了一种过滤（Filter）机制，帮助研发人员甄选可以进一步发展的想法，并帮助其以"有用的"方式将想法丰富化。例如，Grant 和 Berry（2011）的研究已经表明，内部动机和创造性之间的关系受到员工心理过程的调节影响，对于利益相关者观点的采纳能够促使员工发展出既新颖又有用的想法。当员工乐于采纳利益相关者的观点时，更有可能发展出有用的想法（Mohrman，2001）。

第七节　传染病理论

传染病理论是建立在系统动力学理论之上，是将系统动力学方法应用于解决疾病传播问题的分析和建模理论。下面简单介绍系统动力学理论，并对基于系统动力学的传染病理论进行进一步阐述。

一、系统动力学理论

系统动力学理论根植于控制论，是运用计算机仿真方法解决复杂系统动态问题的方法（马国丰，2013）。系统动力学强调系统观，强调系统要素间的发展和运动。其核心取决于要素间的动态反馈机制，研究对象一般由多个子系统构成，通过各子系统之间建立的因果关系运用计算机进行仿真，从而对系统的动态演化和趋势进行分析。系统动力学模型主要要素包括因果与相互关系、反馈回路、系统状态变量。其中，因果关系通过＋或－因果链反应，具有极性的反馈回路由因果链累积效应决定，因果关系刻画系统网络结构，系统状态变量则反映变量区别，使仿真得以通过计算机予以实现。系统变量主要包括状态变量、流入流出速率和时间。

应用系统动力学建模解决实际问题时，首先，应明确建模目的，调查、收集有关数据资料；其次，确定系统边界，将系统内部和外部影响要素进行细致划分，确定内生变量、外生变量和系统输入量；再次，展开系统结构分析，分析系统信息并建立反馈机制，在因果关系和变量分析的基础上构建系统流图；最后，构建模型并进行模型检验，通过建立数学模型、方程、参数估计、函数赋值等操作，使用 MATLAB 等计算机仿真软件进行模型验证、检验、模拟。

二、基于系统动力学的传染病理论

传染病在人际间的传播主要以个体接触为主，而随着个体接触关系的建立，则形成复杂的网络关系，因此对复杂网络中的传染病传播的系统研究获得广泛关注（徐德刚，2015）。对传染病传播的研究不仅能够控制和预防疾病传播，还能对信息传播、交通、医药、生物、管理等领域提供指导。因此，国内外学者纷纷关注传染病问题的研究，并将系统动力学方法应用于相关研究以增强系统性和科学性（张发，2011）。

比较典型的传染病理论模型有 SIR、SEIR、SIVR，这三类模型同本书密切相关。传染病模型将人区分为不同的类型（仓室 Compartmant），如 Kermack 和 McKendrik（1991）提出的 SIR 经典仓室模型，如其微分方程组（2-1）所示，SIR 模型将人分为易感者（Susceptible）、感染者（Infectives）和免疫者（Remored）。SEIR 模型则在此基础上，加入了潜伏者（Exposed）类，同 SIR 模型的主要区别在于考虑了病毒侵入个体后有一定的潜伏期，潜伏期过后才以一定概率成为感染者。SIVR 模型则考虑了病毒变异个体（Variant），感染者在被病毒感染后，由于疾病突变而以一定概率成为病毒变异个体。

$$\begin{cases} \dfrac{dS}{dt} = -\alpha IS \\ \dfrac{dI}{dt} = \alpha IS - \beta I \\ \dfrac{dR}{dt} = \beta I \end{cases} \quad (2-1)$$

传染病模型描述的是疾病在人与人之间传播、感染、扩散，最终达到免疫状态的现象。为更好地理解传染病的传播过程，下面予以进一步阐述。在疾病传播系统中，存在大量的潜在易感者，这部分易感者数量可能固定不变，还可能是不断增加的。易感者通过接触致病病原体后，并不一定致病，其可能直接形成免疫力而成为免疫者，也可能转化为潜伏者，随着时间的推移，这部分潜伏者最终成为感染者。感染者一方面通过药物的治疗或者自身抵抗力的提高而成为免疫者，也可能发生疾病的变异而成为带有变异病原体的变异者，这部分变异者也最终会转化为免疫者，而免疫者可能终生免疫，也可能随着环境的变化或个体素质的改变而发生重复感染，即重新成为易感者进而染病。可见，传染病在人类中的传播过程同个体创造力在个体动机作用下，个体创造力不断提升、自身影响不断扩散的动态过程极为类似（郑彤彤，2015），这为本书仿真模型构建奠定了坚实的理论支撑。

本章小结

本章通过对相关理论进行回顾和整理，主要针对个体创造力、目标导向、信息细化和信息交换的概念和内涵进行梳理，对个体创造力相关理论、动机性信息处理理论、传染病理论进行阐述，上述概念和相关理论是全书理论研究的基础，为全书提供理论和研究方法支撑。

本章研究工作和结论：

（1）明确了个体创造力概念和内涵。

首先，通过对文献进行汇总分析，阐释了不同学者对创造力概念的理解。其次，对创新和创造的概念进行了比较，指出概念间的区别和联系。最后，界定了个体创造力的概念，从不同层面揭示了个体创造力内涵。

（2）阐释了目标导向概念和内涵。

首先，对目标导向概念的演化进程进行分析，在总结归纳的基础上界定了目标导向概念。其次，从成就动机视角，剖析目标导向的内涵，并对目标导向行为与目标行为进行了比较分析。最后，在多种角度对目标导向分类探视的基础上，提出本书重点研究的学习、绩效趋近和绩效趋避三类目标导向。

（3）明晰了信息细化概念和内涵。

首先，介绍了信息细化过程观、信息细化认知机制观到信息细化过程—认知机制观的概念演化过程。其次，在国内外学者信息细化概念梳理的基础上对概念进行了界定。最后，从个体层面、团队层面剖析了信息细化的深层内涵。

（4）明确了团队信息交换概念和内涵。

首先，在对国内外学者对团队信息交换概念界定的基础上，明确了团队信息交换概念。其次,对团队信息交换存在的信息传播和知识共享的多层次内涵进行剖析。最后,指出团队信息交换的信息和知识提供、传递、吸收过程。

(5) 阐述了个体创造力的相关理论。

个体创造力的相关理论较多,本书首先对创造力成分理论进行介绍,并对其理论模型和成分进行了详细分析。其次,在创造力投资理论阐释的基础上,分析了创造力投资成分模型。最后,梳理了创造力系统理论,介绍了创造力系统理论模型。

(6) 阐述了动机性信息处理理论。

首先,介绍了动机性信息处理理论内容,指出其能够解决团队和个体层面的信息处理同构性问题。其次,在此基础上进一步展开动机性信息处理理论和个体创造力的关联性分析,剖析了动机性信息处理理论能够解释"有用性"创新想法的产生而导致个体创造力发生质变的作用机制。

(7) 阐述了传染病理论。

传染病理论是建立在系统动力学理论之上,是将系统动力学方法应用于解决疾病传播问题的分析和建模理论。因此,本书首先对系统动力学理论进行了简单的介绍,其次在此基础上,对传染病 SIR 的经典仓室模型进行了细致阐述,剖析了其内在机理,为仿真模型构建奠定了坚实的理论支撑。

第三章　目标导向对个体创造力跨层影响的理论模型构建

本章在第二章文献综述分析和第三章相关理论的基础上，将提出目标导向对个体创造力影响的理论模型框架，并分别阐述团队目标导向、个体目标导向、团队信息交换、个体信息细化对个体创造力的影响，以期为本书模型构建和研究假设奠定坚实的基础，并在理论模型和讨论分析的基础上，提出研究假设并构建所要进行实证研究的路径模型。本章是全书核心理论研究的框架，为本书第四章、五章内容提供理论支撑，也是本书第六章的重要理论依托。

第一节　目标导向对个体创造力影响的理论模型框架

目前，因为逐渐增强的产业环境变动、升高的产业竞争态势以及职场上不可预测的变化，激发组织创造力和员工创造力对组织是具有价值的，因为其可以对提升组织竞争优势做出贡献（Amabile，1996；Shalley，Zhou and Oldham，2004）。根据自我调节理论，学者们指出有大量累积的证据支持目标导向对创造力具有强烈的影响力（汪玲，2010；张学和，2013），因为目标导向激励人们寻求或者趋避创造的契机，而且此类研究聚焦于个人层次的目标导向如何影响员工创造力的议题（Lu等，2012；路琳，2007），很少有扩展到团队层次，即少有研究探索团队目标导向（Team Level Goal Orientation）与个体创造力之间的跨层次关系（Cross - Level Relationship）。根据近期的研究，团队层次的目标导向为团队的特质，其对组织成员在团队内具有激励性的影响（Mehta et al.，2009），因此有必要对目标导向与创造力的关系机理进行跨层的探索。

基于创造力是多层次现象（Multi-Level Phenomena）的本质，近期国外研究指出团队个体特质对个体创造力的跨层次关系，即通过各式各样个体特质或属性的刺激进而影响个体创造力（Kim et al.，2012，2013），因此团队层次目标导向为团队的情境对员工创造力也是否具有跨层次效果是值得了解的。再者，因为群体情境会影响不同个体的创造力表现，如不同的个人目标导向对创造力的影响（Taggar，2002；Shalley et al.，2004），团队目标导向是一种工作情境，因此其可能会对个人目标导向与个体创造力的影响产生制约或增进的效果，根据调节效应的特征，当自变量对应变量的影响时强时弱，或者时正时负时，应该考虑此变量为调节变量，所以为了解团队目标导向的情境影响力（Contextual influence），本书会检视团队目标导向对个体目标导向与个体创造力之间关系的调节影响。

基于以上论述，本书最终构建的目标导向对个体创造力的跨层次理论模型如图3-1所示。

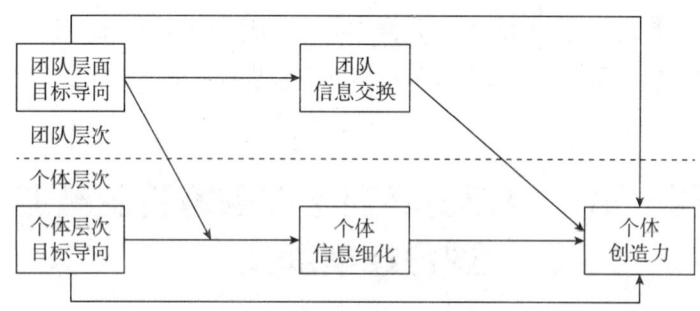

图3-1 目标导向对个体创造力的跨层影响理论模型

第二节 目标导向对个体创造力的影响

目标导向是指人在成就处境中的意向与情境式目标偏好情形（Payne et al.，2007）。相关文献提出目标导向的价值在于调节员工的专注力与努力于发展工作上创造性的问题解决方法（Vande Walle，1997），而此说法为目标导向与职场创造力之间的关联提出有力的解释（Janssen and van Yperen，2004）。因此，目标导

第三章 目标导向对个体创造力跨层影响的理论模型构建

向可视为动机导向，无论是基于内在的任务动机（Intrinsic Task Motivation）或者是接受奖赏与避免评论等外部因素，它能鼓励员工在工作上接受挑战性的问题。先前组织方面的研究通常专注于个人层级的目标导向，并且将其视为基于意向观点（The Disposition View）的特质（A Trait）（Dragoni and Kuenzi, 2012）。然而，目标导向亦存在于团队与单位的层级，被视为一种状态、形势（A State）。一种状态目标导向（A State Goal Orientation）的形成主要是有赖于情境线索（Situational Cues），诚如领导风格与评估焦点（An Evaluation Focus），这些线索都会影响人们所设定的目标形态（Mehta et al., 2009）。当群体成员遭逢相同情境线索及共享这些线索的解读时，一种共有的认知（A Shared Perception）则会形成，进而塑造群体目标导向的发展。所以群体目标导向（Group Goal Orientation）为一种状态，起因于群体成员间情境式线索的交流以及共有的理解（a shared understanding）。

Chaiken 和 Trope（1999）指出人们可能致力于表面、不重要的信息处理，并且仰赖熟悉的联结（Familiar Associations）；也有可能专注于系统性、需要付出努力（Systematic, Effortful）的信息处理中，借此以细化议论基础的信息（Argument-Based Evaluations of Information）。根据动机信息处理理论（De Dreu et al., 2000; De Dreu, 2006），群体成员是否致力于系统性信息处理以及伴随深度信息处理，其仰赖群体成员的探知动机（Epistemic Motivation），而此源自个人的差异，如认知需求（Kruglanski and Webster, 1996）或是情境线索（Bechtoldt et al., 2010）。因此，本书预测个体层次目标导向为一个动机性线索，期望将鼓励员工致力于系统性的信息处理（如信息交换活动）。

个体层次聚焦于学习目标可能会要求单位员工渴求达到全面性、丰富且明确了解个体层次的任务。当员工受到个体层次学习目标的内在激励时，他们渴望学习会引领其付出更高的专注力来细化工作相关的信息，借此使得他们能辨识新奇且有用的方法来达成任务及解决问题。个体层次绩效取向目标导向诚如一个集体目标以对抗其他单位而获得有利的评价与奖赏，其领导单位员工认知其目标并且与其他人产生合作性的联结（Chen and Kanfer, 2006）。这种个体成员间的成果相互依存关系正向联结于成员间有效沟通，将增进交换工作相关信息的机会（Weingart, 1992）。激励信息处理的相关研究亦提出成果相互依存将激励员工致力于深度且交换可用的新信息（De Dreu, 2007; De Dreu et al., 2008）。趋避目标（An Avoidance-Goal Focused）的单位成员所专注的工作心态可能导向降低员工知识性的动机，因为员工只期望获得一普通的工作成就而已（Lunn et al.,

2007）；因此，为了个人的利益，趋避目标的单位成员则会尽可能较少致力于系统性的信息处理。

在 Payne 等（2007）对目标导向的后继分析中，结果显示不同维度的目标导向都会刺激学习策略或认知过程，不论程度多寡，而且皆会影响工作绩效（如创造力）。据此，信息交换是一特定形态的信息处理，可在个体层次导向与个体创造力之间扮演中介的角色。兹因创造力包括产生新奇与有用性的概念（Amabile et al.，1994），员工必须专注于新奇性、独特性、原创性及有用性。就工作上的创造力而言，个体层次目标导向（如学习目标或绩效取向目标等）在创作艺术品方面可能主要聚焦于新奇性，以激励单位员工专注于新奇但不需要实用性的创意。如之前文献所探讨的一般，聚焦在实用性的做法可通过细化同侪间的工作信息产生，借此提供单位员工挑选信息的做法来决定如何以有用的方法发展新奇的观点（Simonton，2003；Litchfield，2008）。

下面分别对个体目标导向对个体创造力的影响、团队目标导向对个体创造力的跨层影响、个体信息细化在个体目标导向对个体创造力的影响过程中的间接效应、团队信息交换在团队目标导向对个体创造力的影响过程中的间接效应进行论述。

一、团队目标导向对个体创造力的跨层影响

个体创造力的潜力受到团队整体目标导向的驱使以及团队对信息掌握程度的影响。首先，在创新的过程中，需要团队成员进行大量的信息收集，来为创造奠定一定量的知识基础，而团队层次的目标导向决定着团队整体的行为目标，对整个团队起到引导作用。因此，从团队层次目标导向与个体创造力之间的关系、团队信息交换在其关系中的作用出发，能够明晰团队目标导向对个体创造力的跨层影响，下面予以详细阐述。

1. 团队目标导向对个体创造力产生重要影响

目标导向是指人在成就处境中的意向与情境式目标偏好情形（Payne et al.，2007）。相关文献提出目标导向的价值在于调节员工的专注力与努力于发展工作上创造性的问题解决方法（Vande Walle，1997），而此说法为目标导向与职场创造力之间的关联提出有力的解释（Janssen and van Yperen，2004）。因此，目标导向可视为动机导向，无论是基于内在的任务动机（Intrinsic Task Motivation）或者是接受奖赏与避免评论等外部因素，它能鼓励员工在工作上接受挑战性的问题。先前组织方面的研究通常专注于个人层级的目标导向，并且将其视为基于意向观

第三章　目标导向对个体创造力跨层影响的理论模型构建

点（The Disposition View）的特质（A Trait）（Dragoni and Kuenzi, 2012）。然而，目标导向亦存在于团队与单位的层级，被视为一种状态、形势（A State）。一种状态目标导向（A State Goal Orientation）的形成主要是有赖于情境线索（Situational Cues），如领导风格与评估焦点（An Evaluation Focus），这些线索都会影响人们所设定的目标形态（Mehta et al., 2009）。当群体成员遭逢相同情境线索及共享这些线索的解读时，一种共有的认知（A Shared Perception）则会形成，进而塑造群体目标导向的发展。是故群体目标导向（Group Goal Orientation）为一种状态，起因于群体成员间情境式线索的交流以及共有的理解（A Shared Understanding）。

本书定义团队层次目标导向为一个团队层次内强调特定成就目标的共同理解。根据团队气候观点（The Team Climate Perspective），团队层次目标导向可视为一个追求特定成就目标的团队层级氛围（Dragoni and Kuenzi, 2012），它提供单位内员工工作氛围的刺激及激励性的影响，诱导员工专注于特定的目标导向行为，最后影响其个人的创造力。目标导向是三维度的构念（Hirst et al., 2011），其包括学习目标（The Learning Goal）、绩效取向目标（The Performance–Approach Goal）以及绩效趋避目标（The Performance–Avoidance Goal），此分类也被团队层级目标导向研究所采用（Mehta et al., 2009; Dragoni and Kuenzi, 2012; Gong et al., 2013），本书的团队层次目标导向亦分为此三大类型。

所谓团队层次的学习导向是当团队层次显现出高度学习导向时，将积极发展能力与工作专精，且单位成员将感受到团队层次具有学习目标；为达成学习目标，成员须专注于获取新的整组技术，寻求多方面来源的回馈与信息，并且通晓各类新的形势。所谓团队层次的绩效取向导向是当一个单位具有强烈的取向导向时，个人在其中感受到的氛围是竞争性且专注于胜过其他单位，且被形容成积极与其他单位竞争以获得有利的评价与奖赏。反之当一个单位显现出高度的趋避导向时，则较关切避免与其他单位相较之下得到较为不利的能力判断，且个人觉得单位从工作移转焦点至形象管理，设法应付责难与遏制错误产生（Edmondson, 1996; Hofmann and Stetzer, 1998）。

所谓的员工创造力是指工作上产生对产品、步骤或流程而言，新奇且有用的创意发想（Woodman et al., 1993; Amabile, 1996）。因为在通常工作中创造力是通过问题与挑战的过程所产生，创造力通常出现在一个持续性有目的的行为当中（Shalley, 1991）。因此，个人在目标导向上的差异主要是在个人对于是否接受挑战的动机差别上，这会影响员工的创造力产出（Hirst et al., 2009）。然而，

团队目标导向与个体目标导向对个体创造力的影响研究

个人的创造力通常是在团队情境下产出的（Taggar，2002），此外，一特定的团队情境可能会影响个人行动的程度（Shin et al.，2012）；整合上述的言论以及目标导向理论，本书有理由相信工作目标导向对员工致力于调整行为（如学习）具有类似的影响力。

2. 团队目标导向对个体创造力产生跨层影响

如上文所述，本书将团队层次目标导向分为学习目标导向、绩效趋近目标导向与绩效趋避目标导向三个维度，并认为：①团队学习目标导向对个体创造力可能存在跨层影响。当团队层次显现出高度学习目标导向时，将积极发展能力与工作专注程度，且个体成员将感受到团队层次具有学习目标，为达成学习目标，成员须专注于获取新的知识或技术，寻求多方面来源的回馈与信息，并且通晓各类新的形势，团队目标导向代表了个体学习目标取向的平均水平，反映了团队整体的学习动机，帮助团队成员共同理解团队倾向于学习的程度，从而有助于团队制定决策、解决协作式问题以及协调团队内部冲突。对个体创造力而言，团队学习目标取向反映达成对团队任务的共同理解，激励团队成员信息收集、交换和处理（De Dreu，2008），并注重能力发展，驱动团队成员向他人学习（Gong，2006），从而提高团队整体知识和技能水平，且知识是创造力的基础，因此团队学习目标导向可能对个体创造力产生正向的跨层影响。②团队绩效趋近目标导向对个体创造力存在跨层影响。一个团队具有强烈的绩效趋近目标导向时，个人在其中感受到的氛围是竞争性的，且专注于以超越其他个体为目的，且被形容成积极与其他个体竞争以获得有利的评价与奖赏，其反映了团队获得有利外部评价的集体目标，吸引团队成员共同工作，激励他们分享与工作有关的信息和知识，从而实现团队目标（Chen，2006），研究发现团队绩效趋近目标导向对团队计划、沟通和合作产生积极的影响（Weingart，1992），而有效的团队沟通和合作有助于团队成员对团队任务、目标等达成共同认知，并在此基础上，提出新的想法和建议，从而提升个体创造力。③团队绩效趋避目标导向对个体创造力产生跨层影响。当一个团队显现出高度的绩效趋避目标导向时，个体则关切避免与其他个体相较之下得到较为不利的能力判断，且将把工作焦点转移，设法应付责难与遏制错误产生（Edmondson，1996；Hofmann and Stetzer，1998），其反映了团队避免错误和负面评价的集体目标，其首要目标是避免犯错而不是通过努力工作获得较高的工作表现，阻碍了团队分享与工作有关的信息和知识（Hirst，2009），从而不利于提高个体和团队的知识水平，进而会影响个体创造力的提高。

第三章　目标导向对个体创造力跨层影响的理论模型构建

二、个体目标导向对个体创造力的影响

个体创造力的潜力受到个体目标导向的驱使以及个体对信息整理能力的影响。首先，在创新的过程中，需要个体结合来自外界的不同信息进行整合分析，来获得可以升华自身能力的知识，提升创造的知识基础。其次，个体会因为差异化的目标导向，使所具有的创新能力也存在差异，因此目标导向对个体的引导作用会使个体创造力产生不同。本书关注的问题主要是致力于提升创造力的个体、其目标导向与个体创造力之间的关系是如何、信息细化在其关系中具有什么影响。为了将这些问题清晰地了解，本书再次就个体层次目标导向与个体创造力之间的关系进行了初试性的研究，通过对已选择的初试对象进行初步性的问卷调查，初步性探清目标导向与个体创造力之间的关系影响。

1. 个体目标导向通过强化"内部动机"对个体创造力产生影响

借鉴早期的理论和研究（Amabile，1996；Deci and Ryan，1985），每一个外部环境因素都通过影响员工完成某项工作任务的"内部动机"来影响创造力。内部动机是指员工很期待某项工作任务并出于对任务本身的兴趣而投入其中的程度（Utman，1997）。学者们认为当个体具有较高水平的内在动机时，他们最具有创造力（Amabile，1996），因为这种动机能够提高他们求知、灵活认知、冒险以及面对困难的坚韧不拔的倾向（Utman，1997；Zhou and Shalley，2003），而这些倾向都能促进创造性思维的发展。我们可以通过认知评价理论（Deci and Ryan，1985）来解释环境因素对内部动机的预期影响。认知评价理论认为所有的环境因素都包含两个方面即信息和控制。这两个方面的相对显著性决定了环境因素对内部动机的影响是积极的还是消极的。当控制因素显著时，个体会感觉他们的想法、情感和行动受到了环境的束缚，并会认为他们自身已经不再是自己想法和行动的起源，因此员工的内部动机会逐渐降低，并有望呈现出较低水平的创造力。当信息因素显著时，个体会感觉这个因素对于按照指定的方式实现任务给予了较小的压力，并为他们自身的竞争力提供了相关信息。在这种情况下，个体会感觉到自己的想法和行动是被鼓励和支持的，从而产生更强的内部动机以及创造力。

2. 不同的个体目标导向对个体创造力的引导作用不同

Amabile（1996）的创造力成分模型表明，个体创造力由三部分构成：专业技能、创造力相关技能以及内在任务动机。首先，员工的学习目标导向对此尤为重要，因为学习目标导向与技能获取和内在动机紧密相关。其次，学习目标导向

团队目标导向与个体目标导向对个体创造力的影响研究

可以促使人们更愿意接受别人的意见来提高自身的技能与创造力。具有学习目标导向的员工通常会去努力掌握领域相关的知识与技能，这些技能会为创造力提供有效的背景知识与基础（Amabile，1996）。创造力是一些新事物的产生，需要员工去挑战新鲜事物，掌握新的技能，具有强烈学习目标导向的个体通常会受到外界的激励来寻求一些具有不确定性与没有被尝试的活动，尽管可能会失败但依然会去尝试，为了获得这些东西，员工会主动地去参与学习过程。当面临困难时，学习目标导向的员工倾向于努力去掌握与开发新技能来帮助处理这些挑战（Dweck，1999；Vande Walle，2001），所以具有学习目标导向的个体通常会具有较强的创造力。同时，具有绩效目标导向的个人主要受与绩效相关外部结果的驱动。其中绩效趋近目标导向个体关心的是实现高绩效的产出，而绩效趋避目标导向的个体关心的是避免产生低绩效，无论绩效趋近目标导向的个体还是绩效趋避目标导向的个体都倾向于参照外部的评估来定义一个任务的有效完成结果。

3. 不同的个体目标导向对个体创造力的影响存在差异

在个体层面，学习目标导向的个体持有的动机是发展能力、提高自我，因此他们更愿意寻求学习和发展新技能的机会，Vande Walle（2001）的研究结果表明，学习目标导向能强化个体寻求反馈的意愿，因此他们会更多地表现出寻求同事、朋友支持的行为。此外，学习目标导向让个体在遇到困难时也能够保持自我效能感，这些特点都能帮助学习目标导向的人群勇于突破，不轻易放弃，不断积累经验，这些都是创新的重要促成要素。宋文豪和顾琴轩（2014）的研究结果也表明个体学习目标导向能够正向影响员工工作绩效；绩效趋近目标导向的个体倾向于通过努力寻求胜过他人的机会，但对困难或具挑战性的任务常常缺乏兴趣，有关证明绩效趋近目标导向的实证研究结果存在较多分歧，虽然在 Bell 和 Kozlowski（2002）的研究中证明趋近目标取向与个人绩效之间存在负向关系，但仍有研究证明绩效趋近目标取向与个人绩效间不存在显著相关（Vande Walle，1997）；绩效趋避目标导向的个体认为个人能力是不会因努力而得到改变的，并且很容易从失败和挫折中退却，他们害怕接受挑战，担心他人给予负面评价，从而很容易产生防卫性行为 Button（1996），对于当前的制度并不试图加以改变，对于改变现状的一些新想法，也不敢予以执行，因此绩效趋避目标导向的个体往往在工作中表现出较少的创新行为。

三、信息细化和交换的间接效应

1. 信息细化和交换在目标导向和个体创造力关系中的间接效应

为深入研究在目标导向与个体创造力关系之中团队信息交换、个体信息细化

第三章 目标导向对个体创造力跨层影响的理论模型构建

是否存在间接效应,本书采用动机性信息处理理论(Motivated Information Processing Theory)(De Dreu and Carnevale, 2003),该理论其核心假定为:在动机塑造认知的过程中,员工有选择地感知、编码以及保留与他们的期望相一致的信息。动机性信息处理理论的主要观点是:动机决定信息处理的深度和方向与方式,团队成员的信息搜索、编码、存储、提取和共享受到自身动机的影响。根据这一理论,员工的愿望将塑造他们处理信息的方式,而对利益相关者等"其他人"观点的关注和采纳(即"聚焦于其他"的心理过程)将促使具有内部动机的员工发展不仅"新颖"而且"有用"的想法。这其中的机理在于对利益相关者(如同事、监督者、顾客等)的关注及意见采纳提供了一种过滤(filter)机制,帮助研发人员甄选可以进一步发展的想法,并帮助其以"有用的"方式将想法丰富化。当员工乐于采纳利益相关者的观点时,更有可能发展出有用的想法(Mohrman, 2001)。例如,Grant 和 Berry(2011)的研究就已经表明,内部动机和创造性之间的关系受到员工心理过程的调节影响,对于利益相关者观点的采纳能够促使员工发展出既新颖又有用的想法。Hinsz 等(1997)观察到,团队和个体层面的信息处理过程具有同构性(Isomorphism),和个体非常类似,团队执行认知任务也需要执行信息搜寻、编码、存储和提取的加工过程。团队的信息处理包括两个层面,首先在个体层面,成员各自搜寻和加工信息,进而通过沟通,个体层面的信息在团队层面得以共享和整合。在共享和整合的过程中,某些信息得到关注并被进一步加工,有些则被忽略甚至被歪曲。其次,在团队层面的信息共享和整合又进一步影响个体及团队层面后续的信息处理,个体和团队层面的信息处理不断循环,直到团队做出阶段性的判断和决策。团队作为信息处理者观点的核心假设是哪些信息被共享以及信息共享与整合的质量共同决定团队效能的高低(Hinsz et al., 1997)。动机性信息处理理论认为,哪些信息被共享,以及信息共享与整合的质量,受到认知动机和社会动机的影响(DeDreu and Carnevale, 2003)。传统的创造力理论强调与认知相关的个人或者情境因素(如能力、个性、内部动机、工作特征等)对创造力的重要影响(Amabile, 1996; Woodman et al., 1993),而动机性信息处理理论则认为,动机决定了个体或团队的创造力(DeDreue, Sawyer & Griffin, 2011)。因此,本书提出个体信息细化和团队信息交换就是动机性信息处理理论中所谓的关键信息处理活动,其连接了团队层次目标导向、个体层次目标导向和员工创造力(Grant and Berry, 2011)。

2. 团队信息交换在团队目标导向和个体创造力影响关系中的间接效应

在团队层面,信息交换指的是团队成员就自己所具有的知识、信息与团队其他成员进行分享和交换（Johnson et al., 2006），在团队的整个工作过程中具有很好的连接作用，此时员工可以就自身了解的信息、知识和经验与同事进行相互的交换，从而可以掌握更大的信息量，有利于工作的进一步展开（Mesmer - Magnus and De Church, 2009）。当前对信息交换的研究主要集中在计算机和信息研究领域，在管理领域对信息交换进行研究的文献很少，在团队层次研究信息交换的学者当前仅有 Yaping Gong 等（2013）研究了团队层次的目标导向、团队信息交换与创造力的关系，并以与团队领导的信任关系作为调节变量，调节目标导向与信息交换的关系。在团队层次上，具有学习目标导向的团队成员因为学习目标导向的驱使会积极参与更多的学习机会来获取信息，努力去掌握可以获得信息的途径，学习的姿态使其愿意与他人进行信息交换，以此来发现新的有效的方法来解决问题或者完成任务目标。具有绩效趋近目标导向的团队成员是以集体利益为目标，与其他团队之间存在一定程度的竞争关系，为了集体利益，此时的集体荣誉感会强烈，团队成员之间的竞争关系会弱化，成员之间会更频繁地进行相互交流来获取双方的信息，形成有效的沟通，此时成员掌握的信息量的增加会有效地促进员工产生能够完成任务的新想法（Weingart, 1992）。但相较于前两者，具有绩效趋避目标导向的团队成员为了不出现消极的现象，会避免冒险行为的产生，因此团队成员绩效趋避的导向越强，团队成员的活跃性就会越低，与他们的交流意愿也会下降。

同时，Chaiken 和 Trope（1999）指出人们可能仰赖熟悉的知识（Familiar Associations）对表面、不重要的信息进行处理，也有可能专注于系统性、需要付出努力的信息处理中，借此对信息进行评估（Argument - Based Evaluations of Information）。根据动机信息处理理论（DeDreu et al., 2000；DeDreu, 2006），群体成员是否致力于系统性信息处理以及伴随深度信息处理，其仰赖群体成员的认知动机（epistemicmotivation），而此源自个人的差异，如认知需求（Kruglanski and Webster, 1996）或是情境线索（Bechtoldt et al., 2010）。因此，本书预测团队层次目标导向为一个动机性线索，期望将鼓励员工致力于系统性的信息处理（如信息交换活动）。

可见，团队层次聚焦于学习目标会要求个体员工渴求达到全面性、丰富且明确了解团队层次的任务。当员工受到团队层次学习目标的内在激励时，他们渴望学习会引领其付出更高的专注力来处理工作相关的信息，借此使得他们能辨识新奇且有用的方法来达成任务及解决问题。团队层次绩效趋近目标导向诚如一个集体目标以对抗其他团队而获得有利的评价与奖赏，其领导个体员工认知其目标并且与其他人产生合作性的联结（Chen and Kanfer，2006）。这种团队成员间的成果相互依存关系正向联结于成员间有效沟通，将增进交换工作相关信息的机会（Weingart，1992）。动机性信息处理理论的相关研究亦提出成果相互依存将激励员工致力于深度且交换可用的新信息（DeDreu，2007；DeDreu et al.，2008）。绩效趋避目标导向的团队成员所专注的工作心态可能导向降低员工知识性的动机，因为员工只期望获得一普通的工作成就而已（Lunn et al.，2007），因此为了个人的利益，其团队成员则会尽可能较少致力于系统性的信息处理。

3. 个体信息细化在个体目标导向和个体创造力影响关系中的间接效应

在个体层面，信息细化是指员工寻求同事的信息与观点，处理信息并且思考其意涵（Homan et al.，2008）。信息细化具有认知性的机制，员工可以通过信息细化对信息进行推敲与共享，作为一个复杂的交流形式，个体层次的信息细化是通过个体视角对信息进行处理，将处理结果反馈给团队，从而对结果进行进一步的讨论和整合（van Knippenberg et al.，2004）。先前学者们针对信息细化的研究更多的是放在团队层次进行，但鉴于信息细化可以作为一个个体变量进行研究，且个体可以实现对信息的细化处理，因此本书将在个体层次研究信息细化。创造力作为一种新颖且有用的概念，员工必须积极地去发现新鲜事物，保持原创性与有用性才能创造出新的事物，在个体层次上，如团队层次上对目标导向的论述，具有学习目标导向和绩效趋近目标导向的个体，因受内在动机和薪资报酬的驱使，会积极对所拥有的信息进行筛选细化来将有用的信息挑选出来，以为完成任务和解决问题做准备（Gong et al.，2009）。然而具有绩效趋避目标导向的个体，因为害怕失败或者产生消极的后果，对消极结果的重视往往大于任务的完成，因此具有绩效趋避目标的个体更不会倾向于积极地去筛选信息，而是尽量维持现状，此时具有绩效趋避目标导向的个体可能会不利于信息细化。

先前研究累积可观的证据显示信息细化正向影响创造力，并且学者将信息细化作为一个团队流程（Ateamprocess）探索对创造力的影响（Hoever et al.，2012）。然而创造性的概念既是由个人所产生，且团队创造力开始于个体创造力（West and Erson，1996），据此，为了解信息细化与创造力的关联应从个体层次来进行深入研究。个体层次的信息细化区别于团队信息细化，仅指的是个体对所掌握的信息进行思考与判断，没有团队的反馈与讨论决策。同时，团队层次的信息细化也是以个体层次的信息细化为基础，故而有必要在个体层次上对信息细化进行研究。此研究中，信息细化被定义为个体层次信息处理活动，它指出员工寻求同事的信息与观点，处理信息并且思考其意涵。此外，Amabile（1988）的创

团队目标导向与个体目标导向对个体创造力的影响研究

造性认知理论（Theory of Creative Cognition）指出创造力发生在个人收集并使用工作上的信息所产出创造力的成果上。所以，本书预期个人所细化的工作信息将增进个人工作上的创造力，因为此信息是供给员工认知性的资源。

正如上文所述，针对目标导向的维度，目前只有个体学习目标导向可以更好地对个体创造力做出明晰又有意义的解释，但通过个体信息细化，绩效趋近目标导向与绩效趋避目标导向对个体创造力的作用如何目前还不得而知。考虑到本书将采用 Baron 和 Kenny（1986）的逐步检验法（Causal Steps Approach），尽管这种法易于理解和操作而且使用最频繁，但其存在的问题也很明显，比如 c 是否显著并非中介检验的必要前提，因为在有些情况下尽管 c 不显著仍然存在实质的中介效应即所谓的抑制模型（Suppressionmodel）（MacKinnon et al.，2001），如果按照逐步检验法的要求，必须首先显著否则中介变量无从谈起，而实际中 c 不显著而存在实质性中介效应的情况又非常普遍，所以逐步检验法将错过很多实际存在的中介效应。温忠麟（2014）也认为不用去争论中介效应要不要以系数 c 显著为前提，而是应当根据实际情况进行立论，都要进行后续检验，同时鉴于先前尚未有学者进行研究，故而本书认为有必要做出相关假设并进行验证。

先前研究提出具有学习目标导向的人们将专注于获取知识与技能（Kozlowski et al.，2001）。专注于知识的获取意味着一项学习目标导向的内在动机，由此会积极投入人力深度处理策略（如信息细化活动），借以产生个体创造力（Amabile，1996）。根据动机性信息处理理论，个人具有较强的学习目标导向将更能受到内在激励而从同事间获取知识，并且细化知识以供给创造力的机会（DeDreu et al.，2000）。Redmond 等（1993）声称个体创造力的产生是来自员工具有学习目标导向的情况下。其他近期研究认同个人的学习目标导向将鼓励知识与技能的整合，并且使员工具有较强烈的内在动机性与同事进行沟通交流，对从同事处获得的信息积极进行思考与判断，而所细化形成的新知识可能成为一个对个体创造力有利的影响因素（Gong et al.，2009；Hirst et al.，2009；Hirst et al.，2011）。另外，Dweck（1999）指出在人们具有绩效导向时（包括绩效趋近目标导向与趋避导向），将具有强烈的欲望使他人记得他们的成就或者避免负面评价的印象。如先前所言，绩效趋近与趋避导向的人们主要受到外部成果与绩效联结的激励，具有绩效趋近目标导向的个体因为对成果绩效的强烈追求，个体会受到极大的内在激励，而这会有效地促进员工的工作积极性，员工会主动寻求可以提高工作绩效的方式与途径，积极主动地对当前所掌握的信息进行分析筛选整合，以期发现新的知识或信息来增加提升绩效的可能性。即个体层次绩效趋近目标导向可能会通过个体信息细化正向影响个体创造力。然而具有绩效趋避目标导向的个体，为避免错误以及负面结果的产生，更多地安于现状，保持不犯错的状态，以避免因为一些不必要的行为而导致负面结果或者产生错误。因此，此时的员工对同事而言则表现为沉默，更不会积极地多从同事获得的信息进行思考，以免因思维变化而造成无法改变的错误行为产生，即个体层次绩效趋避目标导向可能会通过个体信息细化负向影响个体创造力。

四、团队目标导向的调节作用

上文通过整合目标导向理论与动机性信息处理理论，预期团队目标导向通过引导或促进团队信息交换来促进个体创造力的提升。同时，本书提出团队目标导向或许会触发或制约员工信息细化过程进而影响员工创造力，因为团队目标导向可促进或阻碍对于信息细化的动机性倾向，预期团队目标导向会调节员工学习目标导向与个体信息细化之间的关系进而影响个体创造力。

个体创造力是来自工作团队的情境之中（Taggar，2002），此隐含了团队的动态性或者情境可能刺激或限制个人差异的学习目标导向与创造力之间的关系（Hirst et al.，2009）。人—情境交互观点（The Person–In–Situation Perspective）（Tett and Burnett，2003；Chen and Kanfer，2006）提出不应该假设个人差异的影响是固定效果，表示个体在目标导向上的差异与结果间关系是权变的，可能受不同因素的调节。因此，本书预期团队层次目标导向将刺激或限制个体层次学习目标导向在个体深度信息处理细化倾向的表现，进而影响其对职场个体创造力的产出。

因为学习目标导向与偏好挑战性工作具有关联性，学习目标导向的人们受到内在激励而学习、探索（V and eWalle，1997）。团队层次学习目标导向激励员工专注在团队层次学习目标，将刺激团队倾向做系统性信息处理。特质活化理论（The Traitactivation Theory），Chen 和 Kanfer（2006）提出一个观点，群体情境会触发一个特定个人意向的行为表现（个体层次学习目标导向），尤其是当其情境攸关于此意向时。团队层次学习目标导向是一个特别重要的情境因子，其将激励个体学习目标导向以全心投入学习，因为此因子鼓励并且促进员工的个人学习。所以，本书期望学习目标导向的个体从同事之处细化工作信息，而此一潜能会在团队层次学习目标导向较高时被释放出来。

Weldon 等（1991）提出群体成员间成果相互依存关系将会促使同事之间正向联手创造成果，此将促进共享团队绩效目标，同事之间的联手合作将提升并且促进有效的成员沟通（Weingart，1992），这会进一步提供机会给员工从事细化工作信息。专注于获取有利的外部评价的团队层次绩效趋近目标导向，作为一种探知性的动机，其刺激成员通过深度的知识处理，进而理解并且掌握工作绩效（DeDreu et al.，2008），所以本书预期学习目标导向的个体处在团队层次绩效趋近目标较高时，将更多地投入于工作信息细化活动中。

个人拥有高度学习目标导向时将因受到激励而学习，因此通常会产生深度与密集的工作投入，然而团队层次绩效趋避目标导向将减少机会探索与学习。此时因为专注于避免负面的评价，所建构的情境使心理安全与学习的联结性减少（Gong et al.，2012），团队可能鼓励成员投入较少系统性的信息处理。此外，团队层次绩效趋避目标导向可能抑制社会学习过程，成员所观察到同事投入较少系统化的信息处理，此时可能认为那是不需要做的，在此情境下，学习目标导向员工可能有较少的兴趣投入到学习中，并且可能不投入于系统性信息处理以处理工作上的挑战。

第三节 研究假设及路径模型

一、研究假设

基于上文团队目标导向对个体创造力的跨层影响分析的论述以及目标导向理论，本书有理由相信团队目标导向对员工致力于调整行为（如学习）具有类似的影响力，从而会促进个体创造力的产生，因此本书提出以下假设：

H1：团队层次学习目标导向会正向影响个体创造力。

H2：团队层次绩效趋近目标导向会正向影响个体创造力。

H3：团队层次绩效趋避目标导向会负向影响个体创造力。

在团队目标导向对个体创造力的跨层影响分析的论述以及团队信息交换在团队目标导向和个体创造力影响关系中的间接效应论述中，本书预期团队信息交换活动在团队层次目标导向与个体创造力关系中起中介作用，提出以下假设：

H4：团队层次学习目标导向通过团队信息交换对个体创造力产生正向影响。

H5：团队层次绩效趋近目标导向通过团队信息交换对个体创造力产生正向影响。

第三章 目标导向对个体创造力跨层影响的理论模型构建

H6：团队层次绩效趋避目标导向通过团队信息交换对个体创造力产生负向影响。

基于个体目标导向对个体创造力的影响分析的论述以及目标导向理论，本书提出以下假设：

H7：个体层次的学习目标导向会对个体创造力产生正向影响。

H8：个体层次的绩效趋近目标导向会对个体创造力产生正向影响。

H9：个体层次的绩效趋避目标导向会对个体创造力产生负向影响。

基于在个体目标导向对个体创造力的跨层影响分析的论述基础上及个体信息细化在个体目标导向和个体创造力影响关系中的间接效应论述，本书认为个体信息细化活动在个体目标导向与个体创造力关系中起中介作用，据此提出以下假设：

H10：个体层次学习目标导向通过个体信息细化对个体创造力产生正向影响。

H11：个体层次绩效趋近目标导向通过个体信息细化对个体创造力产生正向影响。

H12：个体层次绩效趋避目标导向通过个体信息细化对个体创造力产生负向影响。

基于团队目标导向对个体学习目标导向和信息细化关系的调节作用的论述，本书提出以下假设：

H13：当团队层次学习目标较高时，个体学习目标导向与工作信息细化之间的正向关系更强烈。

H14：只有当团队层次绩效趋近目标较高时，个体学习目标导向对工作信息细化活动有正向影响。

H15：只有当团队层次绩效规避目标较高时，个体学习目标导向对工作信息细化活动有负向影响。

二、路径模型

本书结合目标导向与动机性信息处理两项理论于目标导向与创造力关系研究的架构中，来延伸先前的相关研究。借此架构，本书得以说明团队层次的目标导向可以提升个体的创造力，而个体层次的目标导向亦可激励个人创新能力的提升，并且本书进一步提出个体信息细化是连接个体层次目标导向与个体创造力的重要机制，团队信息交换是连接团队层次的目标导向与个体创造力的重要机制。

团队目标导向与个体目标导向对个体创造力的影响研究

依据先前对目标导向、信息交换、信息细化和创造力这些概念、特征和维度的理解和研究回顾，以及对相关理论的梳理，对于建立本书的研究模型和理清逻辑思维关系奠定了很好的基础。结合上文提出的15个研究假设，提出目标导向对个体创造力跨层次影响的路径模型，如图3-2所示。

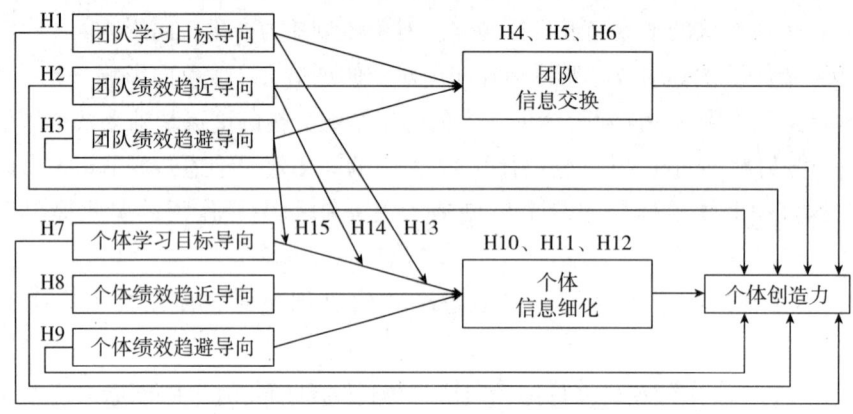

图3-2 目标导向对个体创造力跨层影响的路径模型

本章小结

本章研究工作和结论：
（1）构建了目标导向对个体创造力跨层影响理论模型框架。

基于对相关理论的回顾以及文献的分析，构建了目标导向对个体创造力跨层影响理论模型框架，并指出个体创造力的影响层面由团队和个体两个层面构成，团队目标导向、个体目标导向、团队信息交换、个体信息细化是影响个体创造力的主要因素。

（2）分析了目标导向对个体创造力影响。

基于目标导向理论、创造力相关理论、动机性信息处理理论、认知评价理论、人—情景交互理论、特质活化理论展开团队目标导向对个体创造力跨层影响、个体目标导向对个体创造力的影响、个体信息细化和团队信息交换在个体/团队目标导向及个体创造力之间的间接影响效应、团队目标导向在个体目标导向

第三章 目标导向对个体创造力跨层影响的理论模型构建

和个体创造力关系中的调节作用四个方面的详细分析，为下文15个研究假设的提出奠定了坚实的理论基础。

（3）提出了研究假设。

基于目标导向对个体创造力影响关系的分析，本书提出15个研究假设。H1：团队层次学习目标导向会正向影响个体创造力。H2：团队层次绩效趋近目标导向会正向影响个体创造力。H3：团队层次绩效趋避目标导向会负向影响个体创造力。H4：团队层次学习目标导向通过团队信息交换对个体创造力产生正向影响。H5：团队层次绩效趋近目标导向通过团队信息交换对个体创造力产生正向影响。H6：团队层次绩效趋避目标导向通过团队信息交换对个体创造力产生负向影响。H7：个体层次的学习目标导向会对个体创造力产生正向影响。H8：个体层次的绩效趋近目标导向会对个体创造力产生正向影响。H9：个体层次的绩效趋避目标导向会对个体创造力产生负向影响。H10：个体层次学习目标导向通过个体信息细化对个体创造力产生正向影响。H11：个体层次绩效趋近目标导向通过个体信息细化对个体创造力产生正向影响。H12：个体层次绩效趋避目标导向通过个体信息细化对个体创造力产生负向影响。H13：当团队层次学习目标导向较高时，个体学习目标导向与个体信息细化之间的正向关系更强烈。H14：只有当团队层次绩效趋近目标较高时，个体学习目标导向对个体信息细化活动有正向影响。H15：只有当团队层次绩效规避目标较高时，个体学习目标导向对个体信息细化活动有负向影响。

（4）构建了路径模型。

在确定了理论模型框架，分析了目标导向和个体创造力影响关系，提出了研究假设前提下，本章最后构建了目标导向对个体创造力影响跨层影响的路径模型。路径模型着重强调团队目标导向对个体创造力的跨层影响路径，以及团队信息交换和个体信息细化在模型中的间接影响路径。

第四章 目标导向对个体创造力跨层影响的理论模型验证

前章对目标导向和个体创造力的影响关系进行了分析,并重点指出了团队目标导向对个体创造力的跨层影响,在理论分析的基础上提出了研究假设,构建了目标导向对个体创造力跨层次影响的理论模型和路径模型。为了可以对研究假设和模型进行更好的检测和验证,本章在问卷设计、样本选择、变量界定和衡量的基础上,展开模型信度和效度分析、模型聚合检验和假设检验,最后针对研究结果进行了细致讨论。

第一节 研究方法

一、问卷设计

1. 问卷设计原则

问卷调查法也称问卷法,它是调查者运用统一设计的问卷向被选取的调查对象了解情况或征询意见的调查方法,是管理学研究领域普遍使用的实证研究数据量化的收集方法。问卷调查是以书面提出问题的方式收集资料的一种研究方法。研究者将所要研究的问题编制成问题表格,以邮寄方式、当面作答或者追踪访问方式填答,从而了解被试对某一现象或问题的看法和意见,所以又称问题表格法。问卷法的运用关键在于编制问卷,选择被试和结果分析。有效的问卷设计可以有助于得到较高质量的研究数据。

科学地进行研究设计对于研究某项科研问题时至关重要,问卷作为一种有效

第四章 目标导向对个体创造力跨层影响的理论模型验证

的收集资料和数据的科学性研究方法，在学术界已经被普遍使用，作为一种较为灵活的方法，主要意图是在于为了准确可靠性地对相应的数据情况做出反应，作为一种十分有影响力的方法，直接影响的将是问卷调查法的科学性是否存在，是否可以准确地对所想获得的数据进行收集，故而在问卷的设计中需要依照一定的原则进行，其具体的原则主要有合理性原则、一般性原则、逻辑性原则、明确性原则以及非诱导性原则。①合理性原则指的是在设计问卷时，需要根据研究目的以及要研究的内容和研究假设，实现问卷与目的的契合，所设计的问卷中存在的题项应该可以对所要研究的变量存在密切相关性，其合理性主要包含两个方面，就是所设计的问卷能够收集到的信息与研究主题相符，保证所设计的问卷可以收回的信息具有客观的价值。②一般性原则指的是研究所设计的问卷能够对所要研究的对象进行有效的反映，问卷中包含的各个题项可以普遍性地正确反映出研究对象的客观性信息，否则会影响调研结果的普适性，从而使研究的价值消失。③逻辑性原则指的是整体性地对问卷进行开发设计，各个题项间存在足够的逻辑性，不能出现某一变量中某一题项与整体题项意义上存在较大偏差，即所设计的问卷具有完整性的特点，实现科学完整。故而通过观察问卷中各个题项之间的条理性来评估整个问卷的逻辑性强度。具体来讲，在一个综合性的问卷中，首先对存在差异的题项按照特征进行分类，使每个大块的题项之间存在紧密的逻辑关系；其次，从整体来看，要使调查问卷中每个部分的题之间存在紧密联系，才能更有效地获得全面充分的信息，使问卷看起来更为集中，逻辑性强。④明确性原则指的是调查问卷中的题项是否存在表述不清楚的情况，应达到简单明确，可以清晰地对所要研究的问题进行反映，有利于受试者进行填写。为了实现明确化，调查问卷应尽量避免存在歧义的词句，问题的描述应通俗易懂。⑤非诱导性原则指的是在调查问卷的设计中，应全部使用中性词汇，避免出现诱导性或者存在有些倾向的文字，否则会出现受试者在题项的回答中，出现偏差，不能很好地对题项进行回应，从而会致使研究结果真实性较差，故应遵守非诱导性的原则。

2. 问卷设计流程

应当依照一个科学的流程对问卷进行设计与开发，体现出问卷的客观真实性，在本书的调查问卷设计中，主要存在六个基本步骤。①通过对研究中会牵涉到的相关研究和理论进行汇集整理，梳理出研究变量的实际含义，通过对各个变量含义的掌握来完成问卷设计的基础。采用案例书面研究法对所要研究的变量内涵进行深入探讨，确保可以对研究变量的内涵与研究目的相匹配。②在明确研究目的与研究变量内涵之后，需要依照研究的目的，对衡量研究变量的题项进行分析，确保研究变量中所包含的题项可以很好地对研究变量进行反映，在对相关文献进行梳理总结的基础上，确保调查问卷中题项具有较高的科学性。③咨询本领域的相关专家就本书的调查问卷与研究意图进行分析，寻求专家意见，针对专家的意见对问卷中的问题进行修改，来确保调研问卷的真实客观性，帮助后续研究的展开。④确定问卷形式，本书采用李克特七级量表进行衡量，用"1"表示完全不符合，"2"表示很不符合，"3"表示不符合，"4"表示无所谓，"5"表示符合，"6"表示很符合，"7"表示非常符合。受试者根据自身对题项的感受进行真实客观的打分。⑤需要对调查问卷进行完善和修订。需要参考先前研究此变量的文献，对成熟量表进行研究，对比研究变量内涵与本书变量所要表达的意思是否一致，本书研究变量题项基本采用西方较为成熟的量表，所采用的衡量题项皆是本领域学者们较为认可且普遍被验证的量表，具有较高的普适应，可以对本书的目的进行有效的解释。此部分在对英文的翻译中，因为存在中西方文化的差异，语言表达上难免存在偏差，故而需要对量表进行回译，确保量表可以准确地对研究变量进行有效的衡量。在回译中，本书采用 Brislin（1980）的量表回译法，且借鉴国内外有关变量研究的相关文献和实证研究，对问卷测量题项进行制定。研究者请国内学术工作者对中文问卷进行翻译，请其将中文翻译成英文，然后将其与原始的英文进行对比分析，接着根据两份英文论述之间存在的一些差异进行反复的修正，从而确保最终所进行的回译英文与最初英文论述差别不明显为止。⑥对调查问卷进行最后一步的完善与修改，形成最终问卷，本部分主要进行试调研活动，选择一小部分的团队作为研究样本，但是按照正式调研的方式进行问卷发放。问卷收回后对其进行统计分析，通过对分析结果进行检验，观察是否与检测指标相符合，对题项进行个别的调整。以免在正式调研中出现一些不易发现的问题，避免进行大规模的重复性实验，提升调研效率。从而形成最终的调研问卷。

综合上述整理以及问卷的设计完成，最后形成最终的问卷见附录，问卷包括以下几个部分：①问卷的详细说明；②受访者与受访者企业的相关基本信息；③团队层次的学习目标导向的测量；④团队层次的绩效趋近目标导向的测量；⑤团队层次的绩效趋避目标导向的测量；⑥个体层次的学习目标导向的测量；⑦个体层次的绩效趋近目标导向的测量；⑧个体层次的绩效趋避目标导向的测量；⑨团队层次的信息交换的测量；⑩个体信息细化的测量；⑪个体创造力的测量。最后，本书也请问卷填写者自愿填写其联系方式（电话、微信或者邮箱等），便于后期的回访。

第四章　目标导向对个体创造力跨层影响的理论模型验证

二、样本选择与调研

本书在2016年6月至10月，向8个中国企业中的59个团队发放了391份问卷，来源分布于通信、电子、汽车、信息科技与生技等创新型产业，调研的样本取自吉林、北京和广东三个地区，根据2014年最新发布的《全球创业观察中国报告：创业环境与政策》统计数据显示，吉林地区的创业创新环境质量较差且接近全国最低水平，属于创业创新活跃度低的区域，地方政府对市场的干预作用较强，市场开放程度非常低，经济发展实力较弱；而北京和广东地区的创新和创业环境处于大幅领先地位，是创业创新活跃度较高的地区，根据方便抽样的原则，我们选择创业创新活跃度较低的吉林地区以及创业创新活跃度较高的北京和广东地区作为问卷调查的区域。调研人员在三个区域同时展开调研，并采取多种途径获取调查问卷，其中主要的方式是通过对调研地区的企业聚集区进行随机抽样调查，调研人员前往被调研企业进行登门拜访，并与被访者进行面对面的沟通和交流，现场填写问卷，这种途径占了问卷收集的多数份额。另外，我们还依靠在吉林、北京和广东地区与企业的合作关系，以及借助团队成员的个人关系网络获取调查问卷。考虑到变量间具有跨层次关系，我们以项目团队作为问卷调查单元，根据George（1990）确定的标准，员工拥有同一个主管并相互协作共同完成任务，便视作一个团队，所有的团队个体皆受邀参与调查，参与的下属与他们的主管在公司上班时间完成问卷的填写，为避免同源方差问题（Common Method Problems），同时为了获得来自个体层次与团队层次两个层次的数据，本书的调研问卷分为两种，一种是专门针对团队领导，另一种是针对团队员工，并进行了配对与编号。下属回答团队层次的目标导向、个体层次的目标导向、团队信息交换、个体信息交换的问项，根据员工自身的感受对其进行客观真实的回答，而领导回答个体创造力的问项，由团队领导对本团队的成员进行一一打分，以免同源误差造成影响，依照客观真实的原则，保证调查问卷结果真实可靠。

为避免横断面研究设计与资料收集的潜在问题，本书采用时间延迟、多重数据源（Atime - Lagged，Multisource Design）的设计方法来解决此类问题。分别在四个月内对参加受访者完成三个调查时间点内的访问调查。第一个调查时点，下属完成团队层次的目标导向与个体层次的目标导向的问卷题项，同时下属跟他们的主管亦填写人口统计变项信息，以及完成控制变量的调查。两个月后，下属受访完成团队信息交换与个体信息交换两个的问卷题项；最后一次的调查是距离第一次四个月后的时间点,主管对下属的个体创造力做出评价。

本次调研发放问卷391份,总共有357个下属与主管配对(Matched Employee – Supervisor Questionnaires)的问卷回收,剔除数据疏漏者,最后有效问卷数量是来自53个团队的340份,有效问卷回收率为86.96%。

三、变量界定与衡量

1. 变量界定

(1)目标导向。

本书将目标导向分为两个层次进行研究,即团队层次的目标导向与个体层次的目标导向,目标导向不仅可以用于个体层次,也可以用于团队层次。本书目的是在工作环境下,研究团队目标导向与员工个体创造力的关系,个体层次目标导向与个体创造力的关系以及团队目标导向对个体层次目标导向与个体信息细化的调节作用。因此,本书将团队层次目标导向定义为团队整体建立的目标来引导团队成员朝目标努力。团队通过设立目标导向可以积极引导团队成员向目标努力,从而可以创造出一个积极向上的氛围来增加员工的工作动力。将个体层次的目标导向定义为个体在工作中为完成某项任务而所追求的工作目标。

(2)团队信息交换。

信息交换是指团队成员之间对自身所掌握的想法、信息、数据或者知识与他人进行分享与交换(Johnson et al.,2006)。本书研究的是团队信息交换对个体创造力的影响,目的是促进员工产生新颖且有用的想法,因此本书将信息交换定义为团队成员之间相互分享自身所掌握的知识、信息以及所产生的想法的过程。

(3)个体信息细化。

信息细化凌驾于信息共享之上,是一种复杂的交流形式。在团队层次上,信息细化指的是团队成员对信息进行处理和整合的过程,将个体对信息处理的结果反馈给团队,由团队对处理结果进行讨论与整合的过程。但信息细化并不完全拘泥于团队层次,本书的研究目的是研究个体信息细化在个体层次的目标导向与个体创造力关系中的中介作用。个体信息细化在个体层次上,指的是员工对组织信息与想法的处理,将自己的信息与他人信息相结合,比如对他人建议可靠程度的判断。

(4)个体创造力。

创造力已经形成一种理论,当前被大众广为认可的创造力的标准定义具有两

第四章　目标导向对个体创造力跨层影响的理论模型验证

个要点，即独创性和有效性。独创性体现的是新颖的、独一无二的特点，而有效性是一种价值表现形式，产生既具有独创性又具有有效性的产物才能被称为创造力。本书专注的是个体层次的创造力，而学者们针对个体创造力的研究已有很长历史了，尽管学者们对个体创造力的定义各种各样，但其核心观点是一致的，本书将借鉴 Amabile（1988）的定义，将个体创造力定义为个体所创造的新颖且有用的想法相结合的产物。

2. 变量衡量

为了更为准确地对本书的所有变量进行测量，本书通过借鉴国内外相关的理论与实证的研究文献，对量表的测量题项进行确定。根据本书的研究目的，目前国内的成熟量表较少，故而本书的所有量表题项均来自国外文献。为了确保避免因中西方文化差异造成的翻译失误，本书采用回译法，即首先对英文问卷进行翻译，其次经过两位教授与五位博士生与研究生的讨论，修改后形成初始中文问卷，再请英文为母语的外籍研究生将中文翻译成英文，对比翻译后的英文与原英文的差异，并对中文翻译问卷进行修改，形成试调研问卷。而后根据试调研结果对问卷题项的措辞以及数量等进行适当修订，从而保证测量工具的科学性与规范性。本书所有量表都采用李克特七级量表，最终个体目标导向、团队目标导向、团队信息交换、个体信息细化、个体创造力量表见本书附录。

（1）个体层次的目标导向。

以 V 和 eWalle's（1997）所开发的题项量表进行衡量，基于获得新技能、掌握新情况、发展新竞争力三个目的，个体学习目标导向的 5 题项为：①我乐于选择一个能学到更多的挑战性任务安排；②我常寻求发展新技能与新知识的机会；③我喜欢具有挑战性且困难的任务，而可以从中学到新技能；④对我而言，发展工作能力是重要的，我愿意为此承担风险；⑤我比较喜欢对执行能力或才能有较高要求的工作。基于自我竞争力证明并获得明显证据的目的，个体绩效趋近目标导向的 4 题项为：①我在意向别人展现我的绩效比我的同事好；②我会努力去弄清楚，在工作中向他人证明我的能力需要做些什么；③当其他同事知道我做得有多好时，我会觉得很开心；④我偏好从事可以让我向其他人证明我的能力的工作。基于避免展示竞争力失败和不利评价的目的，个体绩效趋避目标导向的 4 题项为：①我会避免去从事可能使我显得比较无能的新任务；②对我而言，避免显得能力不足比学习新技能更重要；③我担心从事一些会因表现不佳而展现我能力低的任务；④在工作中，我尽量回避可能展现我绩效不佳的情境。

(2) 团队层次的目标导向。

团队目标导向没有相对成熟的量表，为了更好地进行测量，本书基于 V 和 eWalle's（1997）开发的个体目标导向的量表来进行设计，Bunderson 和 Sutcliffe（2002b，2003）基于 V 和 eWalle's（1997）的个体学习目标导向开发了团队学习目标导向李克特七级量表，但是当时他们没有开发团队绩效趋近目标导向与团队趋避目标导向的量表，按照 Bunderson 和 Sutcliffe 的研究范式和思路，本书参考 eWalle's（1997）个体绩效趋近目标导向与绩效趋避目标导向量表来进行团队绩效趋近目标导向与团队趋避目标导向量表的开发，邀请六位专家（四位博士生与两位学者）分别审视问项内涵并进行问项分类，结果显示专家都如已设定的结果，将问项分类到所属的维度，学习目标导向、绩效趋近目标导向、绩效趋避目标导向的 Cronbach'salpha 值分别是 0.91、0.87 与 0.86，再针对资料收集是否支持三个维度的划分，笔者采用三因子模型二阶因素分析法，结果显示二阶因素模型检测数据具有可接受的配适度（Chi – Square [62] = 63.54，$p > 0.05$；Comparative Fit Index [CFI] = 0.99，GFI = 0.97，和 Stand ardized Root Mean Square Residua [SRMR] = 0.02，Root – Mean – Square Error of Approximation [RMSEA] = 0.01）。团队学习目标导向的衡量题项为：①寻求发展新技能与新知识的机会；②喜欢具有挑战性且困难的任务，可从中学习到新技能；③为了发现具有可行性的新想法，愿意承担风险；④喜欢对于执行能力或才能有较高要求的工作；⑤视学习与发展技能为非常重要的事情。团队层次的绩效趋近目标导向的题项为，本书团队：①视学习与发展技能为非常重要的事情；②努力去弄清楚，在工作中向其他团队证明本团队能力需要做些什么；③当其他团队意识到本团队做得好时，本团队会觉得很喜欢；④喜欢从事可以向其他团队证明团队的优质能力的项目。团队层次的绩效趋避目标导向的题项为，本书团队：①会避免去从事可能使本团队显得比较无能的新任务；②避免显露能力不足，而不是去学习新技能；③担心从事一些会因表现不佳而显露团队能力低的任务；④尽量回避可能展现团队绩效不佳的任务。

(3) 个体信息细化。

根据信息细化的定义，在个体层面而言，指的是员工对组织信息与想法的处理，将自己的信息与他人信息相结合，比如对他人建议可靠程度的判断，我们采用 Hoever 等（2012）的 4 问项来衡量，具体题项为：①在工作中，我会从多方面咨询与任务相关的信息；②在工作中，我会从身边的同事或公司内部文件搜寻信息；③在工作当中，我会尽可能全面考虑任务相关的信息以提出较佳方案；

第四章 目标导向对个体创造力跨层影响的理论模型验证

④在工作当中,我会仔细考虑同事或公司所提供或呈现的档案信息。

(4) 团队信息交换。

Gong 等 (2012) 基于网络连接获取信息与知识的角度开发了个体层面的信息交换四选项量表,Gong (2013) 发展了相关研究,开发了团队信息交换量表,共包含两个题项,分别为:①团队个体互相交换信息,并且互相学习;②团队个体通过互相交换想法来分析和解决问题。

(5) 个体创造力。

创造力研究具有多元化性质和复杂性,在某些情况下是无法预测的,这使得我们很难用一些刻板的方式去测量,创造性环境、产品、个体、过程以及创造性个体—环境匹配是创造力测量的主要方面(贡喆,2016)。创造性环境的测验主要包括家庭成员、同伴、教师等人对个体的支持(Gunersel,2009)。例如,Isaken 等 (1973) 发展了团体氛围的测评工具 (Situation Outlook Questionaire,SOQ),同时 Cicchelli 开发了课堂行为问卷(The Class Activities Questionnaire,CAQ)。同感评估技术(Consensus Assessment Technique,CAT)工具可以用来测量与创造性产品有关的因素(Kaufman et al.,2010)。然而对创造性个体的测量主要包括人格、动机等方面,常用的有核检表式的人格测验,如 1952 年,Gough 的《形容词检查表》(Adjective Check List),MBTI(Myers – Briggs Type Indicator)人格类型量表以及托伦斯编制的创造性动机量表。个体—环境匹配量表(Person – Environment Fit Scale,PEFSC)证实了两者结合能够有效地测量创造力(Sen et al.,2014)。鉴于本书研究目的,同时为了避免同源性偏差问题,我们使用 Cohen – Meitar 等(2009)开发的 8 题项测量量表,请团队领导评价每个团队个体的 8 个创造性行为特征的程度。8 个题项分别为:①在其工作中可以表现出独创性;②冒着风险提出了执行工作的原创性想法;③找到了现有的工作方法或工具的新用途;④解决了给他人造成困难的难题;⑤尝试了解解决问题的新想法、方法;⑥发现了新产品或新工作流程的机会;⑦在工作中发现有创意,并且可操作的想法;⑧是有创造力的下属模范。

(6) 控制变量。

本书控制几项个人层次与团队层次的变量,首先在个体层次的部分,下属年龄、性别、教育程度、工作资历与专业经验等皆是先前研究显示与创造力相关的变量(Shin and Zhou,2003)。教育程度(Educational Level)反映出人们具有不同受教育的背景并且会造成人不同的工作态度与行为(创造力)。工作资历反映是某人在特定工作领域工作的时间,会对下属造成一定的影响,工作领域的专业性可解释创造性的变异（Tierney and Farmer，2002）。根据先前类似研究（Gong et al.，2013），在团队层次，本书控制团队规模，以团队的人数作为变量，团队规模会影响团队内部沟通（Bantel and Jackson，1989），进而会影响到创造力。

第二节 模型信度与效度分析

一、描述性统计分析

1. 样本特征

总共有357个下属与主管配对（Matched Employee – Supervisor Questionnaires）的问卷回收，达标率91%。剔除数据疏漏者，最后本书使用的数量是来自53个团队的340份有效问卷。每个团队受访个体人数平均6.42位，团队个体当中，37.4%为女性，平均年龄31.18岁（标准偏差4.03岁），平均年资5.59年（标准偏差1.48年）；在主管当中，23%为女性，平均年龄42.13岁，平均年资11.3年。在团队规模中，5人以下的团队有15个，占比例为28.3%，5~10人的团队有24个，占比为45.3%，10人以上的团队有14个，占比为26.4%。样本基本情况如表4-1所示。

表4-1 样本基本情况（N=357）

	下属			主管	
性别	男	62.6%	性别	男	77%
	女	37.4%		女	23%
年龄	平均	31.18岁	年龄	平均	42.13岁
	标准偏差	4.03岁		标准偏差	5.68岁
工作资历	平均年资	5.59年	工作资历	平均年资	11.3年
	标准偏差	1.48年		标准偏差	2.47年
团队规模					
5人以下	15	28.3%			
5~10人	24	45.3%			
10人以上	14	26.4%			

第四章 目标导向对个体创造力跨层影响的理论模型验证

2. 描述性统计分析

本书中所包含的全部个体层次和团队层次的变量，其均值、标准差以及变量与变量之间的相关系数如表4-2所示。由表4-2可知，本书中涉及的个体层次的变量有个体层次的目标导向（学习目标导向、绩效趋近目标导向、绩效趋避目标导向）、个体信息细化、个体创造力。团队层次的变量有团队层次的目标导向（学习目标导向、绩效趋近目标导向、绩效趋避目标导向）、团队信息交换。

以个体创造力为因变量，逐一地引入控制变量（性别、年龄、教育水平、工作任期），将个体信息细化、个体学习目标导向、个体绩效趋近目标导向、个体绩效趋避目标导向、团队层次学习目标导向、团队层次绩效趋近目标导向、团队层次绩效趋避目标导向以及团队信息交换作为自变量进行分析。通过表4-2的相关分析结果可知，团队层次的目标导向（学习目标导向、绩效趋近目标导向、绩效趋避目标导向）、团队信息交换以及个体层次的个体层次的目标导向（学习目标导向、绩效趋近目标导向、绩效趋避目标导向）、下属信息细化、个体创造力各相关变量之间均显著相关。这初步对各变量之间的相关性进行了验证，且相关系数均小于0.7，说明变量之间无自相关严重的现象，故而排除了多重共线性的问题，说明可以进行进一步的回归分析。

二、信度与效度分析

在假设检验分析以前，为了对问卷的可靠程度和有效性进行考察，要首先进行信效度的检验。信度主要是指测量结果的可靠性、一致性和稳定性，即测验结果是否反映了被测者稳定的、一贯性的真实特征。和信度相关的一个概念是效度，信度是效度的前提条件。信度只受随机误差的影响，随机误差越大，信度越低。效度（Validity）即有效性，它是指测量工具或手段能够准确测出所需测量的事物的程度。效度是指所测量到的结果反映所想要考察内容的程度，测量结果与要考察的内容越吻合，则效度越高；反之，则效度越低。

1. 信度检验

问卷的信度越高，说明问卷题项的测量值受到误差影响的程度小，且不同的被访者在回答问卷题项时，不同题项的测量结果所产生的变动方式相对一致，可以更加真实地对被访者的回答做出反映。本书运用Cronbach's α值的大小来检验研究所使用问卷的信度，此时，Cronbach's α值越大，表明此问卷的可信度越高。一般来讲，当 $0.65 <$ Cronbach's α 值 < 0.70 时，问卷信度是可以接受的；当

团队目标导向与个体目标导向对个体创造力的影响研究

表4-2 变量均值、标准差以及相关系数

变量	均值	标准差	1	2	3	4	5	6	7	8	9	10	11	12
1. 个体创造力	4.58	0.61	—	—	—	—	—	—	—	—	—	—	—	—
2. 性别	0.62	0.49	0.04	—	—	—	—	—	—	—	—	—	—	—
3. 年龄	31.19	4.03	0.01	0.03	—	—	—	—	—	—	—	—	—	—
4. 教育水平	4.96	0.55	0.04	-0.02	-0.03	—	—	—	—	—	—	—	—	—
5. 工作任期	5.6	1.5	0.02	0.02	-0.02	0.01	—	—	—	—	—	—	—	—
6. 团队规模	4.58	0.65	0.02	-0.03	0.01	-0.05	-0.06	—	—	—	—	—	—	—
7. 下属信息细化	4.66	0.68	0.51*	-0.03	-0.07	-0.01	-0.08	0.04	—	—	—	—	—	—
8. 下属学习目标导向	4.63	0.72	0.18*	-0.07	-0.03	-0.01	-0.12*	0.10*	0.42*	—	—	—	—	—
9. 下属绩效趋近目标导向	4.67	0.76	0.13*	0.12*	0.04	-0.08	-0.04	0.02	0.14*	0.12*	—	—	—	—
10. 下属绩效回避目标导向	4.6	0.67	-0.03	0.05	0.01	-0.02	-0.03	-0.01	-0.04	0.14*	-0.07	—	—	—
11. 团队层次学习目标导向	4.67	0.72	0.07**	0.01	0.17*	0.04	-0.02	-0.02	0.02	-0.01	0.11*	-0.09	—	—
12. 团队层次绩效趋近目标导向	4.65	0.7	0.18*	0.03	-0.03	-0.10	0.03	-0.08	0.09	0.20*	0.16*	-0.02	0.01	—
13. 团队层次绩效回避目标导向	4.59	0.66	-0.06	0.02	-0.01	-0.07	-0.01	-0.02	-0.07	-0.03	-0.06	0.06	0.11*	0.11*

注：*表示 $p<0.05$，**表示 $p<0.01$。

第四章 目标导向对个体创造力跨层影响的理论模型验证

0.70＜Cronbach's α 值＜0.80 时，问卷的信度是较好的；当 0.80＜Cronbach's α 值＜0.90 时，问卷信度是非常好的（唐雯、陈爱祖，2005）。

由表 4-3 可知，个体层次的目标导向、个人信息细化、个体创造力、团队层次的目标导向、团队信息交换的信度系数都超过了 0.8。这一分析结果表明，此测量样本的信度较好。

表 4-3 样本信度分析结果

变量	题项	Corrected Item-Total Correlation	Cronbach's α
个体创造力	T1. 在工作中展现出了原创性	0.73	0.92
	T2. 冒着风险提出了执行工作的原创性想法	0.75	
	T3. 找到了现有的工作方法或工具的新用途	0.76	
	T4. 解决了给他人造成困难的难题	0.74	
	T5. 尝试了解决问题的新想法、方法	0.73	
	T6. 发现了新产品或新工作流程的机会	0.75	
	T7. 在工作中发现有创意，并且可操作的想法	0.73	
	T8. 是有创造力的下属模范	0.74	
个体学习目标导向	ELO1. 我乐于选择一个能学到更多的挑战性任务安排	0.77	0.90
	ELO2. 我常寻求发展新技能与新知识的机会	0.73	
	ELO3. 我喜欢具有挑战性且困难的任务，可以从中学到新技能	0.75	
	ELO4. 对我而言，发展工作能力是重要的，我愿意为此承担风险	0.74	
	ELO5. 我比较喜欢对执行能力或才能有较高要求的工作	0.76	
个体绩效趋近目标导向	EAO1. 我在意向别人展现我的绩效比我的同事好	0.75	0.89
	EAO2. 我会努力去弄清楚，在工作中向他人证明我的能力需要做些什么	0.74	
	EAO3. 当其他同事知道我做得有多好时，我会觉得很开心	0.78	
	EAO4. 我偏好从事可以让我向其他人证明我的能力的工作	0.74	
个体绩效趋避目标导向	EVO1. 我会避免去从事可能使我显得比较无能的新任务	0.72	0.86
	EVO2. 对我而言，避免显得能力不足比学习新技能更重要	0.71	
	EVO3. 我担心从事一些会因表现不佳而展现我能力低的任务	0.72	
	EVO4. 在工作中，我尽量回避可能展现我绩效不佳的情境	0.70	

续表

变量	题项	Corrected Item – Total Correlation	Cronbach's α
个体信息细化	EOI1. 在工作中，我会从多方面咨询与任务相关的信息	0.73	0.87
	EOI2. 在工作中，我会从身边的同事或公司内部文件搜寻信息	0.73	
	EOI3. 在工作当中，我会尽可能全面考虑任务相关的信息以提出较佳方案	0.72	
	EOI4. 在工作当中，我会仔细考虑同事或公司所提供或呈现的档案信息	0.72	
团队层次的学习目标导向	本书团队		0.91
	WLO1. 寻求发展新技能与新知识的机会	0.76	
	WLO2. 喜欢具有挑战性且困难的任务，可从中学习到新技能	0.76	
	WLO3. 为了发现具有可行性的新想法，愿意承担风险	0.77	
	WLO4. 喜欢对于执行能力或才能有较高要求的工作	0.77	
	WLO5. 视学习与发展技能为非常重要的事情	0.78	
团队层次的绩效趋近目标导向	本书团队		0.87
	WAO1. 在意向其他团队展现本团队的绩效比较好	0.72	
	WAO2. 努力去弄清楚，在工作中向其他团队证明本团队能力需要做些什么	0.71	
	WAO3. 当其他团队意识到本团队做得好时，本团队会觉得很喜欢	0.74	
	WAO4. 喜欢从事可以向其他团队证明本团队的优质能力的项目	0.75	
团队层次的绩效趋避目标导向	本书团队		0.86
	WVO1. 会避免去从事可能使本团队显得比较无能的新任务	0.70	
	WVO2. 避免显露能力不足，而不是去学习新技能	0.72	
	WVO3. 担心从事一些会因表现不佳而显露团队能力低的任务	0.72	
	WVO4. 尽量回避可能展现团队绩效不佳的任务	0.69	
团队信息交换	TS1. 在工作中，团队个体互相交换信息，并且互相学习	0.77	0.73
	TS2. 在工作中，团队个体通过互相交换想法来分析和解决问题	0.86	

2. 效度检验

效度分析主要是对内容效度和结构效度进行的分析。内容效度分析的目的主要在于对所测量的量表内容的准确程度作出评价，判断检测量表是否能够准确全

第四章 目标导向对个体创造力跨层影响的理论模型验证

面地对所要测量的变量进行评价,因此内容效度是对质性效度的检测,主要依赖于研究者对概念性定义的判断。然而结构效度目的在于对量表测量内容与研究者具有的理论概念之间的一致性进行检测,结构效度同时包含聚合效度(convergentvalidity)和区分效度(discriminantvalidity)两个方面,收敛效度是用于检验衡量同一个变量不同题项间的一致性,区分效度是为了检验不同变量题项之间的差异化程度。当前最常用的方式是通过采用验证性因子分析对研究模型的适配度进行验证。本书运用 AMOS 17.0 对研究变量进行验证性因子分析,主要分析结构效度和区分效度。对于聚合效度,正如表 4-4 所示,本书计算得出所有观测变量的因子载荷值都高于 0.5,且在 $p = 0.01$ 的水平上显著。结果说明,本书设计的 8 个变量的聚合效度在可接受的标准内。

表 4-4 量表题项及效度检验

变量	题项	标准化因子载荷量	T 值
个体创造力	T1. 在工作中展现出了原创性	0.78	16.62
	T2. 冒着风险提出了执行工作的原创性想法	0.77	16.29
	T3. 找到了现有的工作方法或工具的新用途	0.79	17.05
	T4. 解决了给他人造成困难的难题	0.77	16.27
	T5. 尝试了解解决问题的新想法、方法	0.77	16.37
	T6. 发现了新产品或新工作流程的机会	0.80	17.30
	T7. 在工作中发现有创意,并且可操作的想法	0.79	16.99
	T8. 是有创造力的下属模范	0.76	16.26
个体学习目标导向	ELO1. 我乐于选择一个能学到更多的挑战性任务安排	0.81	17.56
	ELO2. 我常寻求发展新技能与新知识的机会	0.78	16.68
	ELO3. 我喜欢具有挑战性且困难的任务,可以从中学到新技能	0.80	17.09
	ELO4. 对我而言,发展工作能力是重要的,我愿意为此承担风险	0.78	16.59
	ELO5. 我比较喜欢对执行能力或才能有较高要求的工作	0.82	17.94
个体绩效趋近目标导向	EAO1. 我在意向别人展现我的绩效比我的同事好	0.79	16.83
	EAO2. 我会努力去弄清楚,在工作中向他人证明我的能力需要做些什么	0.85	18.64
	EAO3. 当其他同事知道我做得有多好时,我会觉得很开心	0.80	16.92
	EAO4. 我偏好从事可以让我向其他人证明我的能力的工作	0.81	17.37

团队目标导向与个体目标导向对个体创造力的影响研究

续表

变量	题项	标准化因子载荷量	T值
个体绩效趋避目标导向	EVO1. 我会避免去从事可能使我显得比较无能的新任务	0.78	15.95
	EVO2. 对我而言,避免显得能力不足比学习新技能更重要	0.79	16.46
	EVO3. 我担心从事一些会因表现不佳而展现我能力低的任务	0.78	16.04
	EVO4. 在工作中,我尽量回避可能展现我绩效不佳的情境	0.79	16.27
个体信息细化	EOI1. 在工作中,我会从多方面咨询与任务相关的信息	0.79	16.60
	EOI2. 在工作中,我会从身边的同事或公司内部文件搜寻信息	0.77	15.99
	EOI3. 在工作当中,我会尽可能全面考虑任务相关的信息以提出较佳方案	0.80	16.91
	EOI4. 在工作当中,我会仔细考虑同事或公司所提供或呈现的档案信息	0.81	17.17
团队层次的学习目标导向	本书团队		
	WLO1. 寻求发展新技能与新知识的机会	0.83	18.03
	WLO2. 喜欢具有挑战性且困难的任务,可从中学习到新技能	0.82	17.80
	WLO3. 为了发现具有可行性的新想法,愿意承担风险	0.81	17.57
	WLO4. 喜欢对于执行能力或才能有较高要求的工作	0.81	17.56
	WLO5. 视学习与发展技能为非常重要的事情	0.80	17.27
团队层次的绩效趋近目标导向	本书团队		
	WAO1. 在意向其他团队展现本团队的绩效比较好	0.71	16.83
	WAO2. 努力去弄清楚,在工作中向其他团队证明本团队能力需要做些什么	0.72	18.64
	WAO3. 当其他团队意识到本团队做得好时,本团队会觉得很喜欢	0.74	16.92
	WAO4. 喜欢从事可以向其他团队证明本团队的优质能力的项目	0.75	17.37
团队层次的绩效趋避目标导向	本书团队		
	WVO1. 会避免去从事可能使本团队显得比较无能的新任务	0.70	15.47
	WVO2. 避免显露能力不足,而不是去学习新技能	0.72	16.64
	WVO3. 担心从事一些会因表现不佳而显露团队能力低的任务	0.72	16.35
	WVO4. 尽量回避可能展现团队绩效不佳的任务	0.73	17.29
团队信息交换	TS1. 在工作中,团队个体互相交换信息,并且互相学习	0.69	13.94
	TS2. 在工作中,团队个体通过互相交换想法来分析和解决问题	0.74	15.17

假设模型由9个因子构成:个体层次的目标导向(学习目标导向、绩效趋近目标导向、绩效趋避目标导向)、个体信息细化、个体创造力、团队层次的目标

第四章 目标导向对个体创造力跨层影响的理论模型验证

导向(学习目标导向、绩效趋近目标导向、绩效趋避目标导向)、团队信息交换。对于区分效度,本书采用了 LIRSEL 8.8 对 9 个变量进行了验证性因子分析(CFA)。表 4-5 显示了验证性因子分析的结果。以 9 因子模型为基准模型,逐步将相关系数高的变量进行两两合并,最终合并成一个因子。

表 4-5 测量模型比较

模型	因子	x^2	df	GFI	AGFI	SRMR
基准模型	九因子	626.53	637	0.91	0.90	0.025
模型 1	八因子	890.21	645	0.87	0.83	0.036
模型 2	七因子	1024.67	652	0.85	0.78	0.042
模型 3	六因子	1433.49	658	0.82	0.72	0.054
模型 4	五因子	2086.31	663	0.73	0.60	0.060
模型 5	四因子	2276.93	667	0.62	0.51	0.064
模型 6	三因子	3002.83	670	0.53	0.37	0.070
模型 7	二因子	3737.46	672	0.39	0.22	0.083
模型 8	一因子	4306.93	673	0.26	0.13	0.105

有学者认为,在进行组织研究中,需要对理论与测量的水平进行明确说明(Kozlowski and Klein, 2000)。本书的团队情境变量是建立在团队层次之上,但也是通过测量个体层次进行整合对团队层次变量进行测量。此过程与测量结构方程模型相类似,为了实现对某一潜在变量的测量需要测量几个可观察变量获得,为了检验此测量模型的结构效度如何,则需要通过验证性因素分析等方法进行结构效度检验,通过观察 CFI、NNFI、RESMA 等一系列指标来测量模型的拟合程度(Kozlowski and Hattrup, 1992)。

在评估拟合效果好坏的过程中主要采用三个标准:首先,x^2/df 值越小,此时说明数据与模型之间的拟合效果就越好,一般情况下,x^2/df 在小于 5 的情况下,模型拟合结果都是可以接受的;其次,CFI 和 AGFI 的取值越大,表明模型拟合效果越好,一般来讲,在 CFI 和 AGFI 的取值都大于 0.90 的情况下是可以接受的;最后,SRMR 的取值越小,说明模型拟合效果越好,一般来讲,其值在 0.05~0.08 是可以接受的,小于 0.05 为佳。由表 4-5 可知,只有 9 因子模型符合上述检验标准,在其他模型中 CFI 和小于 0.90,因此,本书认为变量拟合指数支持所假设的 9 因子模型。

第三节 模型聚合检验及假设检验

一、跨层模型聚合检验

1. 聚合检验方法

在跨层次模型分析中,需要验证个体层次的测量能够整合到团队层次上,并且因为代表的是某一个团队层次变量,也需要检验此测量模型。检验标准主要有两个(Kozlowski and Hattrup,1992):首先,同一个团队内成员的个体数据之间是否存在一致性,以保证个体数据能够被整合到团队层次上;其次,不同的团队之间差异性是否足够,以保证团队层次上的分析具有意义。以上两个条件必须同时满足,第一个标准不符合说明用整个个体数据的方式测量团队层次变量是不合理的;第二个标准不符合说明可能组间效应不存在,即团队层次上不存在差异,没必要进行团队层次的分析。在第一个条件中,研究者常通过验证内部一致性的方法进行检验(如 R_{wg}),比较团队内方差和理论上的随机方差,一致性越高说明个体对某个团队层次变量的评价具有较高的一致性;反之则一致性较低(Bliese,2000)。先前研究中常使用指标 R_{wg} 来检测一致性的高低,本书采用 James 等(1984)提供的公式进行 R_{wg} 的计算:

$$R_{wg(J)} = \frac{J[1-(S_{xj}^2/\sigma_{EU}^2)]}{J[1-(\overline{S_{xj}^2/\sigma_{EU}^2})] + (\overline{S_{xj}^2/\sigma_{EU}^2})} \tag{4-1}$$

在式(4-1)中,J 代表的是一个变量题项的数量,$\overline{S_{xj}^2}$ 是 J 个变量的平均观测变异值,σ_{EU}^2 代表的是期望变异。

然而在第二个条件中,目的是检测组内变异是否足够,通常采用 ICC(评分者信度)的一两种形式进行评价,即 ICC(1)与 ICC(2)。ICC 是个体对团队层次变量平均值信度的测量,ICC 越大说明单个个体的评分对团队平均值的代表性越高,ICC 越小则表示需要采用多个个体的评分才能代表团队层次的平均值。可以用 Bartko(1976)的公式对 ICC 进行计算:

$$ICC = \frac{MSB - MSW}{MSB + [(K-1) \times MSW]} \tag{4-2}$$

第四章 目标导向对个体创造力跨层影响的理论模型验证

在式（4-2）中，MSB 代表的是组间均方差，MSW 代表的是组内均方差，K 指团队大小，此公式是 ANOVA 模型中估计组内变异与组间变异的一个简单方法。本书将对团队变量的 R_{wg} 和 ICC 指标进行分析。

在本书中，团队层次的目标导向（学习目标导向、绩效趋近目标导向、绩效趋避目标导向）、团队信息交换这两个变量是由团队下属进行评价，且取平均数获得，故而需要将个人层次的评价聚合到团队层次，检验是否存在有效性。本书按照 Bliese 在 2000 年提出的组内一致性 R_{wg}（Within-Groupagreement）、组内相关 ICC（1）（Intra Class Correction（1））和 ICC（2）（Intra Class Correlation（2））三个常用于多层次研究中的指标，来对研究的聚合进行有效的确认以及看是否可得到实证的支持。其中，R_{wg} 指标主要用于衡量存在于团队中的差异个体之间对构念具有较为相似的理解程度，取值在 0~1 内，只有在 R_{wg} 的值大于 0.70 的情况下才能说明研究的聚合存在足够的一致度（Bliese，2000）；ICC（1）指标在于观察聚合个体回答团队层次的题项前，组与组之间是否存在显著的组间差异，ICC（1）的取值范围为 0.00~0.50，中位数为 0.12；而 ICC（2）指标是用于测量个体层次的变量在聚合到团队层次的变量时，是否存在较好的群体平均数信度，此时 ICC（2）的值至少需要达到 0.70（James，1982；James，1984）。

2. 检验过程及结果

检验过程为：首先，对组内一致性系数 R_{wg} 进行计算，如果 $R_{wg}>0.70$，说明聚合的一致性程度是在符合要求的范围内；其次，为了保证团队个体所进行的回答不存在反应偏差，需要进行单因子的方差分析，对 ICC（1）和 ICC（2）进行分别计算，其中 ICC（1）反映的是组间的差异化程度，ICC（2）反映的是团队平均数信度。在 ICC（1）>0.12（James，1982）和 ICC（2）≥0.47（Schneider et al.，1998）的情况下，说明达到了聚合的标准要求。这说明在个体层次所获得的数据可以加总平均来获得团队层次的数据。

团队层次的目标导向（学习目标导向、绩效趋近目标导向、绩效趋避目标导向）、团队信息交换此两个变量在团队层次的聚合有效性的检验结果如表 4-6 所示。从表 4-6 中可知，团队层次的学习目标导向、绩效趋近目标导向、绩效趋避目标导向以及团队信息交换四个变量的 R_{wg} 均值以及中值都大于等于 0.70 的标准要求，团队层次学习目标导向的 ICC（1）和 ICC（2）两者的值分别为 0.18 和 0.58；团队层次绩效趋近目标导向的 ICC（1）和 ICC（2）两者的值分别为 0.19 和 0.61；团队层次绩效趋避目标导向的 ICC（1）和 ICC（2）两者的值分别为 0.21 和 0.60；团队信息交换的 ICC（1）和 ICC（2）两者的值分别为 0.14

和0.48，ICC（1）和ICC（2）两者的值都达到了0.12和0.47的最低要求。故而，团队个体对团队层次的目标导向、团队信息交换这两个变量的评价都是可以聚合到团队层次的。

表4-6 团队层次数据聚合检验

变量	R_{wg}最小值	ICC（1）	ICC（2）
团队学习目标导向	0.84	0.18	0.58
团队绩效趋近目标导向	0.72	0.19	0.61
团队绩效趋避目标导向	0.70	0.21	0.60
团队信息交换	0.70	0.14	0.48

二、理论模型假设检验

1. 检验方法

本书采用 SPSS 19.0 和 HLM 6.08 对假设检验进行分析。首先，本书针对样本做描述性统计分析，并且对个体层次和团队层次的变量进行 Pearson 相关系数分析，检验个体层次的目标导向（学习目标导向、绩效趋近目标导向、绩效趋避目标导向）、个体信息细化、个体创造力、团队层次的目标导向（学习目标导向、绩效趋近目标导向、绩效趋避目标导向）、团队信息交换以及控制变量之间的相关性。其次，本书利用 HLM 分析团队目标导向对个体目标导向和个体创造力的跨层次作用影响，固定效应估计采取带有稳健性标准误差的方法。

在进行 HLM 的分析中，因为模型中存在各个层次的变量，此时可能存在情境变量或跨层次的交互作用，从而可能会具有比较严重的多重共线性的问题，且在回归方程模型中，仅当每一个预测变量的值均为 0 的情况下，截距项才与因变量相等，此时的截距项才具有价值。然而，在进行组织的研究中，会存在某些预测变量在等于零的情况下无法解释，比如在本书中，团队层次的学习目标导向为零时理论上就无法解释清楚，即在何种情况下团队的学习目标导向会为零，此时截距项就不存在解释意义。为了使截距项具有解释上的价值，则有必要对预测变量展开中心化处理。

在 HLM 的处理中，因为涉及两个层次的变量，在处理第一层回归模型中的预测变量时，HLM 分析中有三种对预测变量进行中心化处理的方法：第一，不中心化；第二，进行组平均的中心化；第三，总平均中心化。在处理第二层回归

第四章 目标导向对个体创造力跨层影响的理论模型验证

模型中的预测变量时,存在两种中心化处理的方法,即不中心化以及总平均中心化。

有研究表明,在进行中心化处理的过程中,使用 HLM 对第一层预测变量不进行中心化以及以总平均中心化的模型基本相同(Erson,2004)。在考虑到情境效应以及跨层次的交互作用时,有学者在 HLM 模型中对预测变量的中心化时,不做中心处理与采用总平均中心化的结果模式是一样的,因此建议采用总平均中心化的方式(Hofmann and Gavin,1988)。据此,Raudenbush 和 Bryk(2002)建议,如果学者在研究中没有清晰的理论则不要采用以组平均中心化的随机斜率模型。Snijders 和 Bosket(1999)也认为,在使用随机斜率模型的情况下,要尽量避免使用组平均的中心化处理预测变量,除非有理论可以很清楚地解释相对分数和因变量之间是否相关。因此,本书对第一层预测变量的中心化将采用总平均中心化,此时水平 1 的截距才有意义。对于第二层预测变量,本书不进行中心化处理,但为了进行后期的调节作用分析,本书采用总平均中心化处理第二层预测变量。

在本节中首先检验团队信息交换在团队层次目标导向与个体创造力之间的中介作用,本书将采用 Baron 和 Kenny(1986)提出的中介作用检验程序。我们对团队层次的目标导向进行展开,分为学习目标导向、绩效趋近目标导向与绩效趋避目标导向。其次,同样的方法检验个体信息细化在个体层次的目标导向与个体创造力之间的中介作用,也将个体层次的目标导向分为学习目标导向、绩效趋近目标导向与绩效趋避目标导向三个方面。最后,检验团队层次的目标导向在个体层次的目标导向与个体创造力之间的调节作用。

2. 假设检验

(1)团队层次目标导向、团队信息交换、个体创造力假设检验。

假设 1~6 预测的是团队层次的目标导向通过团队信息交换可以跨层影响个体创造力,本书通过 HLM 的截距预测模型来进行验证,基于本书的 2-2-1 多层中介模型以及 Mathieu 和 Taylor(2007)提出检验多层次中介效果的建议。首先,需要对自变量与因变量之间的相关关系进行验证,即团队层次的目标导向与个体创造力的关系。本书选取个体创造力作为结果变量,再加入团队层次的目标导向。得到以下模型(模型结果变量为个体创造力):

L1:个体创造力 $=\beta_{0j}+R_{ij}$

L2:$\beta_{0j}=\gamma_{00}+\gamma_{01}$(团队层次的学习目标导向)+
γ_{02}(团队层次的绩效趋近目标导向)+

γ_{03}（团队层次的绩效趋避目标导向）$+\mu_{0j}$

数据分析结果如表 4-7 所示。可知团队层次的学习目标导向与绩效趋近目标导向和个体创造力显著正相关，团队层次的绩效趋避目标导向与个体创造力不相关。其次，需要验证自变量与中介变量之间的相关关系。得到以下模型（模型结果变量为团队信息交换）：

团队信息交换 $=\beta_{0j}+\beta_{1j}$（团队层次的学习目标导向）$+$
β_{2j}（团队层次的绩效趋近目标导向）$+$
β_{3j}（团队层次的绩效趋避目标导向）$+R_{ij}$

数据分析结果如表 4-7 所示。可知团队层次的学习目标导向与团队信息交换显著正相关，团队层次的绩效趋近目标导向与团队信息交换不相关，团队层次的绩效趋避目标导向与团队信息交换显著负相关。最后，需要验证自变量与中介变量和因变量之间的相关关系。得到以下模型（模型结果变量为个体创造力）：

L1：个体创造力 $=\beta_{0j}+R_{ij}$

L2：$\beta_{0j}=\gamma_{00}+\gamma_{01}$（团队层次的学习目标导向）$+$
γ_{02}（团队层次的绩效趋近目标导向）$+$
γ_{03}（团队层次的绩效趋避目标导向）$+\gamma_{04}$（团队信息交换）$+\mu_{0j}$

数据分析结果如表 4-7 所示。可知团队层次的学习目标导向通过团队信息交换与个体创造力显著正相关，团队层次的绩效趋避目标导向通过团队信息交换与个体创造力显著负相关。

从表 4-7 中可知，在检验团队信息交换的中介作用时，本书分为五个模型，首先因变量有个体创造力与团队信息交换，自变量包括控制变量（第一层：性别、年龄、教育水平以及工作任期，第二层：团队规模）、团队层次的目标导向（学习目标导向、绩效趋近目标导向、绩效趋避目标导向）、中介变量（团队信息交换）。从表 4-7 中可知，性别、年龄、教育水平、工作任期都与个体创造力存在显著相关性，团队层次的学习目标导向与个体创造力存在相关性，故假设 1 得到支持。团队层次的绩效趋近目标导向与个体创造力之间存在相关性，故假设 2 得到支持。团队层次的绩效趋避目标导向与个体创造力之间不存在相关性，故假设 3 未得到支持。在中介作用的检验中，加入团队信息交换，团队层次的学习目标导向与团队信息交换存在显著相关性，团队层次学习目标导向通过团队信息交换与个体创造力呈正相关，故而假设 4 得到支持。团队层次的绩效趋近目标导向与团队信息交换存在不显著相关性，团队层次绩效趋近目标导向通过团队信息交换与个体创造力不相关，故而假设 5 未获得支持。团队层次的绩效趋避目标导

第四章 目标导向对个体创造力跨层影响的理论模型验证

向与团队信息交换存在显著负相关性,团队层次绩效趋避目标导向通过团队信息交换与个体创造力呈负相关,故而假设6得到支持。

表4-7 团队信息交换的中介作用

因变量 自变量	个体创造力						团队信息交换			
	模型1		模型2		模型3		模型4		模型5	
Level 1 控制变量										
性别	0.02	(0.22)	0.01	(0.19)	0.02	(0.32)	—		—	
年龄	-0.00	(-0.68)	-0.00	(0.01)	0.00	(0.04)	—		—	
教育水平	0.03	(0.54)	0.03	(0.53)	0.02	(0.64)	—		—	
工作任期	0.00	(0.08)	0.01	(0.44)	0.01	(0.80)	—		—	
Level 2 控制变量										
团队规模	-0.03	(-0.27)	-0.06	(-0.60)	0.01	(0.13)	-0.05	(-0.51)	-0.06	(-0.59)
团队层次的目标导向										
学习目标导向	—		0.14	(2.81)**	0.05	(1.07)	—		0.11	(2.77)**
绩效趋近目标导向	—		0.10	(2.20)*	0.05	(1.38)	—		0.02	(0.42)
绩效趋避目标导向	—		-0.06	(-1.13)	0.04	(1.06)	—		-0.08	(-2.08)*
中介变量										
团队信息交换	—		—		0.14	(2.91)**	—		—	

注:**表示在0.01水平上显著,*表示在0.05水平上显著,括号中的数值为t值。

(2)个体层次目标导向、个体信息细化、个体创造力假设检验。

假设7~12预测的是个体层次的目标导向通过个体信息细化可以影响个体创造力,张雷(2003)认为,可以通过多层数据来回答单层数据(模型1-1-1)的问题,因为这种方法充分利用了多层模型较为高级的统计估计方法(收缩估计)来改善单层回归的估计和分析(普通最小二乘法),本书的个体层面变量镶嵌于团队变量并受其影响,比如一个团队中的个体成员目标导向可能比较相近,而非严格意义上的总体随机取样,如果采用单层数据的普通最小二乘法回归将违反很多关于残差的假设,所以我们通过HLM截距预测模型以及采用Baron和Kenny(1986)提出的中介作用检验程序来进行验证。首先,需要对自变量与因

团队目标导向与个体目标导向对个体创造力的影响研究

变量之间的相关关系进行验证，即个体层次的目标导向（学习目标导向、绩效趋近目标导向、绩效趋避目标导向）与个体创造力的关系。本书选取个体创造力作为结果变量，再加入个体层次的目标导向（学习目标导向、绩效趋近目标导向、绩效趋避目标导向）。得到以下模型（模型结果变量为个体创造力）：

L1：个体创造力 $= \beta_{0j} + \beta_{1j}$（个体层次的学习目标导向）$+$
β_{2j}（个体层次的绩效趋近目标导向）$+$
β_{3j}（个体层次的绩效趋避目标导向）$+ R_{ij}$

L2：$\beta_{0j} = \gamma_{00} + \mu_{0j}$
$\beta_{1j} = \gamma_{10} + \mu_{1j}$
$\beta_{2j} = \gamma_{20} + \mu_{2j}$
$\beta_{3j} = \gamma_{20} + \mu_{2j}$

数据分析结果如表 4-8 所示。可知个体创造力和个体层次的学习目标导向显著正相关。其次，需要验证自变量与中介变量之间的相关关系。得到以下模型（模型结果变量为个体信息细化）：

L1：个体信息细化 $= \beta_{0j} + \beta_{1j}$（学习目标导向）$+ \beta_{2j}$（绩效趋近目标导向）$+$
β_{3j}（绩效趋避目标导向）$+ R_{ij}$

L2：$\beta_{0j} = \gamma_{00} + \mu_{0j}$
$\beta_{1j} = \gamma_{10} + \mu_{1j}$
$\beta_{2j} = \gamma_{20} + \mu_{2j}$
$\beta_{3j} = \gamma_{20} + \mu_{2j}$

数据分析结果如表 4-8 所示。可知个体信息细化和个体层次的学习目标导向显著正相关。再次，需要验证中介变量与因变量之间的相关关系。得到以下模型（模型结果变量为个体创造力）：

L1：个体创造力 $= \beta_{0j} + \beta_{1j}$（个体信息细化）$+ R_{ij}$

L2：$\beta_{0j} = \gamma_{00} + \mu_{0j}$
$\beta_{1j} = \gamma_{10} + \mu_{1j}$

数据分析结果如表 4-8 所示。可知个体创造力和个体信息细化显著正相关。最后需要验证自变量与中介变量和因变量之间的相关关系。得到以下模型（模型结果变量为个体创造力）：

L1：个体创造力 $= \beta_{0j} + \beta_{1j}$（学习目标导向）$+ \beta_{2j}$（绩效趋近目标导向）$+$
β_{3j}（绩效趋避目标导向）$+ \beta_{4j}$（个体信息细化）$+ R_{ij}$

L2：$\beta_{0j} = \gamma_{00} + \mu_{0j}$

第四章 目标导向对个体创造力跨层影响的理论模型验证

$$\beta_{1j} = \gamma_{10} + \mu_{1j}$$

$$\beta_{2j} = \gamma_{20} + \mu_{2j}$$

$$\beta_{3j} = \gamma_{20} + \mu_{2j}$$

$$\beta_{4j} = \gamma_{40} + \mu_{4j}$$

数据分析结果如表 4-8 所示。可知个体层次的学习目标导向通过个体信息细化与个体创造力显著正相关。

表 4-8 个体信息细化的中介作用

自变量 \ 因变量	个体创造力					个体信息细化			
	模型1		模型2		模型3		模型4		模型5
控制变量									
性别	0.02	(0.22)	0.01	(0.19)	0.02	(0.32)	0.01	(0.14)	0.01	(0.20)
年龄	-0.00	(-0.68)	-0.00	(0.01)	0.00	(0.04)	-0.01	(-1.24)	-0.01	(-1.38)
教育水平	0.03	(0.54)	0.03	(0.53)	0.02	(0.64)	0.02	(0.26)	0.01	(0.13)
工作任期	0.00	(0.08)	0.00	(0.44)	0.01	(0.80)	-0.01	(-0.37)	-0.01	(-0.51)
个体层次的目标导向									
学习目标导向	—	—	0.11	(1.96)*	-0.04	(-0.71)	—	—	0.38	(5.44)***
绩效趋近目标导向	—	—	0.04	(0.05)	0.02	(0.61)	—	—	0.08	(1.33)
绩效趋避目标导向	—	—	-0.01	(-0.25)	0.02	(0.36)	—	—	-0.09	(-1.34)
中介变量									
个体信息细化	—	—	—	—	0.37	(6.52)**	—	—	—	—

注：***表示在0.1水平上显著，**表示在0.01水平上显著，*表示在0.05水平下显著，括号中的数值为t值。

从表 4-8 可知，在检验个体信息细化的中介作用时，本书分为五个模型，因变量有个体创造力与个体信息细化，自变量包括控制变量（性别、年龄、教育水平以及工作任期）、个体层次的目标导向（学习目标导向、绩效趋近目标导向、绩效趋避目标导向）、中介变量（个体信息细化）。从表 4-8 中可知，个体的性别、年龄、教育水平、工作任期都与个体创造力存在显著相关性，个体层次的学习目标导向与个体创造力存在相关性，故假设 7 得到支持。然而个体层次的绩效趋近、趋避目标导向与个体创造之间存在不显著性，假设8、假设9未得到支持。在中介作用的检验中，加入个体信息细化后，个体层次的学习目标导向与个体信息细化存在显著相关性，个体层次学习目标导向通过个体信息细化与个体创造力正相关，故而假设10得到支持，同时在随机效应检验中HLM也估计了斜率的方差，并以卡方检验了其显著性，结果显示$\chi^2 = 96.103$，$df = 51$，$p < 0.001$，表明个体学习目标导向对个体信息细化的影响在各团队间存在显著差异，需要进行调节效果的检验，为调节作用的检验进行了铺垫；而个体层次的绩效趋近目标导向与个体信息细化之间存在不显著性，个体层次绩效趋近目标导向通过个体信息细化与个体创造力无相关性，故假设11未获得支持。个体层次的绩效趋避目标导向与个体信息细化之间不相关，个体层次绩效趋避目标导向通过个体信息细化与个体创造力无相关性，故假设12未得到支持。

通过对上述中介作用的分析，得出以下路径模型结果（见图4-1）。由图4-1可知，团队学习目标导向与团队信息细化呈正相关（$\gamma = 0.11$，$p < 0.01$），团队绩效趋避目标导向与团队信息交换呈负相关（$\gamma = -0.08$，$p < 0.05$），团队信息交换与个体创造力呈正相关（$\gamma = 0.14$，$p < 0.01$），团队学习目标导向与个体创造力呈正相关（$\gamma = 0.14$，$p < 0.01$），团队绩效趋近目标导向与个体创造力呈正相关（$\gamma = 0.10$，$p < 0.05$），个体学习目标导向与个体创造力呈正相关（$\gamma = 0.11$，$p < 0.05$），个体学习目标导向与个体信息细化呈正相关（$\gamma = 0.38$，$p < 0.001$），个体信息细化与个体创造力呈正相关（$\gamma = 0.37$，$p < 0.01$）。

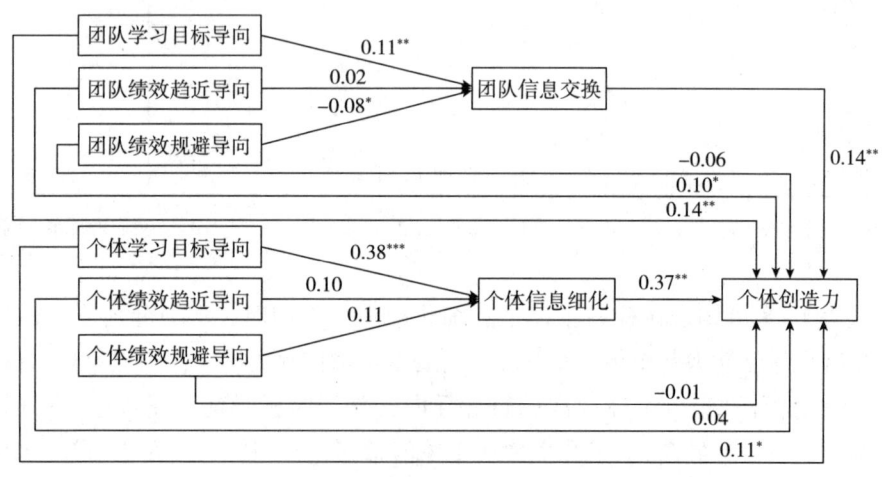

图4-1 研究模型路径系数

第四章 目标导向对个体创造力跨层影响的理论模型验证

(3) 团队层次目标导向跨层调节中介作用假设检验。

假设 13~15 预测的是团队层次的目标导向（学习目标导向、绩效趋近目标导向、绩效趋避目标导向）正向调节个体层次的目标导向（学习目标导向、绩效趋近目标导向、绩效趋避目标导向）和个体创造力间的中介效果。按照温忠麟（2012）的建议，在以 X 为自变量，Y 为因变量，W 为中介变量，U 为调节变量的基本模型中，检验 U 调节 W 中介路径的前半路径的步骤为：①做 Y 对 X 和 U 的回归，X 的系数显著；②做 W 对 X 和 U 的回归，X 的系数显著；③做 Y 对 X、U 和 W 的回归，W 的系数显著，此时说明 W 的中介效应成立；④做 W 对 X、U 和 UX 的回归，如果 UX 的系数显著，即表明 U 对 W 中介作用的调节效应显著。

在个体信息细化中介作用成立的基础上，本书最后检验团队目标导向是否会调节个体学习目标导向与个体信息细化之间的正相关关系，将通过 HLM 的斜率预测模型来进行验证，由表 4-8 可知个体信息细化和个体创造力显著正相关，然后需要验证自变量与中介变量以及调节变量之间的相关关系。得到以下模型（模型结果变量为个体信息细化）：

L1：个体信息细化 $= \beta_{0j} + \beta_{1j}$（个体层次的学习目标导向）$+$
β_{2j}（个体层次的绩效趋近目标导向）$+$
β_{3j}（个体层次的绩效趋避目标导向）$+ R_{ij}$

L2：$\beta_{0j} = \gamma_{00} + \mu_{0j}$
$\beta_{1j} = \gamma_{10} + \gamma_{11}$（团队层次的学习目标导向）$+$
γ_{12}（团队层次的绩效趋近目标导向）$+$
γ_{13}（团队层次的绩效趋避目标导向）$+ \mu_{1j}$

$\beta_{2j} = \gamma_{20} + \mu_{2j}$

$\beta_{3j} = \gamma_{30} + + \mu_{3j}$

数据分析结果如表 4-9 所示。截距项与团队层次的目标导向（学习目标导向、绩效趋近目标导向、绩效趋避目标导向）在 0.01 的水平上具有显著相关性，因此调节作用中的调节变量对自变量和结果变量的关系影响得到验证。

从表 4-9 中可知，在检验个体信息细化的中介作用时，本书分为三个模型，因变量为个体信息细化，自变量包括控制变量（第一层的性别、年龄、教育水平以及工作任期；第二层的团队规模）、个体层次的目标导向（学习目标导向、绩效趋近目标导向、绩效趋避目标导向）、团队层次的目标导向（学习目标导向、绩效趋近目标导向、绩效趋避目标导向）。首先，加入控制变量，从表 4-9 中可知，性别、年龄、教育水平、工作任期以及团队规模都与个体信息细化存在显著

表4-9　团队层次的目标导向的跨层次模型分析结果

变量	个体信息细化					
	模型1		模型2		模型3	
Level 1 控制变量						
性别	0.01	(0.14)	0.01	(0.20)	-0.00	(-0.06)
年龄	-0.01	(-1.24)	-0.01	(-1.38)	-0.01	(-1.42)
教育水平	0.02	(0.26)	0.01	(0.13)	0.01	(0.12)
工作任期	-0.01	(-0.37)	-0.01	(-0.51)	-0.01	(-0.50)
Level 2 控制变量						
团队规模	-0.05	(-0.51)	-0.06	(-0.59)	0.10	(0.11)
Level 1 自变量						
个体层次学习目标导向	0.38	(5.86)***	0.36	(5.44)***	0.37	(6.14)***
个体层次绩效趋近目标导向	0.10	(1.60)	0.08	(1.33)	0.07	(1.15)
个体层次绩效趋避目标导向	0.11	(-1.57)	-0.09	(-1.34)	-0.10	(-1.52)
Level 2 自变量						
团队层次学习目标导向	—	—	0.11	(2.77)**	0.09	(2.53)*
团队层次绩效趋近目标导向	—	—	0.02	(0.42)	0.01	(0.21)
团队层次绩效趋避目标导向	—	—	-0.08	(-2.08)*	-0.05	(-1.52)
交互项						
个体层次学习目标导向 X 团队层次学习目标导向	—	—	—	—	0.20	(2.89)**
X 团队层次绩效趋近目标导向	—	—	—	—	0.03	(0.92)
X 团队层次绩效趋避目标导向	—	—	—	—	-0.13	(-2.26)*
Deviance	683.61		688.11		680.43	

注：***表示 $p<0.1$，**表示 $p<0.01$，*表示 $p<0.05$（双尾），括号中的数值为 t 值。

相关性；其次，加入个体层次的变量，学习目标导向、绩效趋近目标导向与绩效趋避目标导向后可以发现，学习目标导向与绩效趋避目标导向都与个体信息细化显著相关，而绩效趋近目标导向与个体信息细化相关性不显著；再次，加入团队层次的目标导向可以发现，团队层次的学习目标导向与个体信息细化呈正相关，绩效趋近目标导向不相关，绩效趋避目标导向显著负相关；最后，加入交互项可以发现，个体层次学习目标导向与团队层次学习目标导向的交互项与个体信息细

第四章 目标导向对个体创造力跨层影响的理论模型验证

化呈正相关，假设 13 得到支持，个体层次学习目标导向与团队层次的绩效趋近目标导向的交互项和个体信息细化显著不相关，假设 14 未得到支持，个体层次学习目标导向与团队层次绩效趋避目标导向的交互项与个体信息细化显著负相关，故假设 15 得到支持。

为了进一步了解调节作用的具体模式，本书根据 Aiken 和 West（1991）与 Jawahar（2001）、Dawson J. F.（2014）所提出的方法，对数据进行分组回归分析（split - group regression analysis）。首先，将样本中的团队层次学习目标导向分为高分组与低分组、将团队层次绩效趋避目标导向分为高分组与低分组（高分组为高于平均分一个标准差以上的组，低分组为低于平均分一个标准差以下的组）；其次，分别进行个体层次学习目标导向对个体信息细化的简单回归及相关检验，具体调节作用的示意图如图 4-2、图 4-3 所示，假设 13 与假设 15 得到完全验证。

第四节 研究结果讨论

本书的核心目的是为了解员工所处的工作环境与创造力之间的关系，为完成此研究，本书分别探讨团队中的目标导向与个体层次的目标导向以及在群体多元化的工作环境下个体创造力的产生机制。现有的研究基本集中在个体层面目标导向与个体创造力的影响，对团队层面目标导向涉及甚少，更没有将两个层面进行共同的研究。本书整合了目标导向理论、动机性信息理论，认为团队目标导向可以通过团队信息交换影响个体创造力，而个体信息细化在个体目标导向与个体创造力的关系中起到了中介作用，同时根据特质活化理论进一步提出团队目标导向可以调节个体目标导向与个体信息细化之间的关系，从而进一步来影响个体创造力，随后本书通过问卷调查和相关统计分析方法对所提出的 15 个假设进行分析和检验，数据支持了本书提出的大部分理论假设，具体检验结果如表 4-10 所示，因此本书将结合数据检验结果来进行深入的分析和讨论。

一、团队目标导向对个体创造力的跨层影响

团队层面目标导向对个体创造力的跨层影响主要从三个维度予以考察，分别是团队学习目标导向对个体创造力的跨层影响、团队绩效趋近目标导向对个体创

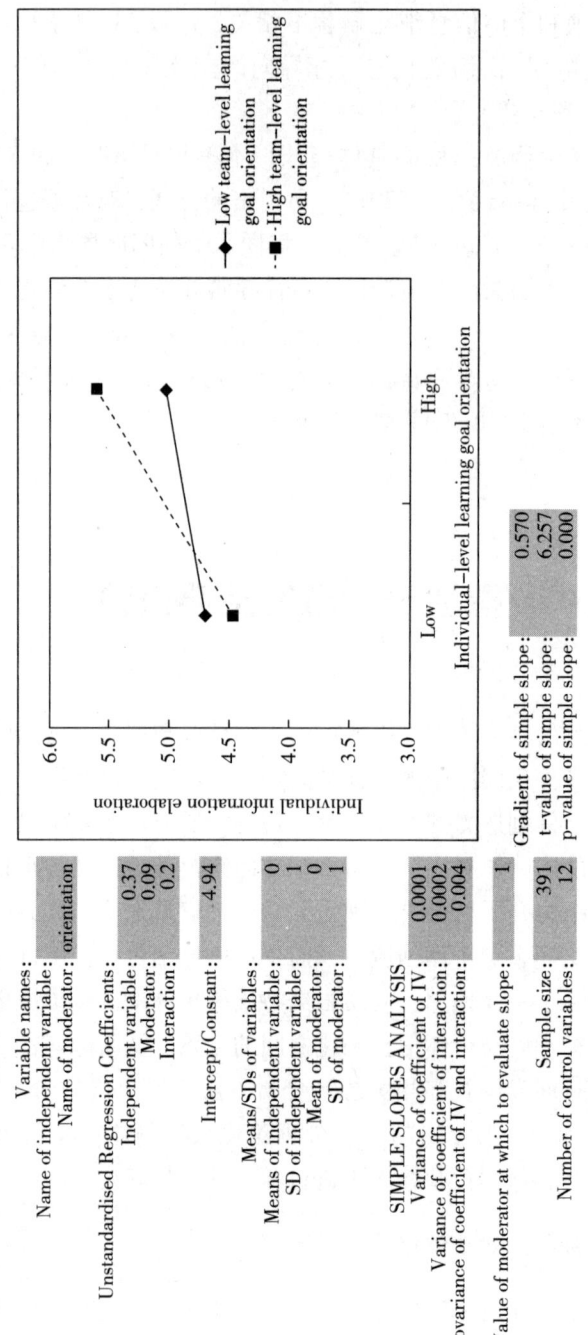

图4-2 个体层次学习目标导向与团队层次学习目标导向交互作用项图解

第四章 目标导向对个体创造力跨层影响的理论模型验证

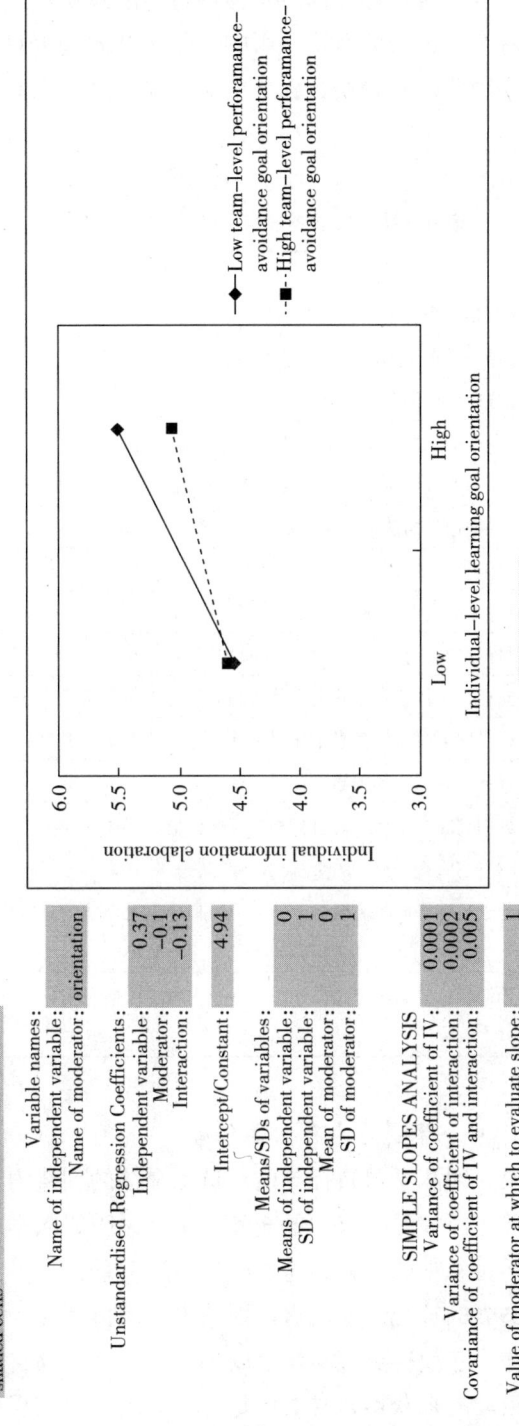

图4-3 个体层次学习目标导向与团队层次绩效趋避目标导向交互作用项图解

团队目标导向与个体目标导向对个体创造力的影响研究

造力的跨层影响、团队绩效趋避目标导向对个体创造力的跨层影响。研究结果表明，团队学习目标导向对个体创造力有重要影响、团队绩效趋近目标导向对个体创造力有显著正向影响、团队绩效趋避目标导向对个体创造力没有显著影响，下面予以详细讨论。

表 4-10 假设检验结果汇总

假设描述	检验结果
假设1：团队层次学习目标导向会正向影响个体创造力	支持
假设2：团队层次绩效趋近目标导向会正向影响个体创造力	支持
假设3：团队层次绩效趋避目标导向会负向影响个体创造力	未支持
假设4：团队层次学习目标导向通过团队信息交换对个体创造力产生正向影响	支持
假设5：团队层次绩效趋近目标导向通过团队信息交换对个体创造力产生正向影响	未支持
假设6：团队层次绩效趋避目标导向通过团队信息交换对个体创造力产生负向影响	支持
假设7：个体层次的学习目标导向会对个体创造力产生正向影响	支持
假设8：个体层次的绩效趋近目标导向会对个体创造力产生正向影响	未支持
假设9：个体层次的绩效趋避目标导向会对个体创造力产生负向影响	未支持
假设10：个体层次学习目标导向通过个体信息细化对个体创造力产生正向影响	支持
假设11：个体层次绩效趋近目标导向通过个体信息细化对个体创造力产生正向影响	未支持
假设12：个体层次绩效趋避目标导向通过个体信息细化对个体创造力产生负向影	未支持
假设13：当团队层次学习目标导向高时，个体学习目标导向与个体信息细化之间的正向关系更强烈	支持
假设14：只有当团队层次绩效趋近目标导向较高时，个体学习目标导向对个体信息细化活动有正向影响	未支持
假设15：只有当团队层次绩效趋避目标较高时，个体学习目标导向对工作信息细化活动有负向影响	支持

1. 团队学习目标导向对个体创造力有重要影响

根据本书实证的结果，团队学习目标导向对员工个体的创造力有积极且显著的影响，这个结果对当前的研究是个有力补充和证明，说明团队学习目标导向是影响个体创造力的一个不可忽视的因素，这点既是与现有理论相一致的结果，同时又对现有理论进行了适当的补充。形成这一因果关系的机理在于学习目标导向通过团队层次作用于个体，它使得员工整体上处于一个努力提高自身的环境氛围中，使得员工个体有积极动能来获得自身的成长，积极地吸收知识和经验，并最

第四章　目标导向对个体创造力跨层影响的理论模型验证

终形成技术，这个过程会强化员工的自我心理预期，形成高度的自信，最终会提高员工的创造性。团队层次的学习目标导向还会促使员工对自身产生清晰的自省，团队层次的学习目标导向会促使员工积极面对困难，而不是消极地放弃，因此会在总体上产生解决问题的新思路与新方法，最终提高了个体的创造力。

2. 团队绩效趋近目标导向对个体创造力有显著正向影响

本书研究结果表明，团队绩效趋近目标导向会积极地影响个体创造力。团队绩效趋近目标导向更多的是因为个体的目标主要在自身生活水平的提高和能力的提升两个方面（郭婧，2015），当个体想要改善自身生活品质时，就会设定一个工作表现的目标，这个目标就是绩效趋近目标。但是每个个体的目标往往是不同的，且从总体上来说，不同且混乱的个体目标有可能互相抵消，最终导致组织的创新和绩效受到影响。因此，在团队层次建立绩效趋近目标是有其现实意义的，它对个体绩效趋近目标的影响可能也是积极的，因为如果团队层次的绩效趋近目标对个体影响非常有效，那就会自然而然地促使员工层次绩效趋近目标趋向一致，聚合为一个方向，最终会促进组织创新并提升个体创造力。从企业或组织的角度来说，设立一个团队层次的绩效趋近目标是有效的管理行为，它可以有效地提升员工的创造力，甚至对员工的个体绩效趋近目标产生足够的影响，这也是本书研究的一个重要的实践指导意义。

3. 团队绩效趋避目标导向对个体创造力没有显著影响

实证结果表明，团队绩效趋避目标导向对个体创造力没有影响。这一结论不能孤立地看待，而应与上一个结论一起考量，如上文所述，绩效趋近目标导向会对个体创造力产生积极的影响，而团队层次绩效趋避目标导向则对个体创造力没有显著影响，这说明团队层次绩效趋避目标导向可能不会使得个体创造力下降，即绩效趋避可能不会抑制员工的工作积极性。因此，对整体组织的创造力提升可能是无害的，相反绩效趋近目标导向则会很好地调动组织员工的积极性，有利于组织长期的发展。

二、个体目标导向对个体创造力的直接影响

个体层面目标导向对个体创造力的直接影响亦从三个维度予以考察，分别是个体学习目标导向对个体创造力的影响、个体绩效趋近目标导向对个体创造力的影响、个体绩效趋避目标导向对个体创造力的影响。研究结果表明，个体学习目标导向对个体创造力有显著正向影响，个体绩效趋近目标导向、绩效趋避目标导向对个体创造力的影响不显著，下面予以详细讨论。

团队目标导向与个体目标导向对个体创造力的影响研究

1. 个体学习目标导向对个体创造力的显著影响

个人具有较强的学习目标导向将更能受到内在激励而从同事间获取知识,以供给创造力的机会(DeDreu et al.,2000),在这一过程中,我们认为个体学习目标导向起到了关键的作用,具有学习目标导向的个体因为对成果绩效的强烈追求,员工会主动寻求可以提高工作绩效的方式与途径,积极主动地对当前所掌握的信息进行分析筛选整合,以期提升绩效的可能性。在不断地学习过程中,个体的能力和技能得以不断提升,最终致使个体创造力发生质的飞跃。

2. 个体绩效趋近、绩效趋避目标导向对个体创造力没有显著影响

本书研究表明,个体绩效趋近目标和绩效趋避目标对个体创造力没有显著影响,是因为个体创造力提升的动机可能是来自人们对于知识和信息的渴求,而对绩效的追求并没有在心理层次上形成人们对知识和信息的渴求,它仅仅是激发了人们对于物质结果的渴求,因此在心理层次的动机上,这两个目标导向没有很好地激发人们的求知欲,所以也就无法对创造力产生积极显著的影响。

三、个体信息细化和团队信息交换的中介作用

1. 信息细化的中介作用

(1) 个体信息细化对个体创造力的影响。

个体信息细化对个体创造力有显著的正向影响。当员工获得一项重要的信息时,他们的第一个反应就是对这些信息进行细化,并对其描述的事件可能产生的各种影响进行推测,尤其是对可能让自己受到影响的信息,他们的关注度和细化程度会更高。同时这一过程还会激发信息交换,因为当人们的疑问更多时,就会激起人们的好奇心,在好奇心的驱动下,员工会更加积极地去获取信息,在这个过程中,信息的量级迅速扩大,进而产生很多无法预测的变动,这些变化会导致每一个接触信息的员工都会有不同的思考,这又进一步促进了信息细化。整个过程不断反复,直到达到员工对现有信息的理解边界。当员工开始努力思考,想要超越边界时,个体的创造力就获得了释放和爆发。

(2) 信息细化的中介作用。

由于信息细化对企业或组织的创新行为有重要且积极的影响,因此本书重点研究信息细化在目标导向和个体创造力之间的中介作用,实证研究验证了相关假设。说明信息细化能够提高个体创造力,并促使组织由以个体决策为主转向团队决策为主,由于信息的充分共享与细化,使得领导层和核心员工对组织的情况有充分的认识,当大家有一个合适的环境来充分表达自己的新想法时,个体创造力

第四章 目标导向对个体创造力跨层影响的理论模型验证

就产生了。个体创造力的提升也会进一步促进组织创造力的提升,组织创造力的发展又促进了企业整体创新的发展,而创新是对决策质量的一个重要影响因素,所以信息细化对个体创造力提升的同时也提升了企业或组织的绩效。因此,经过本书的研究,可以确认个体目标导向对信息细化有很好的增强作用,同时信息细化又进一步影响了个体创造力,因此我们也发现了个体目标导向对个体创造力的影响机制。

2. 团队信息交换的中介作用

(1) 团队目标导向和团队信息交换的关系。

团队目标导向对团队信息交换有积极的促进作用,是因为团队信息交换应被视为一个分享知识、信息、想法和认知资源的信息过程,而这个过程的最终目的是实现目标。目标的选择和目标投入对团队动机的形成有基础性的影响,当员工们想要完成和实现目标时,他们就会自然地进行信息交换和沟通。这些行为对实现团队目标是有积极作用的,同时共同的目标会影响集体向目标努力的行为,如交流、沟通和交换有无。由于创造力本身是对信息处理的一种特殊方式,是将旧的信息进行整合,然后寻找到信息中没有开发的部分,创造出新的信息和新的想法。所以,创造力本身是需要大量信息和知识的,因此团队目标导向就会通过激励团队信息交换对创造力有促进作用。

(2) 团队信息交换的中介作用。

研究表明,团队学习目标导向通过团队信息交换对个体创造力产生正向影响。团队信息交换和知识有密切的关系,由于知识的整合、分享对创造力有重要的影响,因此团队信息交换在个体创造力中自然会起到积极的作用。假设6团队层次绩效趋避目标导向通过团队信息交换对个体创造力产生负向影响也得到验证,当我们将团队的目标作为共享目标,此时所有个体各自的目标都会发生变化,共享目标之前,每个体都有各自不同的目标,有各自不同的想法,而团队目标作为总体目标进行充分共享之后就会导致每个个体的各自目标出现了趋同。这最终导致每个个体都无法突破现有的框架进行创造性的思考,自然也就无法提升个体创造力或形成组织的创造力;研究亦表明,团队层次的绩效趋近目标导向对个体创造力的关系影响显著,但加入团队信息交换作为中介变量后的影响不显著。这是因为团队目标趋近导向虽然能激发员工在心理上产生对信息的渴求,形成追求创造力的目标,但可能不会激发员工和团队对物质激励的反应。此时,可能每个人所追求的是自身创造力的提升,而不再重视来自团队内部成员的信息,环境中可能存在其他的制约性因素,比如团队成员之间竞争力的存在,导致成员之间不愿过多地交流，以避免自身信息的暴露，降低自己可能获得优势的可能性，而每个人仅仅都在追求自己创造能力的提升。

四、团队目标导向在跨层模型中的调节作用

团队目标导向在跨层模型中的调节作用分别从三个维度展开，研究结果表明团队学习目标导向对个体层次学习目标导向和个体信息细化关系存在显著调节作用，团队学习目标导向较高时，对个体层次学习目标导向和个体信息细化关系存在显著正向调节作用；团队绩效趋避目标导向较高时，对个体层次学习目标导向和个体信息细化关系存在显著调节作用；团队绩效趋近目标导向较高时，对个体层次学习目标导向和个体信息细化关系不存在显著调节作用，下面予以详细讨论。

1. 团队学习目标导向较高时，对个体层次学习目标导向和个体信息细化关系存在显著正向调节作用

实证研究结果表明，当团队学习目标导向水平较高时，个体层次学习目标导向对工作信息细化的关系会更强。经过本书的实证，我们可以确认在学习目标导向和工作信息细化之间的关系中，外部情境十分重要，尤其是团队层次学习目标情境对这一关系的影响尤其大。当团队学习目标导向水平高时，下属个体层次的学习目标导向与工作信息细化之间的关系会表现出更高水平的相关性。我们知道，工作情境对个体创造力有重要影响，它是个体创造力的重要激发条件，而情境为什么会对个体创造力有如此大的影响呢？这是因为团队的动态性或者情境会限制个体的学习目标导向，进而又会影响个体创造力的产生（Hirst et al., 2009）。个体的目标导向是有显著差异的，这种差异对结果的影响是权变的而非固定效应，所以会受到很多不同因素的调节。团队层次目标导向会对员工学习目标导向和信息处理上产生影响，这又进一步对个体创造力产生影响。

2. 团队绩效趋避目标导向较高时，对个体学习目标导向和个体信息细化关系存在显著调节作用

当团队层次绩效趋避目标较高时，个体学习目标导向对工作信息细化活动有负向影响，即团队层次绩效趋避目标较低时，个体学习目标导向对工作信息细化活动有正向影响。与团队学习目标导向不同的是当团队以绩效趋避作为目标导向时，员工会减少探索与学习，此时员工的心理安全与学习的链接会大幅下降。此时员工更关注如何去避免负面的评价，所以员工与同事的沟通会下降，同事间的信息交流下降，进而产生较少的系统性信息处理。团队层次的绩效趋避会抑制整

个团体的学习过程,大家发现周围的人都不太关注信息处理,则会形成一种普遍的厌学环境,这会进一步抑制大家的学习投入,并形成普遍认识,认为不需要学习。在此情境中,学习目标导向的员工会被逆向选择,他们也就不会对于系统性信息进行更高的投入,并用这些信息来处理工作上的挑战。

3. 团队绩效趋近目标导向较高时,对个体学习目标导向和个体信息细化关系不存在显著调节作用

经过本书的研究,当团队层次绩效趋近目标较高时,个体学习目标导向对工作信息细化活动并没有出现显著的正向影响。这可能是由于在学习目标导向和工作信息细化的相互关系中,员工并没有通过与绩效目标有关的机制进行。由于这一影响的结果为不显著,所以本书将不再大篇幅地讨论这一关系。

本章小结

本章在第三章目标导向对个体创造力跨层影响理论模型构建、理论分析、研究假设提出的基础上展开实证研究。首先确定了研究方法,其次对模型信度和效度展开分析,再次对模型进行聚合检验和假设检验,最后对研究结果展开详尽的分析讨论。本章为第五章提供重要理论支撑,也是第六章的重要理论和方法依托。

本章主要研究工作和结论:

(1) 确定研究方法。

首先,遵循"合理性原则、一般性原则、逻辑性原则、明确性原则以及非诱导性原则"设计了调查问卷;其次,选择吉林、北京和广东三个地区的通信、电子、汽车、信息科技与生技等创新型企业作为调研对象;再次,在国外成熟量表基础上设计了本书所采用的量表;最后,在 2017 年 6 月至 10 月向 8 个中国企业中的 59 个团队发放了 391 份问卷进行调研,最终采用 340 份有效问卷作为最终样本数据。

(2) 模型信度和效度分析。

在对样本数据进行了统计性描述的基础上,首先运用 Cronbach's α 值的大小来检验研究所使用问卷的信度,研究结果表明个体层次的目标导向、个体信息细化、个体创造力、团队层次的目标导向、团队信息交换的信度系数都超过了

0.8，此测量样本的信度较好。其次，从观测变量的因子载荷值进行了聚合效度分析，运用 AMOS 17.0 对本书的研究变量进行结构效度和区分效度分析。研究结果表明，本书设计的 9 个变量聚合效度在可接受标准范围内，同时数据与模型之间的拟合效果较好。

（3）模型聚合检验及假设检验。

首先，为验证个体层次的测量能够整合到团队层次上，并代表某一团队层次变量，本书基于 R_{wg} 公式和 ICC 指标对模型进行聚合检验，结果表明，在个体层次所获得的数据可以加总平均来获得团队层次的数据，同时团队个体对团队层次的目标导向、团队信息交换这两个变量的评价也可以聚合到团队层次；其次，针对本书提出的理论模型使用 SPSS 19.0 和 HLM 6.08 工具展开假设检验，研究结果表明，第三章所提出的 H1、H2、H4、H6、H7、H10、H13、H15 八个假设获得支持，而 H3、H5、H8、H9、H11、H12、H14 七个假设未获得支持。

（4）研究结果讨论。

针对上述实证研究结果，本书对各要素间的影响、关系和作用，以及未获支持的假设原因展开了细致的讨论。首先，针对团队目标导向对个体创造力的跨层影响进行了分析，并指出团队学习目标导向、绩效趋近目标导向对个体创造力提升的重要影响。其次，展开个体目标导向对个体创造力直接影响分析，本书认为个体学习目标导向对个体创造力提升发挥关键作用，个体通过不断地学习，使得个体能力和技能得以不断提升，最终促使个体创造力发生质的飞跃。再次，对个体信息细化和团队信息交换的中介作用进行讨论。分析了个体信息细化对个体创造力有显著影响的原因，讨论了个体信息细化在个体目标导向和个体创造力关系中发挥重要中介作用的机理。从团队目标导向对团队信息交换的积极作用角度展开分析，剖析了团队信息交换在团队目标导向和个体创造力关系中的中介作用机理。最后，对团队目标导向在跨层模型中的调节作用进行讨论，分析了团队学习目标导向、绩效趋避目标导向在个体学习目标导向和个体信息细化关系中存在显著调节作用的原因。

第五章 目标导向对个体创造力的动态影响研究

本书第三、四章聚焦于目标导向对个体创造力的跨层影响进行实证研究,并取得了一系列有价值的研究结论。但团队目标导向、个体目标导向的变化对个体创造力产生怎样的影响?个体信息细化、团队信息交换水平的变化又是如何影响个体创造力的?团队目标导向变化能在多大程度上调节个体目标导向和个体信息细化的关系?随着时间的推移,目标导向、个体信息细化、团队信息交换能一直促进个体创造力的提升吗?针对上述问题,本章拟基于传染病理论和动机性信息处理理论通过建模的方式展开仿真研究。

第一节 建模依据及思想

一、基于系统动力学理论的传染病建模依据

本书在第二章对基于系统动力学理论的传染病理论进行了介绍,除了其中重点阐述的 SIR 模型外,还有 SEIR 模型和 SIVR 模型。SEIR 模型将系统成员划分为四类,分别是易感者、潜伏者、感染者和免疫者;而 SIVR 则将个体划分为易感者、感染者、变异者和免疫者。其中,易感者是指在疾病流行区域可能接触到病毒的易感病菌而患病的人群,潜伏者是接触到了感染媒介而可能患病的个体,变异者则是指被变异性病毒感染的个体,感染者是指感染了病毒而患病的个体,免疫者则是指自身形成抗体而产生免疫力并在一定时间内不会再次患病的个体。

上述模型均假定系统成员不存在重复感染,即个体获得免疫力后,在一定时

间内不会被同一病毒感染而再次患病。在传染病基础模型中,传染率使用的是双线性或标准接触率(接触率是指当健康个体和患病者接触后,会感染疾病的概率)。双线性接触率同系统总人数正相关,标准接触率则固定为不可变的常数。同时,假设系统成员的出生率和死亡率相同,然而这个假定实际上和现实不符。因此,也有学者对此进行改进,提出更多的基于传染病模型的衍生模型(孙有发,2010)。衍生模型的思想一般为假定系统成员是不断变化的,易感者可能接触到病菌而以一定概率成为感染者,也可能接触到染病媒介而成为潜伏者,当然也存在接触到病毒而产生抗体直接成为免疫者的可能。

二、基于疾病传播和个体创造力理论的建模思想

传染病模型是典型的微观扩散模型,部分学者将其应用于商业模式扩散机制研究、技术扩散研究、企业集团内部信用风险传染研究、技术创新扩散吸收研究等,在管理学领域产生了很多有价值的研究成果(张发,2011;陈波,2011;王晓红,2014;陈力田,2014;胡绪华,2015;王砚羽,2015;徐德刚,2015;张军,2015)。结合本书第三、四章的论述和取得的研究成果,结合目标导向对个体创造力的动态影响演化过程,本书认为,目标导向、信息细化、信息交换对个体创造力的动态影响同传染病传播过程有诸多相似之处:

(1)存在"求知动机病原体"。

基于个体创造力理论和动机性信息处理理论,个体创造力的改变源于现存材料或知识的重新整合,而个体求知动机则是使个体具有潜在的个体创造力状态改变的"病原体",其扩散主要源自受目标导向的影响而做出的信息细化或信息交换行为。

(2)存在"传染性"。

当个体知识不断得到提升,则会产生新的创新思想,而这种能够体现个体创造力水平的创新思想易被现代企业个体理解和接受,具有一定传染性。传染性受三个因素影响:一是个体或团队的目标导向,如学习目标导向、绩效趋近目标导向、绩效趋避目标导向;二是团队信息交换,如团队成员间书面、语音、电子数据等多种形式的信息传播和知识的共享;三是个体信息细化,如信息细化过程、信息细化机制、信息细化水平等。

(3)存在"潜伏性"。

虽然信息细化影响着个体创造力,在个体目标导向和个体创造力之间发挥着中介作用,但信息细化是超越信息共享和知识共享的层次,在信息传递和交流基础之上更深入的信息挖掘、处理、加工和整合过程中,实质是在信息细化作用下,求知动机病原体感染性不断增强并提高致病能力但不足以发生疾病感染的过程。

(4) 存在"变异性"。

研究结论指出,信息交换在团队信息细化和个体创造力关系中起中介作用,而个体创造力主要强调的是个人层面,团队信息交换则是存在于团队层面,这种跨层面的影响则不同于个体层面的"求知动机病原体",其类比于传染病理论中的变异性病毒,即信息交换过程实质是"求知动机病原体"发生变异而增强感染性并提高治病能力但不足以致病的过程。

(5) 存在"免疫性"。

传染病模型存在不受病毒影响或具有抗体的免疫性个体。实际上,在个体创造力提升过程中,即便个体学习目标导向很强,团队学习目标导向对个体信息细化过程影响很大,个体信息细化水平很高,团队信息交换更深入、频繁,但必然存在部分创造力没有得到提升的个体,即最终会被团队淘汰的成员。同时,免疫性不仅仅存在于个体创造力没有发生改变的个体,随着时代的进步、技术的发展及企业竞争态势的加剧,仍然有部分个体虽然个体创造力得到提升,但终究落后于团队平均水平,不能实现不断创新的需要而最终被团队淘汰,成为免疫者。但需要指出的是,实际上免疫性并不是永恒不变的,随着现代组织环境、个体状态的变化,个体终归会处于免疫失效状态而再次被感染。

第二节 模型构建

在上述几章研究结论的基础上,结合建模依据、建模思想,本章在基于系统动力学方法的传染病模型基础上进行改进(许光清,2006),首先构建个体创造力动态影响基础模型,此模型仅仅考虑个体目标导向、个体信息细化、个体创造力三者之间或团队目标导向、团队信息交换、个体创造力三者之间的关系,但基础模型不足以解决本书考虑个体目标导向、团队目标导向两个层面,以及团队目标导向对个体目标导向和个体信息细化关系的调节作用,所形成的个体创造力复杂系统的动态问题。因此,进一步在个体创造力动态影响的基础模型之上,构建多目标导向的个体创造力动态影响衍生模型。

团队目标导向与个体目标导向对个体创造力的影响研究

一、模型假设

基于上文论述并结合本书研究成果,在国内外学者相关研究的基础上,聚焦本章研究主题,提出了基础模型和衍生模型假设研究条件。

1. 基础模型研究假设

(1) 所有个体状态同步更新。
(2) 新增个体比率固定为常数,且全部为易感者。
(3) 一定时间内,所有个体持有多重目标导向,且保持稳定。
(4) 个体创造力网络为无标度无向网络。
(5) 所有个体均不存在重复感染性。
(6) 所有个体为单一种群成员。
(7) 初始状态存在一定数量的易感者和潜伏者。

2. 衍生模型研究假设

(1) 所有个体(团队)状态同步更新。
(2) 新增个体(团队)比率固定为常数,且全部为易感者。
(3) 一定时间内,所有个体(团队)持有多重目标导向,且保持稳定。
(4) 不存在同时做出信息细化和信息交换行为的个体。
(5) 个体创造力网络为无标度无向网络。
(6) 所有个体(团队)均不存在重复感染性。
(7) 系统成员归属于多个种群。
(8) 初始状态存在一定数量的易感者和感染者。
(9) 不同种群成员初始数量相同。
(10) 不同种群的免疫率、潜伏—感染率或变异—感染率一致。

二、动态影响模型构建

1. 个体创造力动态影响基础模型

依据传染病 SIR 的命名规则(张发,2011),目标导向对个体创造力的动态影响基础模型(Goal-Susceptible-Exposed-Infective-Removal)命名 G-SEIR,在 G-SEIR 基础模型中,将创造力系统成员分为四类,S、E、I、R 分别代表易感者、潜伏者、感染者和免疫者,成员在 t 时刻的状态分别用 S、E、I、R 表示。S 表示易感者占创造力系统成员总数 Q 的比率,E 表示潜伏者占创造力系统成员总数的比率,I 表示感染者占创造力系统成员总数的比率,R 表示免疫者占创造

第五章 目标导向对个体创造力的动态影响研究

力系统成员总数的比率，满足归一化条件 S（t）+ E（t）+ I（t）+ R（t）= 1。G-SEIR 微分方程如式（5-1）所示，各类成员的转化关系如图 5-1 所示，主要参数及释义如表 5-1 所示。

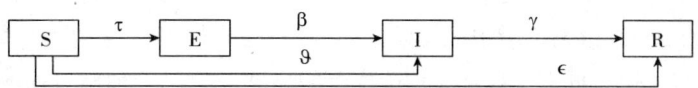

图 5-1 G-SEIR 基础模型成员转化关系

$$\begin{cases} \dfrac{dS}{dt} = \forall - g^{es}\tau ES - g^{is}\vartheta IS - \lambda S - g^{rs}\in RS \\ \dfrac{dE}{dt} = g^{es}\tau ES - \beta E - \lambda E \\ \dfrac{dI}{dt} = g^{is}\vartheta IS + \beta E - \gamma I - \lambda I \\ \dfrac{dR}{dt} = g^{rs}\in RS + \gamma I - \lambda R \end{cases} \quad (5-1)$$

表 5-1 G-SEIR 基础模型主要参数

参数	参数定义	解释
τ	潜伏率	个体层面或团队层面易感者做出信息交换或信息细化行为转化为潜伏者的比率，$\tau \in [0, 1]$
ϑ	直接感染率	主体直接转化为感染者发生个体创造力水平改变的比率，$\vartheta \in [0, 1]$
$\in$	直接免疫率	主体直接退出系统，个体创造力未发生任何变化的比率，$\in \in [0, 1]$
β	感染率	个体层面或团队层面潜伏者在信息交换或信息细化行为影响下，转化成为感染者，个体创造力水平发生改变的比率，$\beta \in [0, 1]$
γ	免疫率	感染者转化为免疫者，即个体创造力发生改变后，退出系统，个体创造力不再发生变化的比率，$\gamma \in [0, 1]$
g	目标导向系数	不同目标导向对状态转化率的影响系数，$g \in [0, 1]$
S	易感者	个体创造力可能发生改变的初始主体
E	潜伏者	在信息交换或信息细化行为作用下可能发生个体创造力改变的主体
I	感染者	在信息交换和信息细化行为影响下发生个体创造力改变的主体
R	免疫者	退出系统，不再被当前目标导向影响而发生个体创造力变化的主体
$\forall$	新增个体比率	新增主体占系统成员比率，$\forall \in [0, 1]$
λ	自然退出率	主体自然退出系统的比率（个体自然死亡），$\lambda \in [0, 1]$

2. 多目标导向的个体创造力动态影响衍生模型

在 G-SEIR 模型的基础上，本书为解决更为复杂的系统问题，提出多目标导向的个体创造力动态影响衍生模型（MultiGoal-Susceptible-Exposed-Variation-Infective-Removal）命名为 MG-SEVIR，MG-SEVIR 同 G-SEIR 的主要区别在于 MG-SEVIR 模型考虑了团队目标导向在个体目标导向和个体信息细化关系中的调节作用。同时，G-SEVIR 模型的易感者为单一种群，而 MG-SEVIR 模型的易感者为多种群，即综合考虑了团队和个体两个层面目标导向对个体创造力的影响。

在 MG-SEVIR 基础模型中，将个体划分为 K 个种群（$k = 1, 2, \cdots, n$），将创造力系统成员分为五类，S_K、E_K、V_K、I_K、R_K 分别代表 K 种群易感者、潜伏者、变异者、感染者和免疫者，K 种群成员在 t 时刻的状态分别用 S_K、E_K、V_K、I_K、R_K 表示。S_K 表示 K 种群易感者占创造力系统成员总数 Q 的比率，E_K 表示 K 种群潜伏者占创造力系统成员总数的比率，V_K 表示 K 种群变异者占创造力系统成员总数的比率，I_K 表示 K 种群感染者占创造力系统成员总数的比率，R_K 表示 K 种群免疫者占创造力系统成员总数的比率，满足归一化条件 $\sum_{K=1}^{n}[S_k(t) + E_k(t) + V_k(t) + I_k(t) + R_k(t)] = 1$，G-SEVIR 模型微分方程如式（5-2）所示。

$$\begin{cases} \dfrac{\mathrm{d}S_k}{\mathrm{d}t} = \forall - g_k^{es}\sum_{j=1}^{n}\theta_{kj}\varepsilon_{kj}E_jS_k - g_k^{is}\sum_{j=1}^{n}\vartheta_{kj}I_jS_k - g_k^{vs}\sum_{j=1}^{n}\sigma_{kj}V_jS_k - \lambda S_k - g_k^{rs}\sum_{j=1}^{n}\in_{kj}R_kS_k \\ \dfrac{\mathrm{d}E_k}{\mathrm{d}t} = g_k^{es}\sum_{j=1}^{n}\theta_{kj}\varepsilon_{kj}E_jS_k - \beta E_k - \lambda E_k \\ \dfrac{\mathrm{d}I_k}{\mathrm{d}t} = g_k^{is}\sum_{j=1}^{n}\vartheta_{kj}I_jS_k + \beta E_k + \alpha V_k - \gamma I_k - \lambda I_k \\ \dfrac{\mathrm{d}V_k}{\mathrm{d}t} = g_k^{vs}\sum_{j=1}^{n}\sigma_{kj}V_jS_k - \alpha V_k - \lambda V_k \\ \dfrac{\mathrm{d}R_k}{\mathrm{d}t} = g_k^{rs}\sum_{j=1}^{n}\in_{kj}R_kS_k + \gamma I_k - \lambda R_k \end{cases} \quad (5-2)$$

其中 K=2，种群易感者满足如下条件：1 个种群转化为变异者、1 个种群转化为潜伏者、2 个种群转化为感染者或免疫者、种群间具有调节作用，MG-SEVIR 模型成员转化关系示意图如图 5-2 所示，主要参数及释义如表 5-2 所示。

第五章 目标导向对个体创造力的动态影响研究

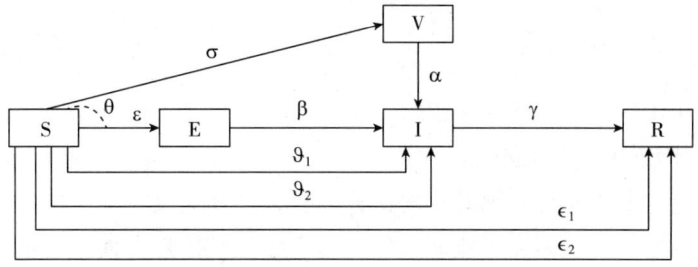

图 5-2　MG-SEVIR 衍生模型成员转化示意图（K=2）

表 5-2　MG-SEVIR 衍生模型主要参数

参数	参数定义	解释
ε	潜伏率	主体做出信息细化行为并在团队目标导向调节作用下转化为潜伏者的比率，$\varepsilon \in [0,1]$
θ	调节系数	团队目标导向对潜伏率的调节系数，$\theta \in [0, 1/\varepsilon]$
ϑ	直接感染率	主体直接转化为感染者发生个体创造力水平改变的比率，$\vartheta \in [0,1]$
ϵ	直接免疫率	主体直接退出系统，个体创造力未发生任何变化的比率，$\epsilon \in [0,1]$
β	潜伏—感染率	主体在信息细化行为影响下，转化成为感染者，个体创造力水平发生改变的比率，$\beta \in [0,1]$
γ	免疫率	感染者转化为免疫者，即个体创造力发生改变后，退出系统，个体创造力不再发生变化的比率，$\varepsilon\gamma [0,1]$
σ	变异率	团队层面个体做出信息交换行为转化为变异者的比率，$\sigma \in [0,1]$
α	变异—感染率	团队层面个体在信息交换行为影响下，转化成为感染者，个体创造力水平发生改变的比率，$\alpha \in [0,1]$
g	目标导向影响系数	不同目标导向对状态转化率的影响系数，$g \in [0,1]$
S	易感者	个体创造力可能发生改变的初始主体
E	潜伏者	在信息细化行为作用下的可能发生个体创造力改变的主体
V	变异者	在信息交换行为作用下的可能发生个体创造力改变的主体
I	感染者	在信息交换和信息细化行为影响下发生个体创造力改变的主体
R	免疫者	退出系统，不再被当前目标导向影响而发生个体创造力变化的主体
$\forall$	新增个体比率	新增个体占系统成员比率，$\forall \in [0,1]$
λ	自然退出率	主体自然退出系统的比率（个体自然死亡），$\lambda \in [0,1]$

三、主体状态转化规则

1. G‑SEIR 模型主体转化规则

(1) 个体创造力主体规则。

个体创造力主体包括易感者、潜伏者、感染者和免疫者。个体创造力易感者为具有多目标导向的主体，可能通过做出信息细化或信息交换行为而接触到求知动机病原体的初始个体；个体创造力潜伏者界定为在目标导向作用下，做出信息细化或信息交换行为而接触到求知动机病原体，但尚未致病，即尚未发生个体创造力状态改变的个体；个体创造力感染者则是在目标导向、信息细化、信息交换复合作用下，受求知动机病原体感染而致病，即发生个体创造力状态改变的个体；免疫者的特点则是无论其接触过或未接触过求知动机病原体，无论其个体创造力在过去是否发生改变，在未来一定时间内，这部分个体因具有对当前求知动机病原体的免疫力而不发生个体创造力改变。

(2) 多目标导向规则。

个体创造力主体具有多目标导向性，即学习目标导向、绩效趋近目标导向和绩效趋避目标导向，目标导向性在个体创造力状态转化过程中保持相对稳定性，目标导向影响状态转化概率。

(3) 主体行为规则。

具有多目标导向性的主体，在受求知性动机驱动下，会做出信息细化或信息交换行为，即某主体不会同时做出信息细化和信息交换行为，信息细化和信息交换行为不会复合作用于主体而发生个体创造力状态改变。

(4) 状态转化规则。

在多目标导向作用下，易感者能够以一定概率接触到求知动机病原体而成为潜伏者。随着时间的推移，潜伏者最终一定会以一定概率成为感染者。感染者也会以一定概率成为免疫者而不再发生个体创造力状态改变。易感者也可能因其自身带有求知动机病原体而以一定概率直接成为感染者（遗传性疾病），当然也可能因其具有天生的免疫力而以一定概率直接成为免疫者。

2. MG‑SEVIR 模型中主体状态转化规则

(1) 个体创造力主体规则。

个体创造力主体包括易感者、潜伏者、变异者、感染者和免疫者。个体创造力主体可归属于多个种群（必须至少具有一个核心种群），即主体可能归属于个体层面，也可能归属于团队层面，个体层面为核心种群。个体创造力易感者为具有多目标导向的个体（或团队层个体），可能通过做出信息细化或信息交换行为而接触到求知动机病原体的初始主体；个体创造力潜伏者界定为在目标导向作用下，做出信息细化行为而接触到求知动机病原体，但尚未致病，即尚未发生个体创造力状态改变的个体；个体创造力变异者界定为在目标导向作用下，做出信息交换行为而接触到变异的求知动机病原体，但尚未致病，即尚未发生个体创造力状态改变的个体（团队层个体）；个体创造力感染者则是在目标导向、信息细化、信息交换复合作用及不同种群成员的跨层调节和影响下，受求知动机病原体感染而致病，即发生个体创造力状态改变的个体；免疫者是引起具有自身免疫力而在未来一定时间内不发生创造力改变的个体。

（2）多目标导向规则。

个体创造力主体具有多目标导向性，即无论是个体层面还是团队层主体，均具有学习目标导向、绩效趋近目标导向和绩效趋避目标导向，不同层面的目标导向权重可能相同，也可能不同。目标导向性在个体创造力状态转化过程中保持相对稳定性，目标导向影响状态转化概率。

（3）主体行为规则。

具有多目标导向性的主体，在求知性动机驱动下，会做出信息细化和信息交换行为（跨种群交叉、变异），即某主体会同时做出信息细化和信息交换行为，信息细化和信息交换行为会复合作用于主体而发生个体创造力状态改变。

（4）状态转化规则。

在多目标导向作用下，核心种群易感者（个体层面）能够以一定概率接触到求知动机病原体而成为潜伏者，同时其会受到跨种群个体的调节作用而影响其成为潜伏者的概率。非核心种群易感者（团队层面）以一定概率接触到求知动机性病原变异体而成为变异者。随着时间的推移，变异者和潜伏者最终一定会以一定概率成为感染者。感染者也会以一定概率成为免疫者而不再发生个体创造力状态改变。无论核心种群还是非核心种群的易感者均也可能因其自身带有求知动机病原体而以不同概率直接成为感染者（遗传性疾病），当然也可能因其具有天生的免疫力而以不同概率直接成为免疫者。

四、模型参数配置

G–SEIR、MG–SEVIR模型的多目标导向性主体状态转化主要变量及部分参数如表5–3所示，同时为针对性的基于本书研究成果展开仿真，下面基于个体层面（$k=1$）和团体层面（$k=2$）2个种群及本书第四章的研究结论进行模型

团队目标导向与个体目标导向对个体创造力的影响研究

参数配置。即便如此，亦不影响按照参数配置机理及算法，拓展到多种群层面的应用。

表 5-3 主体的多目标导向系数及部分参数

变量及参数	模型	解释
$L、P、A$	G-SEIR MG-SEVIR	分别表示学习目标导向权重、绩效趋近目标导向权重、绩效趋避目标导向权重，且满足 $L+P+A=1$
g^{es}	G-SEIR	个体或团队目标导向对潜伏率的影响系数
g^{is}	G-SEIR	个体或团队目标导向对直接感染率的影响系数
g^{rs}	G-SEIR	个体或团队目标导向对直接免疫率的影响系数
g_k^{es}	MG-SEVIR	某种群的个体及团队目标导向对潜伏率的影响系数
g_k^{is}	MG-SEVIR	某种群个体或团队目标导向对直接感染率的影响系数
g_k^{vs}	MG-SEVIR	某种群团队目标导向对变异率的影响系数
g_k^{rs}	MG-SEVIR	某种群个体或团队目标导向对直接免疫率的影响系数

1. 目标导向权重

我们分别用 $L、P、A$ 来表示个体/团队学习目标导向权重、绩效趋近目标导向权重、绩效趋避目标导向权重，学习目标导向权重 $L = \dfrac{\sum_{i=1}^{m} L_i}{n}$，其中 n 为个体/团队总数，m 为具有学习目标导向的个体/团队数量，绩效趋近、绩效趋避目标导向权重同理可得，最后将 $L、P、A$ 进行归一化处理。

2. 个体或团队目标导向对潜伏率的影响系数 g^{es}

(1) 个体目标导向对潜伏率的影响系数。

基于本书第四章研究结论，个体学习目标导向正向影响个体信息细化，而个体绩效趋近、绩效趋避目标导向对个体信息细化不产生影响，则 $g^{es} = L$。

(2) 团队目标导向对潜伏率的影响系数。

基于本书第四章研究结论，团队学习目标导向、绩效趋避目标导向对团队信息交换产生影响，而团队绩效趋近目标导向则未获得支持，则 $g^{es} = L + A$。

3. 个体或团队目标导向对直接感染率的影响系数 g^{is}

(1) 个体目标导向对直接感染率的影响系数。

个体学习目标导向正向影响个体创造力，而个体绩效趋近、绩效趋避目标导向和个体创造力的关系未获得支持，则 $g^{is} = L$。

第五章 目标导向对个体创造力的动态影响研究

（2）团队目标导向对直接感染率的影响系数。

基于本书第四章研究结论，团队学习目标导向、绩效趋近目标导向对个体创造力产生影响，而团队绩效趋避目标导向未获得支持，则 $g^{is} = L + P$。

4. 个体或团队目标导向对直接免疫率的影响系数 g^{rs}

（1）个体目标导向对直接免疫率的影响系数。

基于本书第四章研究结论，个体绩效趋近、绩效趋避目标导向和个体创造力的关系未获得支持，则 $g^{rs} = P + A$。

（2）团队目标导向对直接免疫率的影响系数。

基于本书第四章研究结论，团队绩效趋避目标导向和个体创造力的假设未获得支持，则 $g^{rs} = A$。

5. 某种群的个体及团队目标导向对潜伏率的影响系数 g_k^{es}

个体种群的个体目标导向对潜伏率的影响系数 g_1^{es}。基于本书第四章研究结论，个体学习目标导向正向影响个体信息细化，而个体绩效趋近、绩效趋避目标导向对个体信息细化不产生影响。同时，团队学习目标导向、绩效趋避目标导向在个体学习目标导向和信息细化关系中起调节作用，则调节作用系数 $\theta = 1 + L - A$（若 $\theta > 1/\varepsilon$，则令 $\theta = 1/\varepsilon$），那么，$g_1^{es} = L$，$g_2^{es} = 0$。

6. 某种群个体或团队目标导向对直接感染率的影响系数 g_k^{is}

个体学习目标导向正向影响个体创造力，同时团队学习目标导向、绩效趋近目标导向对个体创造力产生影响，则 $g_1^{is} = L$，$g_2^{is} = L + P$。

7. 某种群团队目标导向对变异率的影响系数 g_k^{vs}

个体目标导向和团队信息交换的关系尚不明确，在此假定 $g_1^{vs} = 0$。基于本书第四章研究结论，团队学习目标导向、绩效趋避目标导向和团队信息交换的假设成立，则 $g_2^{vs} = L + A$。

8. 某种群个体或团队目标导向对直接免疫率的影响系数 g_k^{rs}

基于本书第四章研究结论，个体绩效趋近、绩效趋避目标导向和个体创造力的关系未获得支持，团队绩效趋避目标导向和个体创造力的假设未获得支持，则 $g_1^{rs} = P + A$，$g_2^{rs} = A$。

第三节 模型平衡点和阈值

G – SEIR 是本书基础模型，而 MG – SEVIR 则是在 G – SEIR 模型之上的衍生模型，并且 MG–SEIR 模型的平衡点和阈值极为复杂，限于篇幅有限并鉴于 G–SEIR 相较 MG–SEVIR 模型平衡点和阈值的讨论更为重要，因此下面仅对 G–SEIR 模型平衡点和阈值进行分析。

在疾病传播中，模型再生数（阈值）R_0 反映了疾病终止还是流行的趋势，$R_0 > 1$ 则疾病流行，$R_0 \leq 1$ 则疾病传播逐渐终止，因此本书也用阈值 R_0 来衡量多目标导向影响下的个体创造力是逐渐终止还是持续深化。

将（5-1）方程组中各式相加，易得：$\frac{dN}{dt} = \forall - \lambda N(t)$，从而 $\lim\limits_{t \to \infty} N(t) = \frac{\forall}{\lambda}$，因此有界区域内 $D = \{(S, E, I, R) \mid 0 \leq S, E, I, R \leq 1, S(t) + E(t) + I(t) + R(t) \leq \frac{\forall}{\lambda}\}$。

当 E、I 都是 0 的情况下，个体创造力状态未发生变化，在此定义为模型零平衡点，显然式（5-1）存在 (0, 0, 0, 0, 0)，然而这种平衡点不具有现实意义，因此本书主要考虑内部非零边界点。个体创造力系统的平衡点 $P^* = (S^*, E^*, I^*, R^*)$ 满足如下方程组式（5-3）：

$$\begin{cases} \forall - g^{es}\tau ES - g^{is}\vartheta IS - \lambda S - g^{rs} \in RS = 0 \\ g^{es}\tau ES - \beta E - \lambda E = 0 \\ g^{is}\vartheta IS + \beta E - \gamma I - \lambda I = 0 \\ g^{rs} \in RS + \gamma I - \lambda R = 0 \end{cases} \quad (5-3)$$

经过计算，个体创造力系统内部总存在个体创造力状态未改变平衡点（无病平衡点）P_0：

$$P_0 = \left(\frac{\forall}{\lambda + g^{rs} \in}, 0, 0, \frac{g^{rs} \in \forall}{\lambda(\lambda + g^{rs} \in)} \right)$$

记 $R_0 = \dfrac{\forall (g^{es}\tau\beta + g^{is}\vartheta)}{\beta(\beta + \lambda + g^{rs} \in + g^{is}\vartheta + g^{es}\tau) + \lambda(g^{rs} \in + g^{es}\tau + g^{is}\vartheta) + g^{es}\tau\gamma}$，则当 $R_0 \leq 1$ 时，系统存在无个体创造力改变平衡点 P_0。当 $R_0 > 1$ 时，系统存在无个体创造力改变平衡点（无病平衡点）P_0 及无个体创造力改变局部平衡点（地方病平衡点）$P^* = (S^*, E^*, I^*, R^*)$。

其中：

$S^* = \dfrac{\beta + \lambda}{g^{es}\tau}$，$E^* = \dfrac{\gamma + \lambda - g^{is}\vartheta S^*}{\beta}$，$I^* = \dfrac{g^{es}\tau\forall - (\lambda + g^{rs} \in)(\beta + \lambda) - g^{es}\tau\lambda E^*}{g^{es}\tau(\gamma + \lambda)}$，

$R^* = \dfrac{\gamma I^* + g^{rs} \in S^*}{\lambda}$。

第五章 目标导向对个体创造力的动态影响研究

同时经证明 $R_0 \leq 1$ 时系统在无个体创造力改变平衡点渐进稳定。当 $R_0 > 1$ 时，系统在无个体创造力改变平衡点（无病平衡点）P_0 不稳定，无个体创造力改变局部平衡点（地方病平衡点）P^* 在 $E > 0$ 时全局渐进稳定。

第四节 仿真实验

一、实验数据

基于本书第四章获取到的 53 个团队 340 份问卷数据以及研究结论，本书首先将团队人数按照团队目标导向分类进行降序排列，再按照数值高、中、低三类随机选取 9 个团队数据作为团队层面样本，上述团队成员总数 54 人。最终按照主体状态转化规则对数据进行归一化处理，其他相关基准参数同理整理，结果如表 5-4 所示。其中，基准数据共划分为 3 组，按照同一层编号倒叙来看，第 1 组 A 不变，L 增大同时 P 减小。第 2 组 L 不变，P 增大同时 A 较小。第 3 组 P 不变，L 增大同时 A 减小。

表 5-4 基准数据/系数样本

基准数据		类别		$g_k^{\theta s}$	g_k^{vs}	g_k^{is}	g_k^{rs}	θ	L	P	A
1组	1	MG-SEVIR	团队层	0.000	0.956	0.898	0.102	1.752	0.854	0.044	0.102
	2	MG-SEVIR	个体层	0.856	0.000	0.856	0.144		0.856	0.031	0.113
	3	G-SEIR	系统层	0.909	—	0.874	0.126	—	0.855	0.038	0.108
	4	MG-SEVIR	团队层	0.000	0.639	0.898	0.102	1.435	0.537	0.361	0.102
	5	MG-SEVIR	个体层	0.534	0.000	0.534	0.466		0.534	0.353	0.113
	6	G-SEIR	系统层	0.589		0.714	0.286	—	0.536	0.357	0.108
	7	MG-SEVIR	团队层	0.000	0.374	0.898	0.102	1.170	0.272	0.626	0.102
	8	MG-SEVIR	个体层	0.236	0.000	0.236	0.764		0.236	0.651	0.113
	9	G-SEIR	系统层	0.308	—	0.573	0.427	—	0.254	0.639	0.108

续表

基准数据		类别		$g_k^{\theta s}$	g_k^{vs}	g_k^{is}	g_k^{rs}	θ	L	P	A
2组	10	MG–SEVIR	团队层	0.000	0.374	0.898	0.102	1.170	0.272	0.626	0.102
	11	MG–SEVIR	个体层	0.278	0.000	0.278	0.722		0.278	0.579	0.143
	12	G–SEIR	系统层	0.336	—	0.576	0.424	—	0.275	0.603	0.123
	13	MG–SEVIR	团队层	0.000	0.536	0.736	0.264	1.008	0.272	0.464	0.264
	14	MG–SEVIR	个体层	0.278	0.000	0.278	0.722		0.278	0.445	0.277
	15	G–SEIR	系统层	0.410	—	0.502	0.498	—	0.275	0.455	0.271
	16	MG–SEVIR	团队层	0.000	0.749	0.523	0.477	0.795	0.272	0.251	0.477
	17	MG–SEVIR	个体层	0.278	0.000	0.278	0.722		0.278	0.233	0.489
	18	G–SEIR	系统层	0.517	—	0.396	0.604	—	0.275	0.242	0.483
3组	19	MG–SEVIR	团队层	0.000	0.827	0.737	0.263	1.301	0.564	0.173	0.263
	20	MG–SEVIR	个体层	0.566	0.000	0.566	0.434		0.566	0.167	0.267
	21	G–SEIR	系统层	0.698	—	0.650	0.350	—	0.565	0.170	0.265
	22	MG–SEVIR	团队层	0.000	0.827	0.536	0.464	0.899	0.363	0.173	0.464
	23	MG–SEVIR	个体层	0.368	0.000	0.368	0.632		0.368	0.167	0.465
	24	G–SEIR	系统层	0.598	—	0.451	0.550	—	0.366	0.170	0.465
	25	MG–SEVIR	团队层	0.000	0.827	0.354	0.646	0.535	0.181	0.173	0.646
	26	MG–SEVIR	个体层	0.184	0.000	0.184	0.816		0.184	0.167	0.649
	27	G–SEIR	系统层	0.506	—	0.268	0.733	—	0.183	0.170	0.648

二、阈值内在机理分析

模型阈值 $R_0 = \dfrac{\forall(g^{es}\tau\beta + g^{is}\vartheta)}{\beta(\beta + \lambda + g^{rs}\epsilon + g^{is}\vartheta + g^{es}\tau) + \lambda(g^{rs}\epsilon + g^{es}\tau + g^{is}\vartheta) + g^{es}\tau\gamma}$ 决定了个体创造力是逐步提升还是最终趋于终止的趋势，R_0 越大越有利于个体创造力的提升。从阈值公式可知，$\forall$ 对 R_0 的影响是正方向的，λ、$g^{rs}\epsilon$、γ 对 R_0 的影响是反方向的，说明 $\forall$ 越大而 λ、$g^{rs}\epsilon$、γ 越小则越有利于个体创造力的提升，而其他参数在 G–SEIR 模型阈值的作用则需要通过 MG–SEVIR 模型来验证，本书将在 MG–SEVIR 模型仿真部分予以重点讨论。下面重点讨论个体创造力状态转化过程中 λ、$g^{rs}\epsilon$、γ 参数对个体创造力系统阈值的影响作用，如图 5–3、图 5–4 所示。

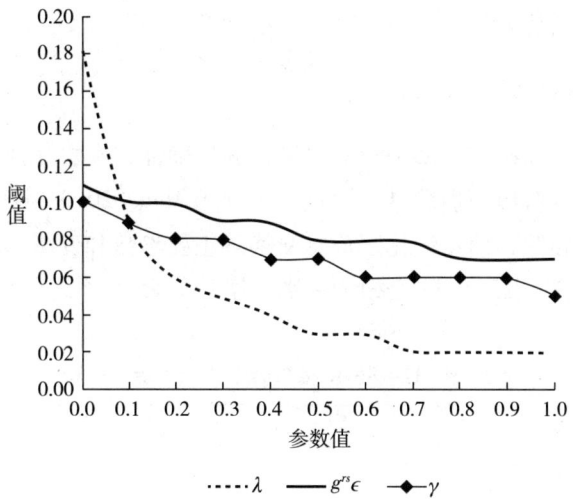

图 5-3　λ、$g\epsilon$、γ 变化对阈值影响

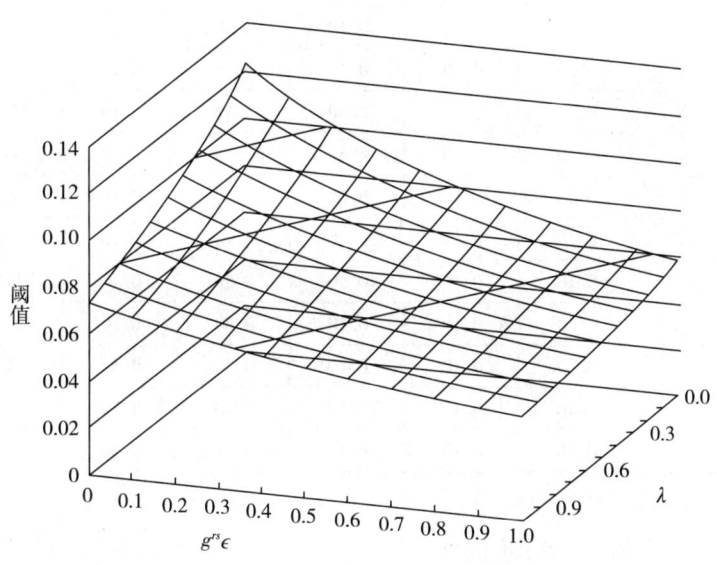

图 5-4　$g\epsilon$、γ 变化对阈值影响

从图 5-3 可以看出 λ 同阈值大致成反比例函数关系，阈值对 λ 的变化较为敏感，而 $g^{rs}\epsilon$、γ 同阈值大致呈斜率为负的线性关系。从图 5-4 可以看出，当 $g^{rs}\epsilon$ 和 γ 数值增大，阈值则迅速减小。上述事实说明，当直接免疫率、绩效趋避目标导向权重、免疫率越大，整个系统的个体创造力水平越低，当上述参数数值足够

大，则个体创造力将会趋于停滞。

三、仿真参数估计及设置

为了验证 G–SEIR 和 MG–SEVIR 模型的正确性，本书从所获取调查问卷数据及基础数据出发对模型参数进行设置，再使用 Matlab2010a 编程进行仿真实验。为充分研究目标导向、信息细化、信息交换等主要参数和变量对所构建模型的动态影响，本书设置了 15 组 45 个模型参数方案，如表 5–5、表 5–6 所示。

表 5–5　G–SEIR 模型参数设置方案（5 组）

仿真方案		τ	ϑ	ϵ	β	γ	基准参数
1 组	1	**0.40**	0.10	0.10	0.40	0.10	基准数据 3
	2	**0.50**	0.10	0.10	0.40	0.10	基准数据 3
	3	**0.60**	0.10	0.10	0.40	0.10	基准数据 3
2 组	4	0.10	**0.40**	0.10	0.40	0.10	基准数据 6
	5	0.10	**0.50**	0.10	0.40	0.10	基准数据 6
	6	0.10	**0.60**	0.10	0.40	0.10	基准数据 6
3 组	7	0.10	0.10	**0.40**	0.40	0.10	基准数据 9
	8	0.10	0.10	**0.50**	0.40	0.10	基准数据 9
	9	0.10	0.10	**0.60**	0.40	0.10	基准数据 9
4 组	10	0.10	0.10	0.10	**0.40**	0.10	基准数据 12
	11	0.10	0.10	0.10	**0.50**	0.10	基准数据 12
	12	0.10	0.10	0.10	**0.60**	0.10	基准数据 12
5 组	13	0.10	0.10	0.10	0.40	**0.40**	基准数据 15
	14	0.10	0.10	0.10	0.40	**0.50**	基准数据 15
	15	0.10	0.10	0.10	0.40	**0.60**	基准数据 15

其中表 5–5 为 G–SEIR 模型参数设置方案，第 1 组为潜伏率 τ 发生变化，第 2 组为直接感染率 ϑ 发生变化，第 3 组为直接免疫率 ϵ 发生改变，第 4 组为感染率 β 发生变化，第 5 组为免疫率 γ 发生变化。表 5–6 为 MG–SEVIR 模型参数设置方案，其中第 6 组为学习目标导向 L 增大同时绩效趋避目标导向 P 减小，但绩效趋避目标导向 A 不变。第 7 组绩效趋避目标导向 P 增大同时绩效趋避目标导向 A 减小，但学习目标导向 L 不变。第 8 组学习目标导向 L 增大同时绩效趋避目标导向 A 减小，但绩效趋避目标导向 P 不变。第 9 组至第 15 组依次为潜伏率 ε、

第五章 目标导向对个体创造力的动态影响研究

直接感染率 ϑ、直接免疫率 ϵ、潜伏—感染率 β、免疫率 γ、变异率 σ、变异—感染率 α 等参数变化。

表 5-6 MG-SEVIR 模型参数设置方案（10 组）

仿真方案		ε	ϑ	ϵ	β	γ	σ	α	基准参数
6 组	16	0.10	0.10	0.10	0.40	0.10	0.10	0.40	基准数据 1、2
	17	0.10	0.10	0.10	0.40	0.10	0.10	0.40	基准数据 4、5
	18	0.10	0.10	0.10	0.40	0.10	0.10	0.40	基准数据 7、8
7 组	19	0.10	0.10	0.10	0.40	0.10	0.10	0.40	基准数据 10、11
	20	0.10	0.10	0.10	0.40	0.10	0.10	0.40	基准数据 13、14
	21	0.10	0.10	0.10	0.40	0.10	0.10	0.40	基准数据 16、17
8 组	22	0.10	0.10	0.10	0.40	0.10	0.10	0.40	基准数据 19、20
	23	0.10	0.10	0.10	0.40	0.10	0.10	0.40	基准数据 22、23
	24	0.10	0.10	0.10	0.40	0.10	0.10	0.40	基准数据 25、26
9 组	25	**0.15**	0.10	0.10	0.40	0.10	0.10	0.40	基准数据 1、2
	26	**0.20**	0.10	0.10	0.40	0.10	0.10	0.40	基准数据 1、2
	27	**0.25**	0.10	0.10	0.40	0.10	0.10	0.40	基准数据 1、2
10 组	28	0.10	**0.15**	0.10	0.40	0.10	0.10	0.40	基准数据 4、5
	29	0.10	**0.20**	0.10	0.40	0.10	0.10	0.40	基准数据 4、5
	30	0.10	**0.25**	0.10	0.40	0.10	0.10	0.40	基准数据 4、5
11 组	31	0.10	0.10	**0.15**	0.40	0.10	0.10	0.40	基准数据 7、8
	32	0.10	0.10	**0.20**	0.40	0.10	0.10	0.40	基准数据 7、8
	33	0.10	0.10	**0.25**	0.40	0.10	0.10	0.40	基准数据 7、8
12 组	34	0.10	0.10	0.10	**0.15**	0.10	0.10	0.40	基准数据 10、11
	35	0.10	0.10	0.10	**0.20**	0.10	0.10	0.40	基准数据 10、11
	36	0.10	0.10	0.10	**0.25**	0.10	0.10	0.40	基准数据 10、11
13 组	37	0.10	0.10	0.10	0.40	**0.15**	0.10	0.40	基准数据 13、14
	38	0.10	0.10	0.10	0.40	**0.20**	0.10	0.40	基准数据 13、14
	39	0.10	0.10	0.10	0.40	**0.25**	0.10	0.40	基准数据 13、14
14 组	40	0.10	0.10	0.10	0.40	0.10	**0.15**	0.40	基准数据 16、17
	41	0.10	0.10	0.10	0.40	0.10	**0.20**	0.40	基准数据 16、17
	42	0.10	0.10	0.10	0.40	0.10	**0.25**	0.40	基准数据 16、17
15 组	43	0.10	0.10	0.10	0.40	0.10	0.10	**0.15**	基准数据 19、20
	44	0.10	0.10	0.10	0.40	0.10	0.10	**0.20**	基准数据 19、20
	45	0.10	0.10	0.10	0.40	0.10	0.10	**0.25**	基准数据 19、20

第五节 仿真结果分析

一、G-SEIR 模型仿真分析

在仿真实验中,基于调查问卷的初始数据,本书将系统初值统一设定为 $S(0)=0.84$、$E(0)=0.16$、$I(0)=0$、$R(0)=0$、$\forall=0.1$、$\lambda=0.15$,并按照方案 1~5 组的参数设置进行仿真,仿真结果如图 5-5~图 5-10 所示。下面分别从个体创造力系统影响、信息细化和信息交换对个体创造力的中介影响、目标导向对个体创造力的直接影响、个体创造力的动态变化展开讨论分析。

1. 个体创造力系统影响

图 5-5 直观显示了个体创造力系统各成员随时间变化的轨迹,易感者密度初期迅速下降,后逐步平稳。在 $t=15$ 之后即维持在 0.4 的水平,说明即便个体通过信息细化和信息交换可以改变个体创造力水平,但并不能影响到每个个体,

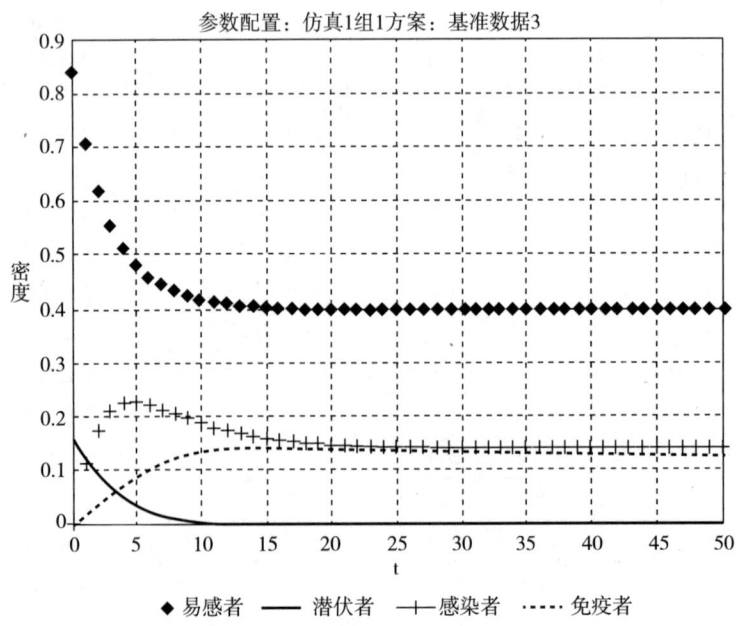

图 5-5 G-SEIR 系统成员状态变化

第五章 目标导向对个体创造力的动态影响研究

最终有40%的个体创造力未受到系统影响,个体的系统影响效率最高的时间段在 $t=1\sim15$。从潜伏者曲线来看,密度在 t 小于10以内迅速下降,直至在 $t=21$ 步后趋于0。说明信息细化和信息交换一定会促使个体发生创造力状态改变,达到平衡点后,系统中并不存在正在做出信息细化或信息交换行为的个体。从感染者曲线来看,显示出先快速上升,再快速下降,最终缓慢趋于平衡的特点。在 $t=5$ 时,个体创造力状态改变个体密度达到 0.2233 的最高点,说明在当前系统参数设置水平下,最高有22.33%个体的创造力得到提升,随着时间的推移,最终感染者密度在 0.1398 水平保持平衡,也就意味着13.98%的个体创造力将会在未来得到不断提升。从免疫者曲线来看,当进入平衡状态,12.70%个体获得持续的免疫力而其创造力不会再被改变,即免疫者的一部分将会被当前现代组织淘汰,而另一部分则可能是极为优秀的个体,其将会寻找更适合其个体创造力发展的新平台。

2. 信息细化和信息交换对个体创造力的中介影响

图 5-6 反映了信息细化或信息交换对个体创造力的影响,这种影响并不包含本书第四章所探讨的跨层作用及调节作用。从图 5-6 中可见,随着潜伏率τ值的增大,做出信息细化或信息交换行为的个体数量越来越多,对比方案1、2、3潜伏者曲线,也可发现潜伏者密度差值近似呈现椭圆形状,在 T=5 时,差值最

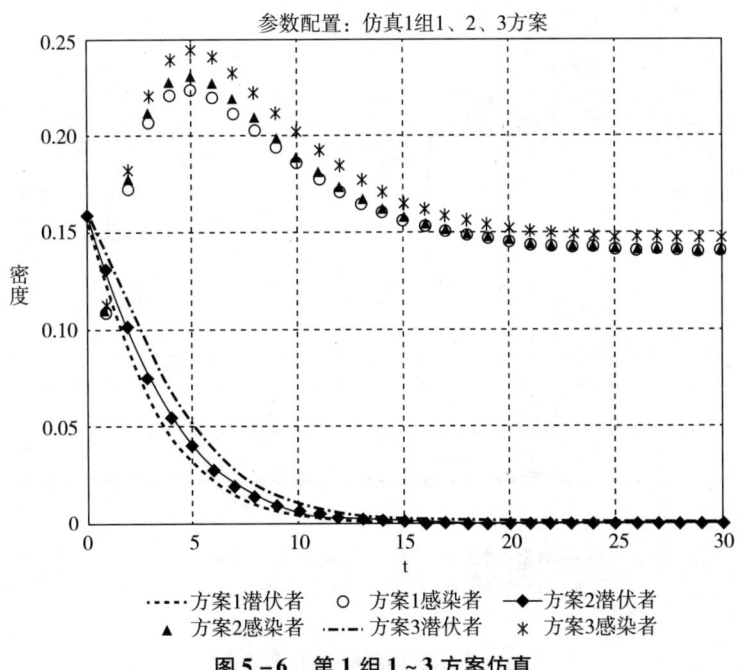

图 5-6 第1组 1~3 方案仿真

大为0.0086，即潜伏率变化1个百分点，最大影响潜伏者密度变化0.172个百分点。说明信息细化或信息交换行为对个体的影响是逐步显现的，在影响消退阶段，也是慢慢消退的。然而对比方案1、2、3感染者曲线，发现随着潜伏率的增加，感染者也不断增加，同样在 T = 5 时达到最高点，但即使在 T = 100、1000时，尾部并不重合，感染者密度差值逐步收敛趋近于0。说明个体信息细化或信息交换行为对个体创造力产生了极为深远的影响，甚至可能持续个体终生。

3. 目标导向对个体创造力的直接影响

图5-7、图5-8描述的是直接感染率和直接免疫率对个体创造力的动态影响，其实质是描述了实践层面，个体目标导向、个体创造力水平同现代组织创新要求匹配性的动态结果。由图5-7可见，直接感染率越高，感染者密度越大，虽然图5-8也反映了这个趋势。但明显可见，图5-8的感染者密度要远高于图5-7。说明目标导向同现代组织创新要求越匹配，则会带来较高的个体创造力提升，给企业带来持续的创新发展动力。反之，目标导向和企业创新要求差距越大，个体创造力得以提升的个体越少，企业将最终走向衰败。但三类目标导向的哪一类在其中起到关键主导作用，G – SEIR 模型并不能反映，需要在 MG – SEVIR 模型仿真中予以重点讨论。

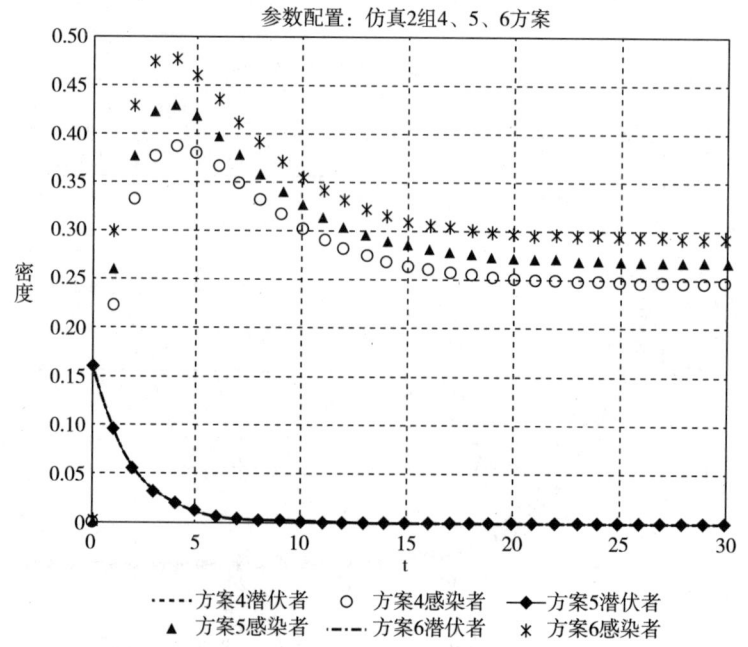

图5-7 第2组4~6方案仿真

第五章 目标导向对个体创造力的动态影响研究

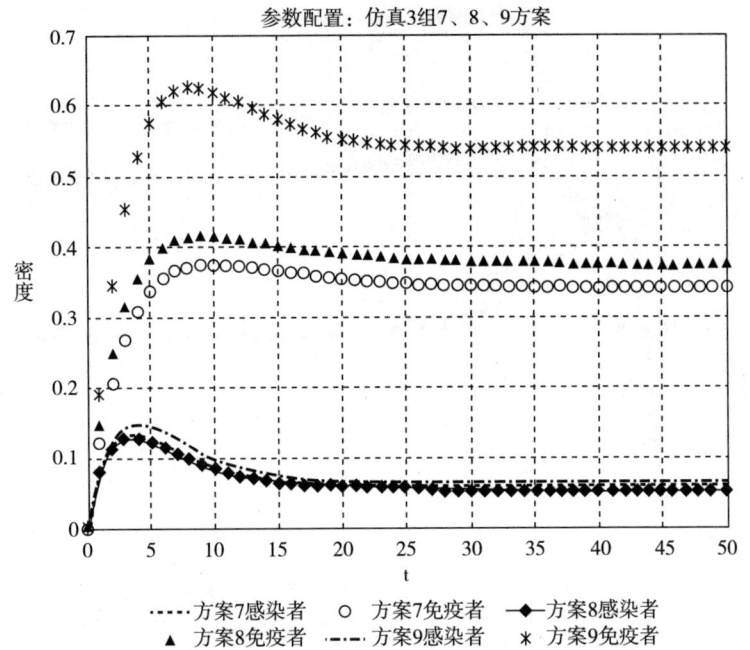

图 5-8 第 3 组 7~9 方案仿真

4. 个体创造力的动态变化

图 5-9、图 5-10 刻画的是感染率和免疫率变化对个体创造力的动态影响。由此可见,初期阶段,感染率越高个体创造力提升得越快,感染密度差值也逐步拉开。在后期平衡阶段,不同感染率对个体创造力影响很大并基本保持稳定,总体呈现先上升再下降,最终保持平衡的趋势。说明无论是目标导向还是信息细化,抑或信息交换,对个体创造力的影响均存在边际效用。从免疫率变化来看,在理论上个体创造力不会无限提升,当某个体创造力得到提升后,其最终还是会达到创造力阈限而退出系统。当然,会因人而异,阈值较低的个体,将会最早被淘汰,而阈值较高的个体,则可能在企业生命周期内均是核心创新骨干。

二、MG - SEVIR 模型仿真分析

为了弥补 G - SEIR 模型不足,在 MG - SEVIR 模型的基础上,进一步展开多目标导向、个体信息细化、团队信息交换对个体创造力的动态影响研究,基于本书第四章研究结论,假定种群 K = 2,即第 1 种群为团队层面的种群,第 2 种群为个体层面的种群。则方程组（5-2）变化为方程组（5-4）:

团队目标导向与个体目标导向对个体创造力的影响研究

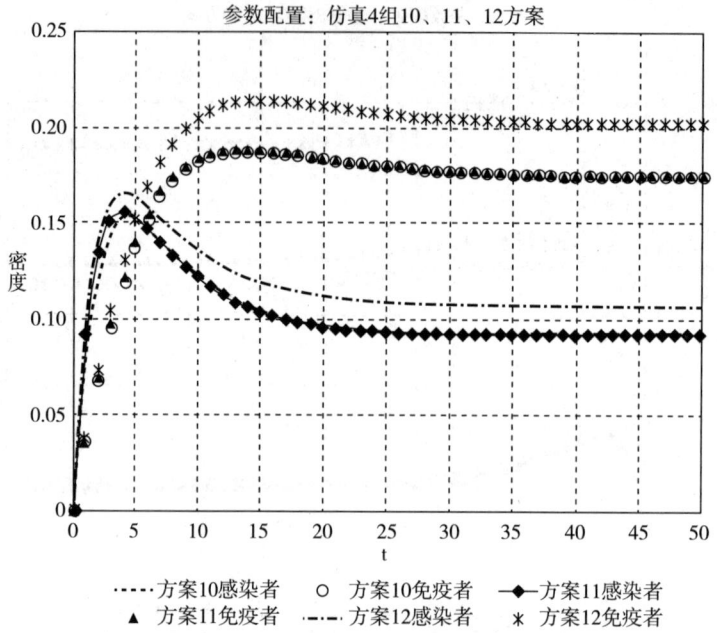

图 5-9　第 4 组 10~12 方案仿真

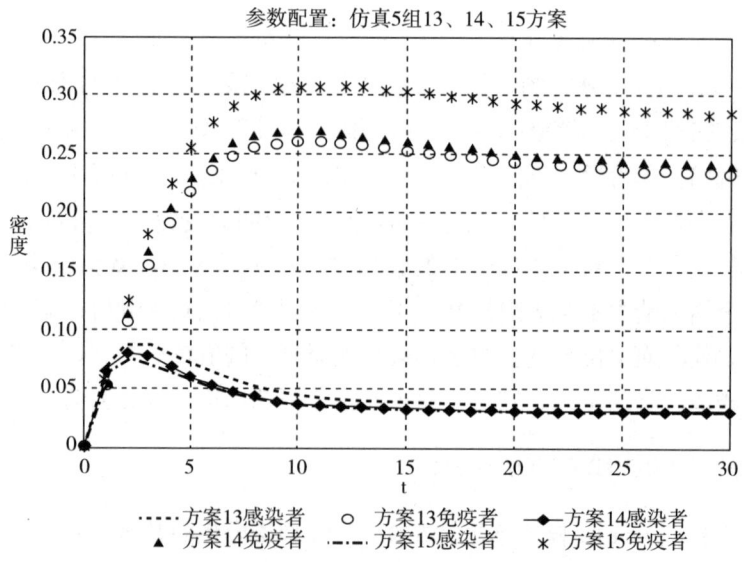

图 5-10　第 5 组 13~15 方案仿真

第五章　目标导向对个体创造力的动态影响研究

$$\begin{cases} \dfrac{dS_1}{dt} = \forall - g_1^{is} \vartheta I_1 S_1 - g_1^{vs} \sigma V S_1 - \lambda S_1 - g_1^{rs} \epsilon R_1 S_1 \\ \dfrac{dI_1}{dt} = g_1^{is} \vartheta I_1 S_1 + \alpha V - \gamma I_1 - \lambda I_1 \\ \dfrac{dV}{dt} = g_1^{vs} \sigma V S_1 - \alpha V - \lambda V \\ \dfrac{dR_1}{dt} = g_1^{rs} \epsilon R_1 S_1 + \gamma I_1 - \lambda R_1 \\ \dfrac{dS_2}{dt} = \forall - g_2^{es} \theta \varepsilon E S_2 - g_2^{is} \vartheta I_2 S_2 - \lambda S_2 - g_2^{rs} \epsilon R_2 S_2 \\ \dfrac{dE}{dt} = g_2^{es} \theta \varepsilon E S_2 - \beta E - \lambda E \\ \dfrac{dI_2}{dt} = g_2^{is} \vartheta I_2 S_2 + \beta E - \gamma I_2 - \lambda I_2 \\ \dfrac{dR_2}{dt} = g_2^{rs} \epsilon R_2 S_2 + \gamma I_2 - \lambda R_2 \end{cases} \quad (5-4)$$

下面基于方程组（5-4）并结合 $S = S_1 + S_2$、$I = I_1 + I_2$、$R = R_1 + R_2$ 条件展开仿真及分析。

1. 多目标导向对个体创造力的动态影响

图 5-11 至图 5-16 分别从团队层面、个体层面对目标导向变化和个体创造力的影响进行仿真，其中 18~16 方案为学习目标导向 L 增大同时绩效趋近目标导向 P 减小，但绩效趋避目标导向 A 不变。21~19 方案为绩效趋近目标导向 P 增大同时绩效趋避目标导向 A 减小，但学习目标导向 L 不变。24~22 方案为学习目标导向 L 增大同时绩效趋避目标导向 A 减小，但绩效趋避目标导向 P 不变。下面分别从学习目标导向、绩效趋近目标导向、绩效趋避目标导向对个体创造力的影响进行分析。

（1）学习目标和绩效趋近目标导向对个体创造力的复合影响。

从团队层面来看，图 5-11 能够反映 L 增大、P 减小、A 不变条件下对个体创造力的影响。学习目标导向权重的增大，虽然在前期曲线呈现下降趋势，但这种趋势是绩效趋近目标导向下降带来的，最终会导致个体创造力密度的提升。也就是说，在团队层面，绩效趋近目标导向权重的下降将会带来个体创造力的密度下降，但在学习目标导向同比提升的复合作用下，其最终结果是个体创造力得到不断提升。需要说明的是绩效趋近目标导向的下降在初期阶段对个体创造力上升趋势的减缓作用远大于学习目标导向对个体创造力的提升作用。通过免疫者曲线可以进一步验证上述结论，免疫者曲线在 3 种方案中均呈现上升趋势并最趋于平稳，说明系统内的累积感染者是不断增加的，并没有在任何过程中出现下降。因此，进一步验证：团队学习目标导向和绩效趋近目标导向对个体创造力起正向影响作用。

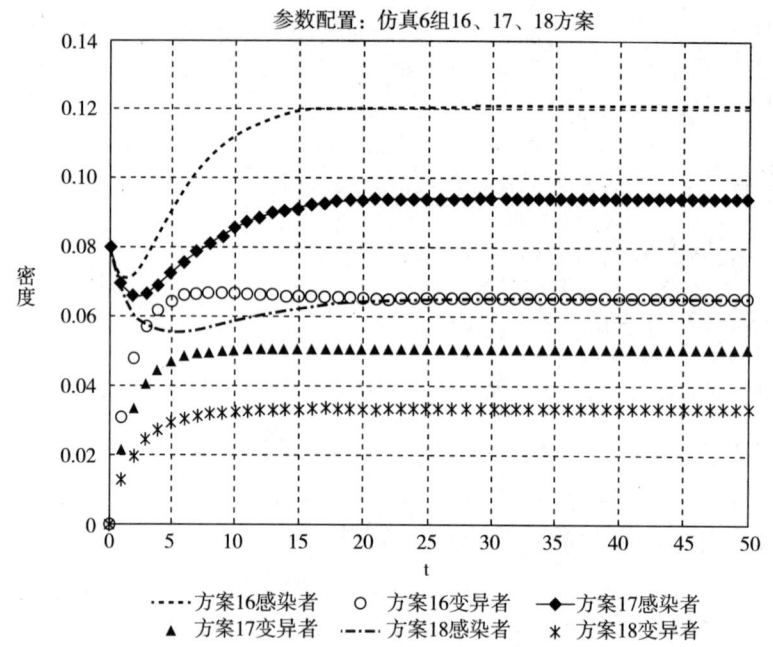

图 5-11　团队层面 16~18 方案仿真

从个体层面来看，图 5-12 虽然同图 5-11 类似，但存在密度值上的差异。明显随着个体层面学习目标导向权重增大，感染者密度增大幅度大于图 5-11。一则在学习目标导向和绩效趋近目标导向复合作用下，绩效趋近目标导向对感染者密度没有产生影响，说明个体学习目标导向在个体层面对个体创造力的影响起到核心关键作用。从潜伏者曲线来看，潜伏者密度普遍低于感染者密度的 50%，说明学习目标导向对个体信息细化产生影响，但影响程度低于对个体创造力的影响，主要原因在于个体学习目标导向能直接使个体创造力提升，并且影响幅度大于个体信息细化对个体创造力的影响。可见，个体学习目标导向对个体信息细化及个体创造力起到明显的正向影响作用。

（2）绩效趋近和绩效趋避目标导向对个体创造力的复合影响。

图 5-13 从团队层面反映了绩效趋近和绩效趋避目标导向对个体创造力的复合影响。从感染者密度来看，绩效趋近目标导向权重越大，感染者密度越高，但

第五章 目标导向对个体创造力的动态影响研究

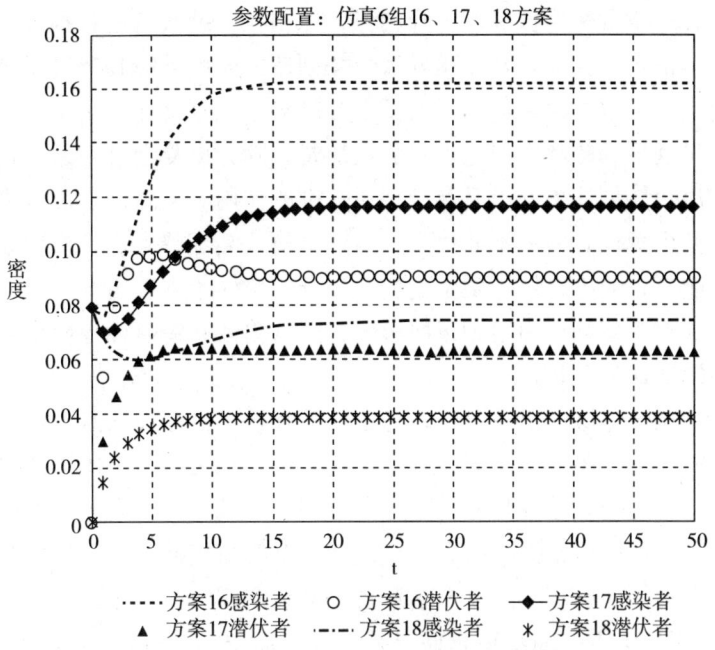

图 5-12 个体层面 16~18 方案仿真

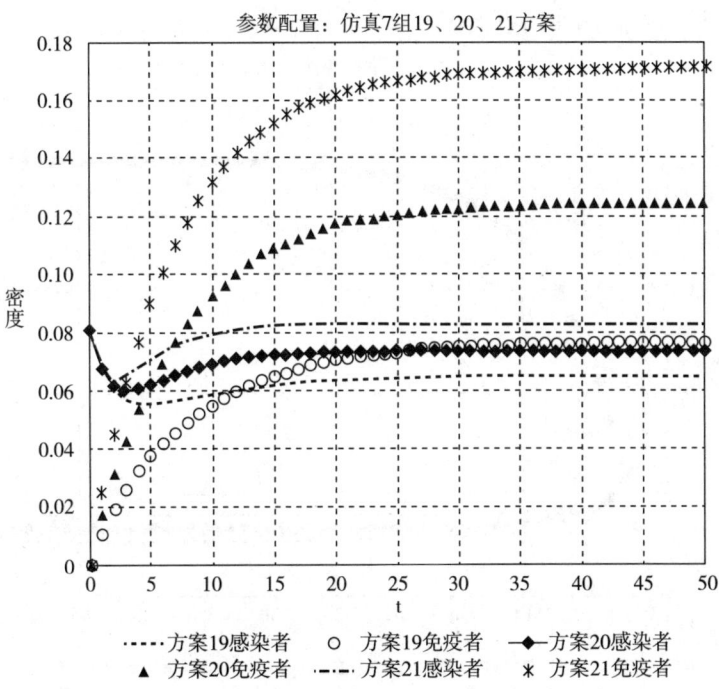

图 5-13 团队层面 19~21 方案仿真

团队目标导向与个体目标导向对个体创造力的影响研究

在前期阶段，感染者密度值呈现下降趋势，原因在于绩效趋避目标导向权重的下降，通过团队信息交换的中介作用导致个体创造力密度下降趋势高于绩效趋近目标导向权重上升带来的个体创造力密度上升趋势，在复合作用下，在短期内使得个体创造力呈现下降趋势，但这种趋势很短暂，随之恢复上升轨道。说明绩效趋近目标导向对个体创造力的提升起到相对关键的作用。从免疫者曲线来看，两者的复合作用使得免疫者密度不断提升，且密度值远高于感染者，说明绩效趋避目标导向权重越高，退出系统不发生创造力提升的个体越多。由此可见，团队绩效趋近目标导向对个体创造力起到正向影响，团队绩效趋避目标导向则直接影响退出创造力系统的成员数量。

图5-14从个体层面反映了绩效趋近和绩效趋避目标导向对个体创造力的复合影响。由此可见，图5-14同图5-13差异很大。无论是个体绩效趋近目标导向权重增大，还是个体绩效趋避目标导向减小，均没有对感染者密度产生任何影响。然而从免疫者曲线来看，则有一定差别。个体绩效趋近目标导向权重增大和个体绩效趋避目标导向减小的复合结果是免疫者密度经历了先大幅下降再趋于平稳的状态，并且21方案曲线一直处于最上方，而19方案曲线一直位于最下方，说明个体绩效趋避目标导向和绩效趋近目标导向虽然都对免疫者产生影响，但绩效趋避目标导向的影响作用更大。

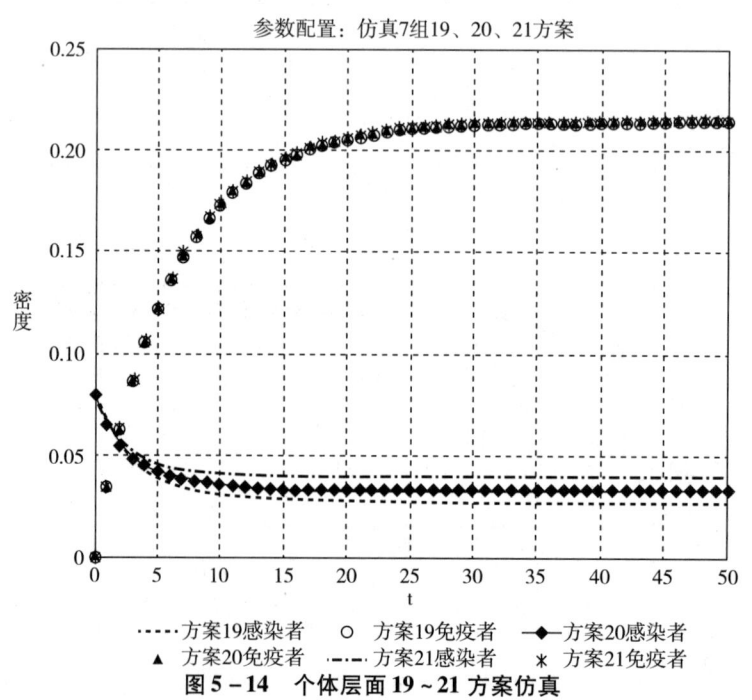

图5-14 个体层面19~21方案仿真

第五章 目标导向对个体创造力的动态影响研究

（3）学习目标导向和绩效趋避目标导向对个体创造力的复合影响。

图 5-15、图 5-16 分别从团队层面和个体层面反映了学习目标导向和绩效趋避目标导向对个体创造力的复合影响。从团队层面来看，随着学习目标导向权重的增大，绩效趋避目标导向权重的减小，感染者曲线呈现先下降然后上升，最后趋于平稳的状态。对比图 5-11，我们发现，图 5-15 的感染者曲线峰值点相对较低，波动幅度区间较窄。因此，结合图 5-11 反映的结论可以认为，团队学习目标导向确定无疑地对个体创造力产生影响，但绩效趋避目标导向权重的下降也一定通过中介作用削弱了学习目标导向权重上升对个体创造力的提升作用。从免疫者曲线来看，免疫者密度不断提升，对比图 5-11、图 5-13、图 5-15，图 5-15 的方案 24 免疫者密度峰值点最高，同时 3 个方案的免疫者密度差距较大，说明团队绩效趋避目标导向对免疫者影响较大。

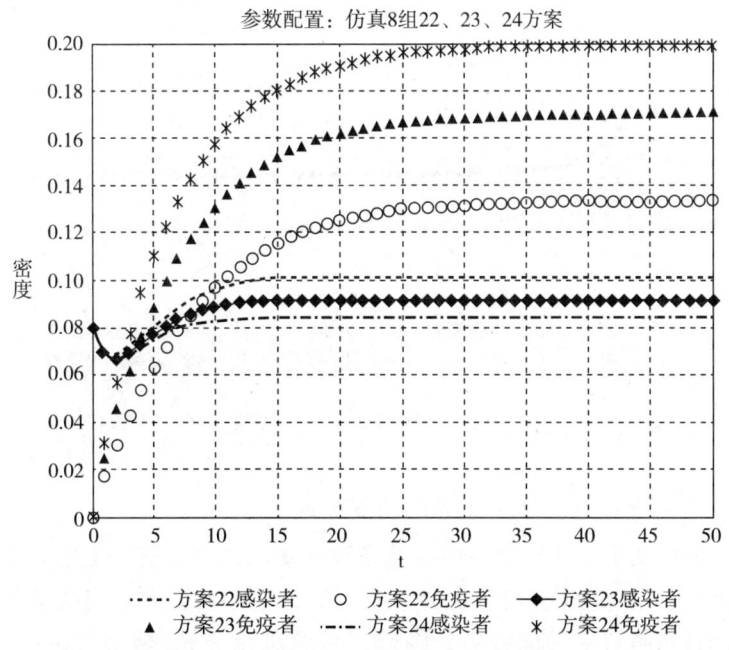

图 5-15　团队层面 22~24 方案仿真

从个体层面角度，随着个体学习目标导向的增大，绩效趋避目标导向的减小，其复合影响下的感染者密度呈现先下降后上升最后趋于稳定的趋势，同时基于上文论述可知，学习目标导向对个体创造力提升起到核心关键作用，图 5-16

也反映了这个特点。再来看免疫者曲线,方案 24 的免疫者曲线峰值密度是所有方案中密度最高的,说明个体绩效趋避目标导向对免疫者的影响最大。然而,在图 5-16 中,感染者密度的下降阶段曲线从个体层面的学习目标导向和绩效趋避目标导向的复合作用无法解释,下文将从团队层面目标导向对个体层面个体创造力的调节作用进行阐述。

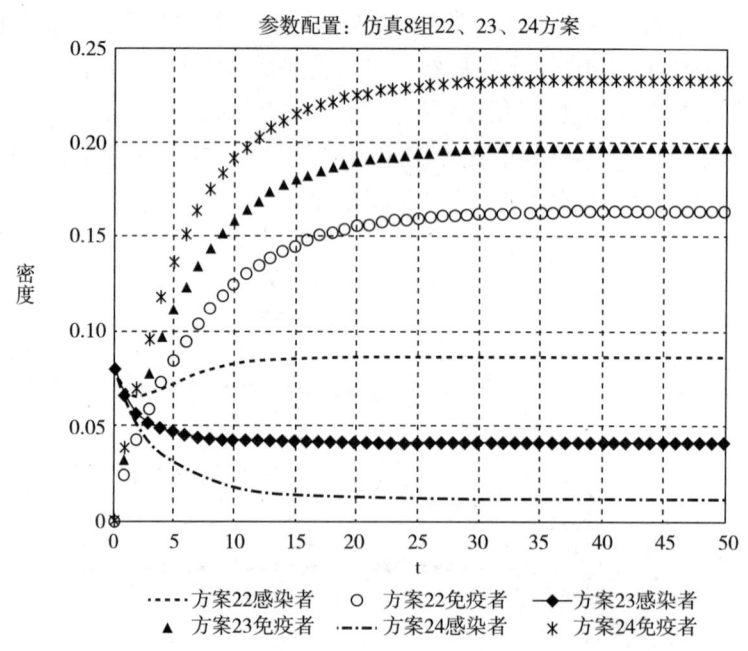

图 5-16 个体层面 22~24 方案仿真

2. 团队目标导向对个体创造力的调节作用

图 5-17 反映了团队目标导向调节系数 θ 变化和潜伏率 ε 变化对个体创造力的影响,25~27 方案 $\theta \times \varepsilon$ 值依次为 0.26、0.35、0.44,即当团队学习目标导向权重大于绩效趋避目标导向权重,则调节系数值大于 1,将会显著提升潜伏率,反之则会降低潜伏率。从感染者密度曲线并结合仿真数据来看,随着调节系数的增大,感染者密度经历了先上升再下降,然后再微弱上升最后趋于平衡稳定的状态。上升阶段的各方案斜率均较高,说明在团队目标导向的调节作用下潜伏率增大速率极快,即团队目标导向对潜伏率的变化有显著的放大(或缩小)效应。但团队目标导向对个体创造力的调节是通过作用于个体目标导向和个体信息细化

行为之间而产生的,也就是说团队目标导向可以影响个体信息细化水平,但最终对个体创造力的实质影响还是需要内化为个体目标导向本身才能产生长久影响,这也是图5-17中出现双拐点的原因之一。因此,在实践层面,不能舍本逐末,应该立足于个体学习目标导向的培育,通过建立良好的团队学习氛围来对个体目标导向施加影响,从而达到个体学习目标导向不断提升的目的,才能使得个体创造力不断提升,最终切实有效、长久地提供现代组织创新能力。

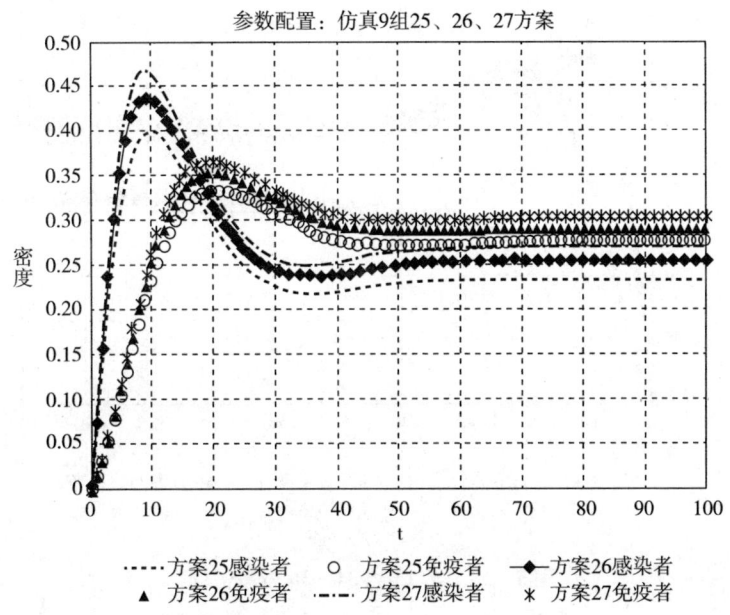

图 5-17　第 9 组 25~27 方案仿真

3. 个体信息细化对个体创造力的影响

个体信息细化对个体目标导向的影响如图 5-18 所示,36 方案曲线位于最上方,35 方案曲线居中,34 方案曲线位于最下方。说明虽然随着个体信息细化水平的升高,感染者和免疫者密度均有不同程度变化,但个体信息细化水平越高,个体创造力越高,同时退出创造力系统的成员也越多。对比图 5-17 和图 5-18,亦可发现,无论是感染者还是免疫者,图 5-18 的密度均低于图 5-17,进一步反映出团队目标导向在个体目标导向和个体信息细化关系中,起到重要的调节作用。单独来看图 5-18 的感染者曲线,总体呈现先快速发散式上升,然后迅速收敛式下降,到达感染者密度最低点后,略有回升后趋向平稳,平稳后各方案曲线呈平行状态。说明个体信息细化对个体创造力的影响是逐步显现的,当到达个体创造力提升极限后,逐渐扩散到可影响范围的部分个体,在内化为个体求知动机后,趋向平稳。同个体目标导向培育类似,在实践层面,应该建立个体信息细化水平的长效提升机制,促进个体创造力水平不断改善。

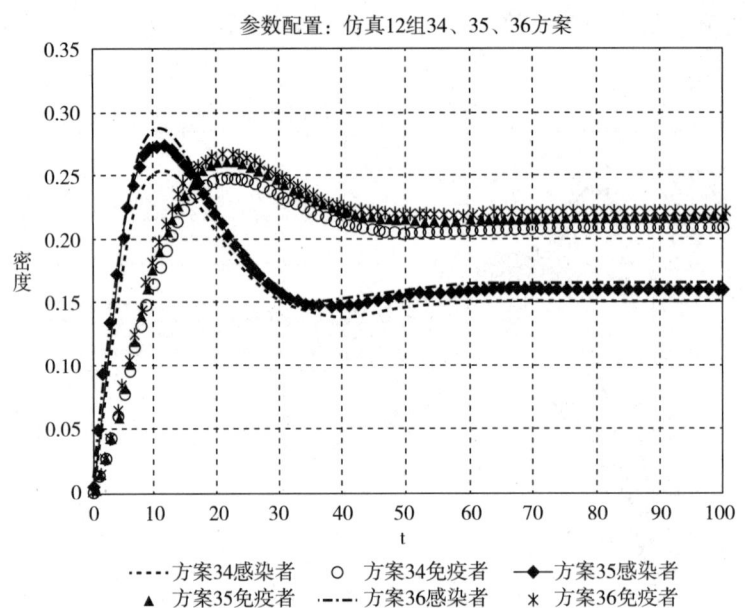

图 5-18 第 12 组 34~36 方案仿真

从免疫者曲线来看,初期免疫者曲线位于感染者曲线下方,随着时间的推移,免疫者曲线位于感染者曲线上方(见图 5-18),意味着初期个体信息细化有效地提升了个体创造力,系统成员个体创造力提升的成员总数不断增加,但后期系统成员因个体信息细化的促进作用而导致个体创造力提升的成员总数不断下降。说明现阶段,个体信息细化水平不高、深度不够,信息细化个体大多停留在第一阶段。在未来,还有很大的通过促进个体信息细化提升个体创造力水平的空间。因此,应对现代组织成员给予更多的正能量信息刺激,在采取有效措施保障其隐私权和人身权的同时,建立激励制度和长效的学习机制、鼓励积极的信息交互、情感表达及原创信息的生产。

4. 团队信息交换对个体创造力的影响

图 5-19、图 5-20 描述了团队信息交换对个体创造力的动态影响,同信息

第五章　目标导向对个体创造力的动态影响研究

细化类似，随着团队信息交换水平的提升，感染者和免疫者密度均予以提高。但存在细微差异，图 5-19 说明团队层面，成员间通过书面、语音、电子数据等形式，参与信息传播和知识共享的成员数量越多、频率越高，则导致个体创造力提升的效果越好。同时，团队信息交换在初始阶段的个体创造力提升效率最高，而后期因免疫者密度高于感染者密度，系统内因团队信息交换行为而导致个体创造力提升的成员总数不断下降。在图 5-20 中，同一时刻感染者密度和免疫者密度均略低于图 5-19，说明相较于提高变异——感染率，加深团队信息交换水平对个体创造力的提升应更有效。

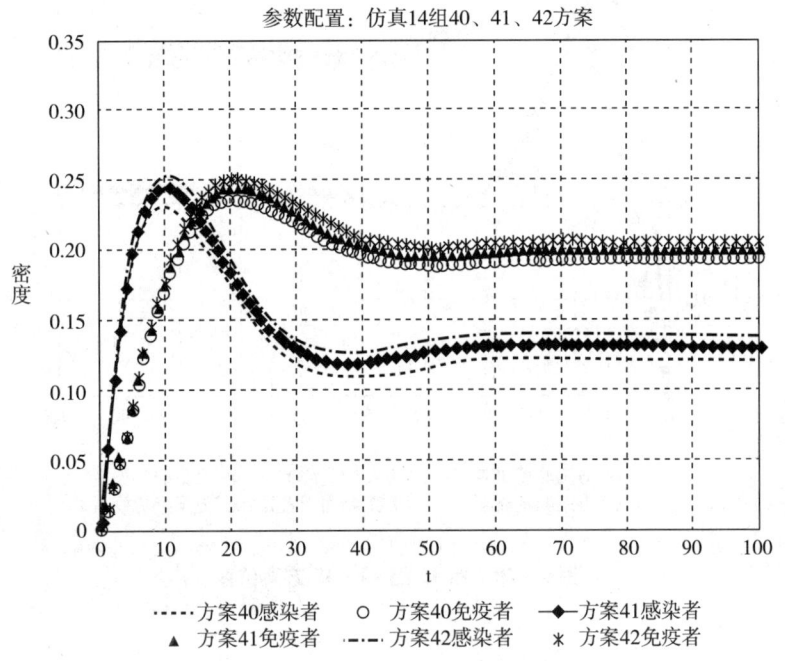

图 5-19　第 14 组 40~42 方案仿真

无论图 5-19、图 5-20 均反映出，团队信息交换对个体创造力提升虽发挥了积极作用，但也必须意识到，感染者密度先提高再下降，再略有升高后达到平稳，而免疫者密度也同感染者密度曲线变化类似，同时免疫者密度最终处于感染者上方。说明现阶段，团队信息交换对个体创造力的提升作用还不稳定，如果不采取措施持续提高团队信息交换水平，则可能取得的个体创造力提升效果回归原点。因此应在团队信息交换过程中，以信息和知识提供为基础，加强信息传递，以知识吸收为核心目标。充分发挥信息和知识主体的能动作用,采取各种先进的传递技术,营造和谐的知识环境。虽然团队信息交换和个体信息细化均对个体创造力产生动态影响,但个体信息细化相较团队信息交换的作用更大,同时也意味着,团队信息交换的提升空间更大,原因在于现阶段,团队信息交换的水平低于个体信息细化。

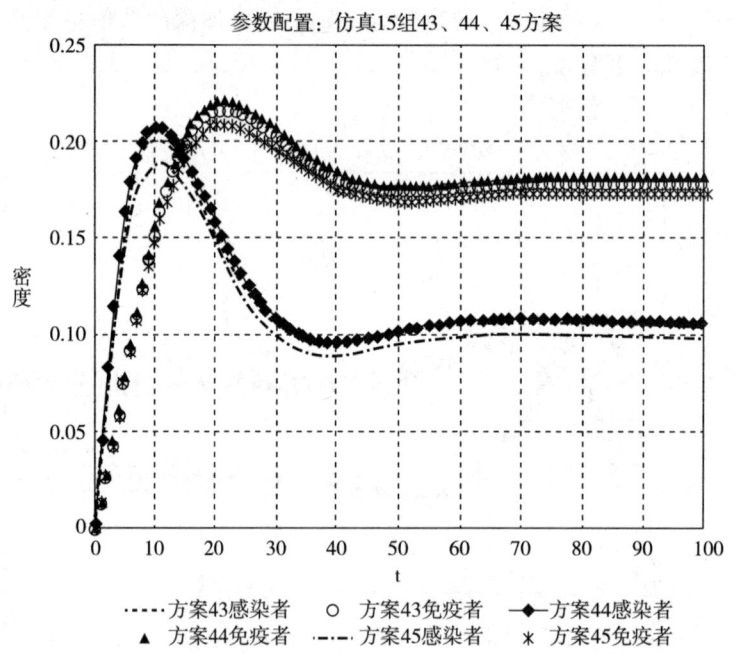

图 5-20　第 15 组 43~45 方案仿真

三、仿真结果综合讨论

1. 各要素对个体创造力的系统影响

图 5-21 刻画了个体多目标导向、团队多目标导向、个体信息细化、团队信息交换等要素对个体创造力的系统性影响结果,同时也反映了团队层面要素对个体创造力的跨层影响、团队目标导向在个体目标导向和个体信息细化关系中的调节作用。易感者密度初期迅速下降,后逐步平稳。在 $t=15$ 之后即维持在 0.33 的水平,说明即便个体在多个因素的复合作用下可以改变个体创造力水平,但并不能影响到每个个体,最终有 33% 的个体创造力未受到系统影响,个体的系统影

响效率最高的时间段在 $t=1 \sim t=15$。从潜伏者曲线来看，在 t 小于 3 时，潜伏者密度迅速提升至峰值 0.1308，随后在 $4 \leq t \leq 20$ 区间内缓慢下降，在 $t=21$ 后维持在 0.0759。说明个体信息细化一定会促使个体发生创造力状态改变，达到平衡点后，系统中仍然存在正在做出信息细化行为的个体。从变异者曲线来看，呈逐渐下降趋势，密度在 $t=21$ 之后维持在 0.0340。说明团队信息交换也对个体发生创造力产生积极作用，但达到平衡点后，系统中也存在正在做出团队信息交换行为的成员。然而在基础模型中，最终却不存在正在做出信息细化、信息交换行为的成员，说明在考虑了多目标导向、跨层影响、调节作用后，个体信息细化和团队信息交换的提升空间很大，换句话说，个体信息细化和团队信息交换远未达到足以对个体创造力产生巨大影响的水平。

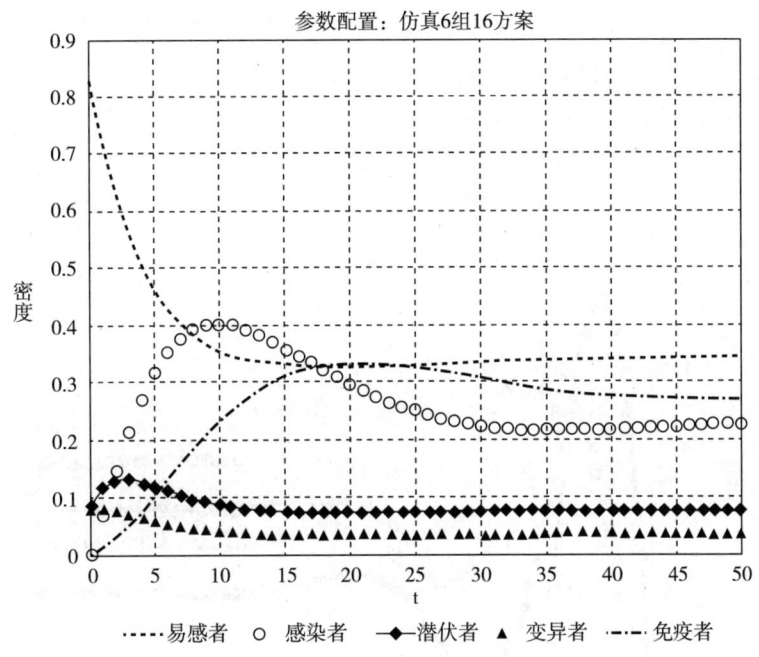

图 5-21 MG-SEVIR 模型成员状态转化

从感染者曲线来看，呈现出先快速上升，再缓慢下降，最终缓慢趋于平衡的特点。在 $t=10$ 时，个体创造力状态改变个体密度达到 0.4018 的最高点，说明在当前系统参数设置水平下，最高有 40.18% 个体的创造力得到提升，随着时间的推移，最终感染者密度在 0.2315 水平保持平衡，也就意味着 23.15% 的个体创造力将会在未来得到不断提升。从免疫者曲线来看，从初始状态快速上升，在 $t=17$ 处和感染者密度交叉，之后缓慢下降并最终进入密度为 0.2756 的平衡状态（$t\leqslant96$），27.56%个体获得持续的免疫力而其创造力不会再被改变（见图 5-21）。从现代组织持续创新对个体创造力的要求角度来看，最终这种平衡状态并不令人满意，原因在于持续不前的员工超过个体创造力不断提升的员工数量，这会逐步削弱企业的核心竞争力和创新发展态势。究其原因，还是由于团队信息交换和个体信息细化水平不高，团队目标导向对个体目标导向和个体信息细化的调节作用不强造成的。

2. 各参数对个体创造力的系统影响

虽然上文针对部分参数变化进行了仿真，为更详尽地说明所有参数变化对个体创造力带来的系统影响，又补充了直接感染率、直接免疫率、免疫率变化的仿真图，见图 5-22 至图 5-24。下面分别从目标导向权重、潜伏率、变异率、潜伏—感染率、变异—感染率、直接感染率、直接免疫率和免疫率等各参数变化对个体创造力的系统影响进行分析。

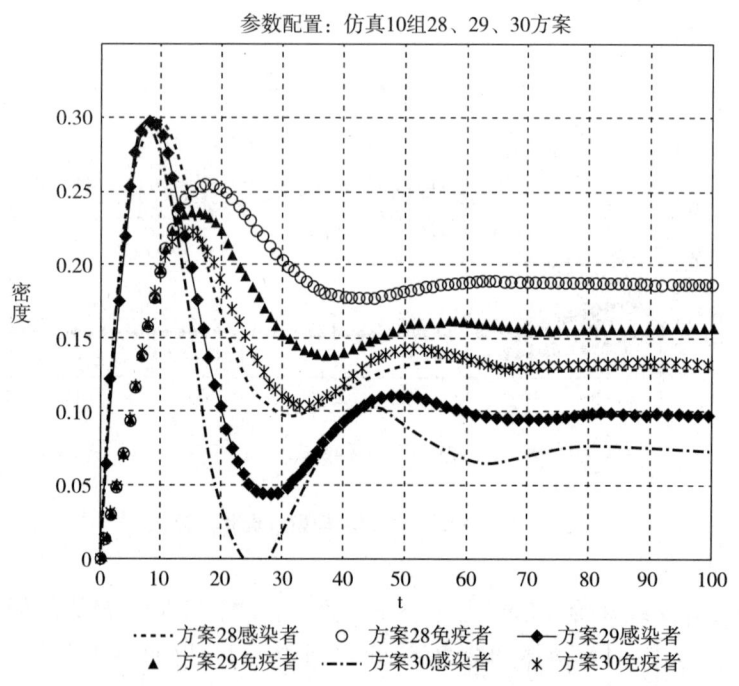

图 5-22 第 10 组 28~30 方案仿真

第五章 目标导向对个体创造力的动态影响研究

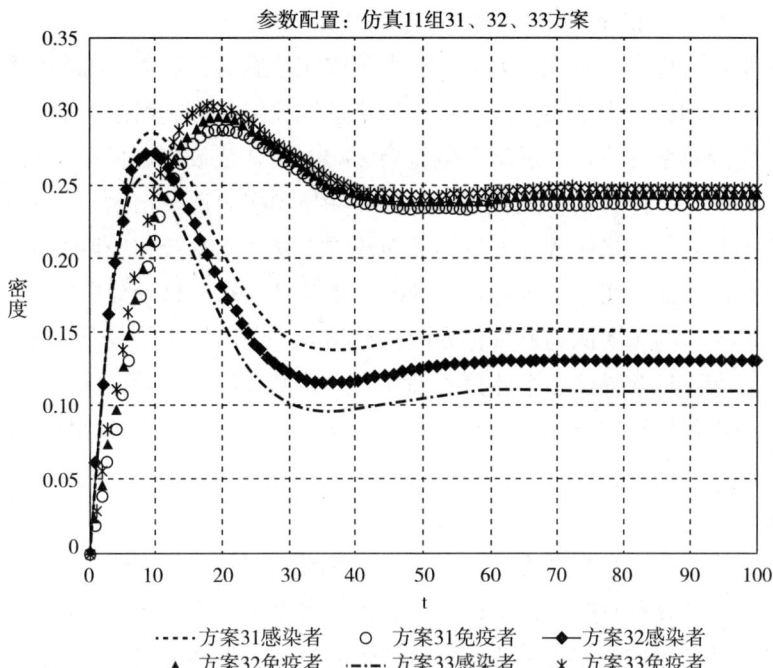

图 5-23 第 11 组 31~33 方案仿真

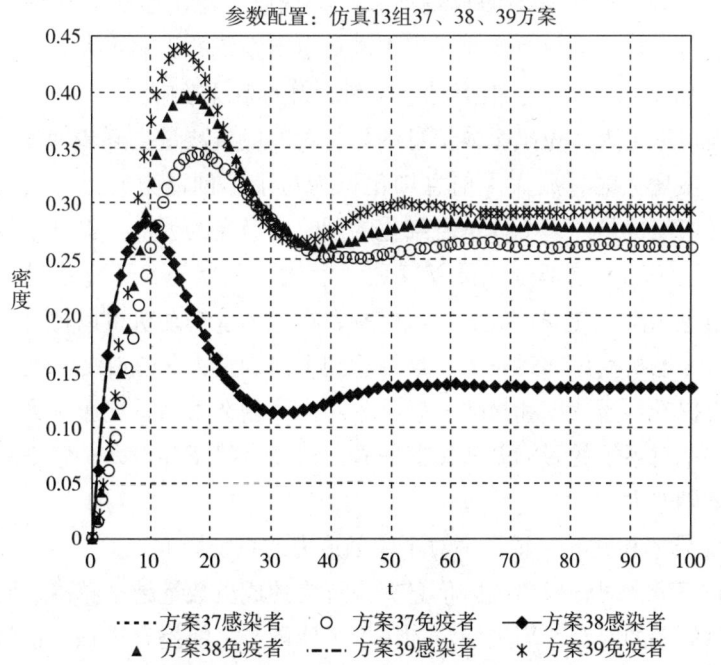

图 5-24 第 13 组 37~39 方案仿真

团队目标导向与个体目标导向对个体创造力的影响研究

(1) 目标导向权重变化对个体创造力的系统影响。

团队学习目标导向对个体创造力有直接或间接影响，随着目标导向权重的逐渐增大，个体创造力水平逐步提升，并最终达到稳定的影响状态，同时学习目标导向并不直接对系统成员的退出产生直接影响。团队绩效趋近目标导向权重变化对个体创造力有直接影响，随着绩效趋近目标导向权重逐渐增大，个体创造力水平也逐步提升。但如果绩效趋近目标导向权重下降，在系统初级阶段，其对个体创造力提升的负面作用大于学习目标导向。团队绩效趋避目标导向仅仅对系统成员的退出产生影响，团队趋避目标导向权重越高，退出系统的成员越多。从团队目标导向对个体目标导向和个体信息细化关系的调节作用来看，团队学习目标导向和绩效趋避目标导向权重变化对个体创造力的影响略大于潜伏率变化的影响，但其影响的持续时间较短。

个体学习目标导向是个体创造力提升的核心关键要素，个体学习目标导向权重增大，个体创造力水平显著提升，同样在最终达到稳定的影响状态，同时个体学习目标导向也并不直接对系统成员的退出产生直接影响。在系统最初阶段，个体学习目标导向权重变化对个体创造力的影响最大。个体绩效趋近、绩效趋避目标导向权重变化对个体创造力没有影响，但同系统成员退出密切相关。随着个体绩效趋近、绩效趋避目标导向权重增大，组织成员退出系统的比率也升高。其中，绩效趋避目标导向权重变化对组织成员退出系统的影响更大。

(2) 潜伏率和潜伏—感染率对个体创造力的系统影响。

随着潜伏率增大，做出个体信息细化行为的成员数量也逐步增加，当潜伏—感染率进一步增大时，放大了信息细化行为对个体创造力的提升效应。也就是说，在引导组织成员注重个体信息细化的同时，潜在的创造力提升个体成员得以丰富，但这还不够，这部分成员仅仅是"潜伏"的状态，还应该对其给予持续的正能量信息刺激、建立长效的学习机制，在个体求知动机得以提升的同时，也就增强了求知动机病原体感染力，最终达到个体创造力状态改变的临界值而发生个体创造力提升。潜伏率和潜伏—感染率对个体创造力的系统影响大于变异率和变异—感染率对系统的影响，从短期来看，提高潜伏率和潜伏—感染率，可以迅速提升个体创造力。

(3) 变异率和变异—感染率对个体创造力的系统影响。

当变异率增大时，做出团队信息交换行为的成员数量越来越多，同样变异率和变异—感染率的复合作用进一步加快了个体创造力的提升进程。也就是说，在加强信息传递的基础上，要加强组织文化建设，培养组织成员团队意识，以信息

第五章　目标导向对个体创造力的动态影响研究

和知识提供为基础，以知识吸收为核心目标，才能发挥团队信息交换对个体创造力提升的最大效用。但如前所述，虽然当前个体信息细化仍处于初级阶段，然而团队信息交换水平却比个体信息细化还要低。辩证地来看，团队信息交换对个体创造力影响的提升空间也很大，若立足长远，则团队信息交换水平的提升能够对个体创造力的全面提升起到更为重要的作用。

（4）直接感染率和直接免疫率对个体创造力的系统影响。

图5-22、图5-23反映了直接感染率和直接免疫率对个体创造力的系统影响。从初级阶段来看，直接感染率可以显著提升个体创造力，随着直接感染率增大，个体创造力密度也增大，但随之会出现快速下降的趋势，并最终趋于稳定。从免疫者密度来看，直接感染率增大，带来较高的免疫者密度。也就是说，较为优秀的个体，因其个人具有较高的学习能力，可以迅速提高其个体创造力，但因为其并没有进一步做出信息细化行为，也没有迅速融入团队提高团队信息交换水平，虽然在短期可以为组织的创新发展贡献力量，但长远来看却不利于组织的创新发展。从图5-23也可看出，直接免疫率直接影响了退出系统的成员数量，直接免疫率增大，退出系统成员的密度也增大。说明在组织中，存在部分同组织创新目标和要求融合度不高的成员，他们在较短或略长的时间内选择了退出系统，没有受到系统的任何创造力提升影响。综上所述，现代组织在创新发展过程中，要极为重视人力资源建设，特别是把好新员工招聘环节，"单打独斗"型的优秀员工并不是企业最优选择，当然"滥竽充数"型员工只会给企业创新带来破坏性作用。

（5）免疫率对个体创造力的系统影响。

免疫率变化对个体创造力的系统影响如图5-24所示，免疫密度对免疫者密度产生极大影响，随着感染率的增加，免疫者密度也显著提升。免疫率意味着个体创造力发生改变的个体，随着时间的推移，个体创造力状态不再发生变化、不再受到系统比率影响。也就是说，免疫率的增大，意味着退出系统成员的增加，而这部分成员是企业创新的核心力量，更是企业的优秀人才。优秀人才的流失对任何组织和企业而言都是沉重打击，因此应提供适合优秀人才不断发展的平台，加强团队信息交换和个体信息细化环境建设，给予优秀人才一定的宽容，不断通过团队目标的调整寻找和个体目标的最大契合度，"和谐、笃学、宽容"的文化氛围亦能对学习目标导向进行强化、对绩效趋避目标导向进行弱化。

本章小结

本章在上文取得的研究成果基础上，以基于系统动力学理论的传染病模型为

团队目标导向与个体目标导向对个体创造力的影响研究

依据，确立了基于疾病传播和个体创造力理论的建模思想。在建模思想指导下构建了个体创造力动态影响基础模型 G – SEIR 和个体创造力动态影响衍生模型 MG – SEVIR，确定了 G – SEIR 模型的平衡点和阈值，接着基于本书第四章问卷数据设置了 15 组 45 个模型参数配置方案，最后进行了仿真实验并针对仿真结果展开分析。仿真结果验证了模型的有效性，为深化个体创造力理论研究提供新的视角，为从实践角度提升个体创造力、提高现代组织创新能力指明方向，本章是全书最终理论层面落脚点，主要研究工作和结论如下：

（1）确立了目标导向对个体创造力动态影响模型建模依据及思想，指出目标导向对个体创造力的动态影响同传染病的致病机理有众多相似之处。

（2）构建了个体创造力动态影响基础模型 G – SEIR 和个体创造力动态影响衍生模型 MG – SEVIR。

首先，提出模型研究假设；其次，构建了个体创造力动态影响基础模型 G – SEIR，但基础模型不足以解决本书研究的复杂系统问题，因此又进一步构建了个体创造力动态影响衍生模型 MG – SEVIR；最后，分别针对上述两个模型确定了主体状态转化规则，对模型参数进行了配置。

（3）确定了 G – SEIR 模型平衡点和阈值，对模型平衡点和阈值展开分析，阈值 $R_0 = \dfrac{\forall\ (g^{es}\tau\beta + g^{is}\vartheta)}{\beta\ (\beta + \lambda + g^{rs}\epsilon + g^{is}\vartheta + g^{es}\tau)\ + \lambda\ (g^{rs}\epsilon + g^{es}\tau + g^{is}\vartheta)\ + g^{es}\tau\gamma} \leq 1$ 时，个体创造力将逐步降低并最终导致个体失去创新能力。

（4）针对 G – SEIR 和 MG – SEVIR 模型展开仿真实验。

首先，在本书第四章调查问卷数据的基础上，确定了 3 组 27 个基础数据样本，配置了 15 组 45 个模型参数配置方案。其次，使用 MATLAB 进行仿真，针对仿真结果从 G – SEIR 模型的个体创造力系统影响、信息细化和信息交换对个体创造力的中介影响、目标导向对个体创造力的直接影响、个体创造力的动态变化、MG – SEVIR 模型的多目标导向对个体创造力的动态影响、团队目标导向对个体创造力的调节作用、个体信息细化对个体创造力的影响、团队信息交换对个体创造力的影响八个层面展开分析。最后，从各要素及各参数变化对个体创造力的系统影响两个层面展开系统性分析。研究结果验证了模型的有效性，并取得了一系列的重要研究结论。

第六章 现代组织的个体创造力提升对策

随着全球新一轮科技革命和产业变革的开始，我国经济进入速度变化、结构转型和动力转换的关键时期。在机遇和挑战并存的现实情境下，创造力提升已经成为国民经济发展战略任务，创造力水平已经成为现代企业成功与否的关键要素，个体创造力是现代组织创新的核心推动力量（王妤扬，2015）。然而，现代组织却面临诸多个体创造力提升困境：①个体创造力管理体系不健全；②个体创造力提升的支撑条件不完善；③个体创造力提升的策略选择不科学；④个体创造力提升的保障措施不具体。因此，应该从个体创造力管理体系、个体创造力提升的支撑条件、策略选择和保障措施几个层面入手提升现代组织的个体创造力。

第一节 个体创造力管理体系

在本书所取得的丰富理论研究成果的基础上，本章基于动机性信息处理理论构建了现代组织个体创造力管理体系（见图6-1）。所构建的管理体系包括1个系统、2个支撑、3种策略、4项保障（下文统称为"1234"体系）。1个系统指动机性信息处理理论系统性地贯穿于支撑条件完善、提升策略制定、保障措施采取过程中，为"1234"体系提供了系统的理论支撑；2个支撑包括团队信息交换和个体信息细化；3种策略则是学习目标推进策略、绩效趋近目标引导策略、绩效趋避目标回避策略；4项保障则包括加强组织文化建设、采取柔性组织结构、丰富组合激励方式、建立长效培训机制。

动机性信息处理理论是现代组织个体创造力管理体系坚实的理论基础，贯穿于团队信息交换、个体信息细化、团队和个体层面目标导向对个体创造力的提升

团队目标导向与个体目标导向对个体创造力的影响研究

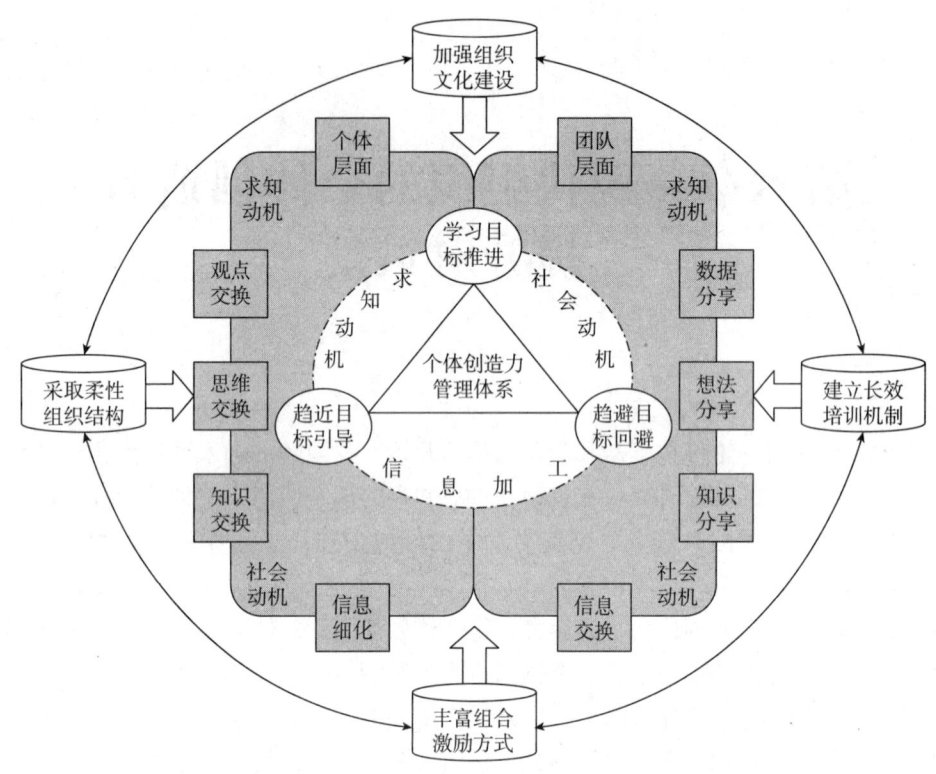

图 6-1 现代组织个体创造力管理体系

过程中，健全了个体创造力管理系统，增强了管理体系的系统性和可操作性。然而从团队层面，采用先进的计算机技术、物联网技术、移动通信技术，通过不同的传播渠道为数据分享、想法分享、知识分享提供便利的条件，可以不断提升团队信息交换水平。从个体层面，在动机性信息处理理论支撑下，建立认知机制观，调动与利用多样化的组织信息资源，为观点交换、思维交换、知识交换提供丰沃的土壤，亦是个体信息细化水平不断提升的有效途径。团队信息交换和个体信息细化水平的持续、稳定提升，为个体创造力的提升提供了极为完善的支撑条件。从团队层面、个体层面的学习目标导向、绩效趋近目标导向、绩效趋避目标导向对个体创造力的动态作用出发，基于上文所取得的丰富研究结论，确定提升个体创造力的学习目标导向推进、绩效趋近目标导向引导和绩效趋避目标导向回避策略，使得现代组织个体创造力提升的策略选择更为科学。加强组织文化建设以形成创新文化、缔结心理契约，采取柔性组织结构以实现组织结构扁平化、网络化，丰富组合激励方式以提高个体创新积极性、诱发创新动力源，建立长效培训机制以促进显性知识内化、提升组织知识流量,上述四项保障措施能够具体、有效地保障现代组织创新战略的实现。

总之,基于动机性信息处理理论构建现代组织个体创造力管理体系,为我国现代组织个体创造力管理提供新的理论视角,在现代组织创新实践中具有重要的应用意义。

第二节 个体创造力提升的支撑条件

个体信息细化并非单纯的信息沟通和分享,信息细化是建立在信息分享和沟通基础上的、更深入的信息处理与加工的过程,成员经常就某一个问题深入地讨论、交换意见。然而团队信息交换则是团队成员之间对于工作相关的数据、想法和知识进行分享,是连接团队属性和结果的一个关键性过程。同时,基于本书第四、五章研究结论,团队信息交换在团队目标导向和个体创造力之间具有中介作用,团队信息交换水平变化动态影响个体创造力。个体信息细化在个体目标导向和个体创造力之间也起到中介作用,个体信息细化程度变化动态影响个体创造力水平。因此,个体信息细化和团队信息交换能够为个体创造力的提升提供有力的、完善的支撑条件。

一、个体信息细化支撑子系统

如上文所述,为提高个体创造力,需要提高个体信息细化水平以加强对个体创造力提升的支撑力度,而要提高个体信息细化水平,则需要从个体信息细化支撑子系统要素入手,从多个层面优化、完善影响个体信息细化水平的要素。基于笔者前期研究成果,提出个体信息细化支撑子系统,如图6-2所示。

信息细化水平的提升是个系统的过程,系统要素包括信息细化个体、信息细化环境、信息挖掘技术和工具、信息四要素。从动机性信息处理角度来看,员工从目标导向出发,经过对个人观点的处理,通过信息发布的形式进行观点分享,具有了信息细化主体的特征。信息细化主体在团队目标、激励机制、制度建设等团队环境及任务信息、个体目标、个体冲突等个体环境作用之下,个体目标导向逐步清晰。进一步通过做出发布原创信息、分享信息、评论信息等行为进行信息交互,最终通过发布原创信息形式推动信息细化整合传播。在整个系统运作过程

团队目标导向与个体目标导向对个体创造力的影响研究

中,新媒体信息挖掘技术和工具具有重要的桥梁作用。

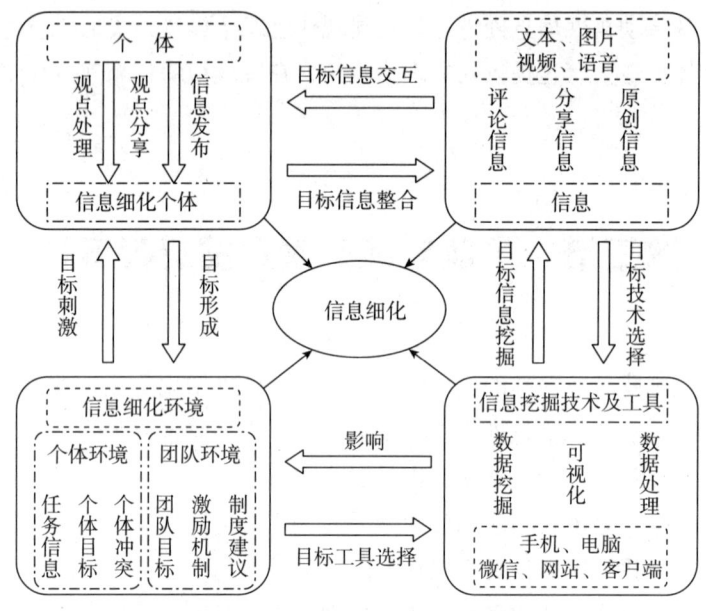

图 6-2 个体信息细化支撑子系统

由此可见,若完善个体信息细化对个体创造力的支撑条件,则需要从信息细化个体、信息细化环境、信息挖掘技术和信息四个要素入手。提高个体目标导向和现代组织创新要求的匹配度,深化个体观点处理细致度,提高观点分享频率。通过提高个体目标和团队目标结合度、建立激励机制、加强制度建设等措施,营造有利于个体信息细化的团队环境,通过任务信息细化、个体学习目标培育、个体冲突回避等措施,打造能有效提升个体信息细化水平的个体环境。通过频繁的原创信息发布、信息分享、信息评论等行为加强个体间的信息交互。充分利用新媒体信息挖掘技术和工具,如移动通信技术、大数据技术、云存储技术、物联网技术,以及手机、电脑、微信、网站、客户端等工具,发挥先进技术和工具的重要桥梁作用,最终实现信息整合传播而全面提升个体信息细化水平的目标。

二、团队信息交换支撑子系统

团队信息交换对个体创造力提升具有动态影响,为提高个体创造力,需要提高团队信息交换水平以加强对个体创造力改善的支撑。前文对团队信息交换的概念做出了界定,团队信息交换是借助先进的计算机技术、物联网技术、移动通信技术，通过不同的传播渠道实现信息的生产、分解、传递、消费以及知识的交流、学习、整合、理解和创新的过程。由此可见，若要提高团队信息交换水平，则需要系统地从团队信息交换过程的各个环节、各个要素入手，基于国内外学者的团队信息交换研究成果，提出团队信息交换支撑子系统，如图6-3所示。

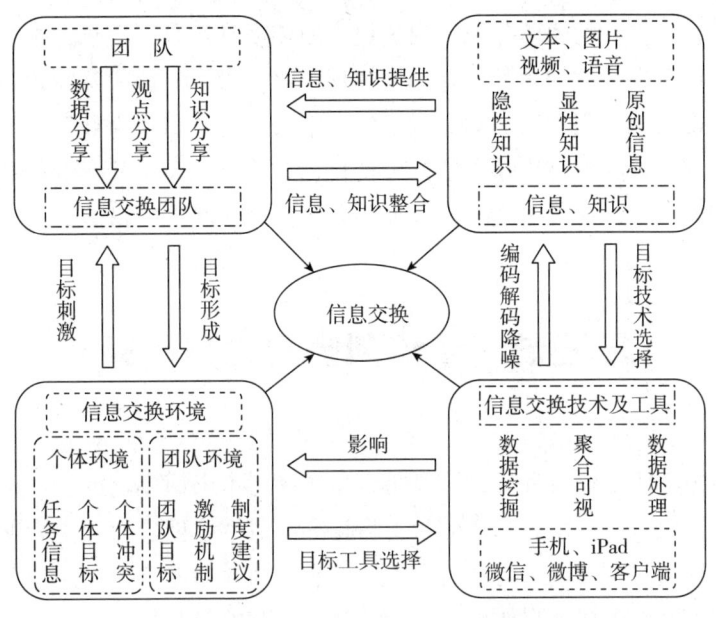

图6-3　团队信息交换支撑子系统

同个体信息细化类似，团队信息交换水平的提升是个系统工程，但同个体信息细化的区别在于团队信息交换更强调知识的分享。如图6-3可知，团队信息交换支撑子系统要素包括信息交换团队、信息交换环境、信息交换技术及工具、信息和知识四要素。从动机性信息处理和知识共享角度来看，团队从目标导向出发，经过对数据、观点、知识的处理，通过信息的生产、分解、传递、消费的形式，实现知识的交流、学习、整合、理解和创新，团队具有了信息交换的特征。团队信息交换主体在团队目标、激励机制、制度建设等团队环境作用下，对个体任务信息、个体目标、个体冲突等个体环境产生影响，团队目标导向进一步清晰。团队间通过发布、分享、评论原创信息，显性知识的分享，隐性知识的内化等行为进行信息交互和知识共享。在团队信息交换子系统的运作过程中，信息交换技术和工具对信息和知识进行编码、解码和降噪，对数据进行挖掘、处理、聚合及可视化，提高了信息和知识的分享效率和利用价值。

同样，团队信息交换对个体创造力的支撑，需要注重团队信息交换子系统的各个环节和各个要素的完善。需要从信息交换团队、信息交换环境、信息交换技术及工具、信息和知识四要素入手。保持团队目标导向和现代组织创新要求的一致性，提高团队目标导向对个体目标导向的影响，提高数据、观点、知识的分享效率。通过建立激励机制、加强制度建设、团队目标动态优化等措施，营造有利于团队信息交换提升的团队环境。通过提高原创信息发布、信息分享、信息评论的频次，通过重视显性知识分享、隐性知识内化行为，加强团队间信息交互和知识共享。重视技术采用和工具利用过程中的编码、解码和降噪环节，加强数据挖掘、数据处理、资源聚合以及大数据可视化，在信息、知识分享效率和价值密度较高的基础前提下，最终达到全面提高团队信息交换水平的目的。

第三节 个体创造力提升策略

现代组织个体创造力提升的核心是策略选择，本书第四、五、六章指出，从团队或个体层面来看，团队和个体学习目标导向对个体创造力产生影响，团队绩效趋近目标导向对个体创造力产生影响，而个体绩效趋近目标导向则直接影响着个体创造力不发生改变的个体数量。团队和个体绩效趋避目标导向对个体创造力的提升没有影响，但同个体创造力不发生改变的个体密切相关。从个体创造力的影响系统来看，学习目标导向是个体创造力提升的核心要素，而绩效趋近目标导向对个体创造力提升的影响则取决于同学习目标导向权重的比值，以及绩效趋近目标导向的团队成员占系统成员的比率，即绩效趋近目标导向可能提升个体创造力，也可能导致系统成员逐步退出而长远地影响企业创新能力。绩效趋避目标导向无疑会对个体创造力的提升带来阻碍作用，一方面绩效趋避目标导向权重的增大，则意味着学习目标导向和绩效趋近目标导向权重和值的减小；另一方面绩效趋避目标导向权重增大，退出系统不再发生个体创造力提升的成员数量增多。

基于上述论述，在本书理论研究结论和国内外学者研究的基础上，本着"科学性"原则，本书提出了现代组织个体创造力提升策略及实施措施，如表6-1所示。最终确定现代组织个体创造力提升策略为学习目标推进策略、绩效趋近目标引导策略和绩效趋避目标回避策略。学习目标推进策略立足于同时提高团队和个体层面学习目标导向水平；绩效趋近目标引导策略着眼于提高团队层面绩效趋

第六章　现代组织的个体创造力提升对策

近目标水平，同时降低个体层面趋近目标水平；绩效趋避目标回避策略则要实现同时降低团队和个体绩效趋避目标水平的目的。上述三个策略实质是引导不同特质员工聚焦不同目标，按照对个体创造力的提升效果从高到低排列依次是学习目标推进策略、绩效趋近目标引导策略、绩效趋避目标回避策略。因此，在实践中应首先实施学习目标推进策略，当个体创造力提升到平衡稳定状态后，再实施绩效趋近目标引导策略，而绩效趋避目标回避策略则应该慎重实施。为实现学习目标推进策略、绩效趋近目标引导策略和绩效趋避目标回避策略的有效实施，应从影响目标导向的内隐能力、人格特质、成就动机、自我效能感、能力直觉、情绪倾向、组织环境、家庭情境等多个因素入手，下面进行详细论述。

表 6-1　现代组织个体创造力提升策略及实施

策略\措施	个体层面实施措施	团队层面实施措施
学习目标推进	(1) 提升个体内隐能力。 (2) 提高个体追求成功动机。 (3) 提高个体自我效能感。 (4) 提高个体能力知觉感知水平。 (5) 提高个体积极情绪调节能力。	(1) 增大外倾性人格特质个体比率。 (2) 任用变革型领导。 (3) 任用学习目标导向型领导。 (4) 给予下属更多的积极反馈。 (5) 建立员工家属关爱机制，引导员工家庭采取权威型教养方式。 (6) 适度干预个体学习行为。 (7) 加强水平型绩效控制。
绩效趋近目标引导	(1) 减小个体追求失败动机。 (2) 调整开放性人格特质个体到非创新部门。 (3) 调整宜人性人格特质个体到非创新部门。 (4) 降低个体消极情绪调节能力。	(1) 提高个体能力知觉感知水平较高个体比率。 (2) 提高追求成功动机个体比率。 (3) 任用开放性人格特质领导。 (4) 任用交易型领导。 (5) 给予下属更多的消极反馈。 (6) 建立员工家属关爱机制，引导下属家庭采取权威型教养方式。 (7) 提高组织环境威胁感。 (8) 加强水平型绩效控制。
绩效趋避目标回避	(1) 加强垂直型绩效控制。 (2) 调整放任型领导到非创新部门。 (3) 调整神经质型人格特质个体到非创新部门。 (4) 重设组织创新目标，提高个体未来时间洞察力。 (5) 深化员工家属关爱机制，引导下属家庭采取专制型教养方式。	

团队目标导向与个体目标导向对个体创造力的影响研究

一、学习目标推进策略

学习推进策略实施目标是通过同时提高团队和个体层面学习目标导向水平达到个体创造力的提升。具体来说，学习目标推进策略的实施包括以下七个方面：

1. 适度干预个体学习行为，提升个体内隐能力

个体的能力可以通过持续努力和学习来提高，完成成就任务过程中，个体可以通过学习而获得能力提升，从而更容易提高学习目标导向的水平，因此现代组织应适度干预个体学习行为从而不断提升个体内隐能力。

2. 优先选择或录用持有外倾性人格特质员工从事创新活动

从人格特质视角来看，外倾性人格特质个体更多地持有学习目标导向，现代组织可以基于个体人格特质测试结果，优先选择或录用持有外倾性人格特质员工开展创新活动。

3. 任用变革型领导，提高个体追求成功动机

追求成功的成就动机越高，个体则更专注于积极结果，学习目标导向倾向也越高。变革型领导通过自身行为表率将领导和下属紧密联系，通过组织愿景宣扬、双方品德和动力提升、成员互动优化、创新氛围营造，能全面激发个体对成功的追求和渴望。

4. 任用学习型目标导向领导，提高个体自我效能感

对自身能力可变性的认知同个体自我效能感密切相连，个体既往的积极经验能有效提高自我效能感，即学习的过程体验能直接影响学习目标导向。学习型领导极为强调通过学习传递、获取、应用、创新知识，使员工主动参与学习全过程，通过学习提高自我效能感，提高学习目标导向，以成就自我。因此，任用学习型导向领导能全面提升个体自我效能感，加强积极的学习经验体验，最终实现团队和个体层面学习目标导向的提升。

5. 加强水平型绩效控制，提高个体能力知觉感知水平

个体表现预期受个体能力水平感知能力决定，如果个体能力知觉较高，能够高水平感知自我能力，则更倾向于学习目标导向；而水平型绩效控制采取"长短期结合"方式适度松绑了和报酬机理的关系，给予员工更大的能力认知、自我管理和创新空间，使组织成为创新战场和学习乐土，个体能力知觉感知水平提高的同时，学习目标导向权重也逐步得以提升。

6. 给予下属更多的积极反馈，提高个体积极情绪调节能力

提高个体情绪调节的目的，是建立个体积极情绪，不同的情绪类型因情绪效

第六章　现代组织的个体创造力提升对策

价的不同会促使个体采取不同的目标，积极情绪效价促使个体更容易采取学习目标导向。同时，领导针对个体创新行为给予的积极反馈越多，个体的学习目标导向越强，也越稳定。因此，通过领导的表扬、激励、赞许等积极反馈能够提高个体情绪调节能力，避免消极情绪、建立积极情绪，从而促进个体更多地采取学习目标导向。

7. 建立员工家属关爱机制，引导员工家庭采取权威型教养方式

家庭的教养方式对个体学习目标导向采取也具有影响，权威性教养水平越高，个体越容易采取学习目标导向。现代组织应通过建立员工家庭关爱机制，将企业对员工的关爱辐射到其家属，引导员工家长采取权威型教养方式，通过各种途径让员工共享企业创新发展成果。

二、绩效趋近目标引导策略

绩效趋近目标引导策略的实施是建立在学习目标推进策略实施效果稳定前提下的，绩效趋近引导策略的预期理想目标是通过团队绩效趋近目标权重的提升、个体趋近目标导向权重的下降实现个体创造力提升的目的。因此，存在因团队层面绩效趋近目标上升、绩效趋避目标不变，导致团队层面学习目标下降，而团队绩效趋近目标上升带来的个体创造力提升作用低于学习目标下降对个体创造力的减缓效应，导致个体创造力下降；或者存在团队层面绩效趋近目标上升，而绩效趋避目标下降，却因团队绩效趋近目标上升带来的个体创造力提升作用低于绩效趋避目标下降对团队信息交换水平的减弱作用而带来个体创造力的下降；抑或存在个体层面绩效趋近目标下降、绩效趋避目标上升，而绩效趋避目标上升幅度大于绩效趋近目标下降幅度导致个体层面学习目标下降带来个体创造力的下降。鉴于团队和个体层面目标导向复杂的动态作用关系，应在实施过程中，基于本书第五章相关模型，密切关注阈值和平衡点的变化及个体创造力的动态演化。具体来说，绩效趋近目标引导策略的实施应注重以下几个方面：

1. 提高追求成功动机个体比率，调整开放性、宜人性人格特质员工到非创新部门

开放性人格特质员工想象力丰富、善于审美、情感丰富、追求差异化，宜人性人格特质员工信任度高、直率、利他主义、比较谦虚，也比较善变。上述个体学习目标导向低，绩效趋近目标导向高，容易因任务信息、组织环境的微弱变化而产生动摇，将其调整到非创新部门则能提高其他人格特质员工比率，从而达到降低个体绩效趋近目标导向水平，提高团队追求成功动机个体比率。追求成功动

机力图通过超越别人以此证明自我能力，也就意味着避免失败的动机较高，且会带来更高的团队绩效趋近目标导向。

2. 任用开放性人格特质领导，减小个体追求失败动机

追求成功的成就动机越低，个体则更专注于消极结果，个体趋近目标导向倾向也就越高。开放性领导具有活跃的想象力、强烈的求知欲、兴趣广泛、重视审美经历、关注内心正负面情绪等人格特质，更偏向对创新和多样性的追求，并且容忍能力高，而个体对其行为带来的消极结果预期会降低，从而逐步从关注消极结果向关注积极结果转移，追求失败动机下降带来个体趋近目标倾向下降，降低了个体退出创新团队的概率。同时，开放性领导对个体的消极结果容忍并不代表其对创新的渴求低，反而其强烈的求知欲带来其对创新的持续追求，故而开放性领导团队往往持有绩效趋近目标导向，团队创造力也得以不断提升。

3. 任用交易型领导，提高能力知觉和感知水平较高的个体比率

当团队成员对团队能力有高的认知知觉时，更容易形成团队绩效趋近目标导向。交易型领导在下属需求的基础上，提供必要资源促使目标达成，采用权变奖励和权变惩罚结合方式对下属进行奖惩。交易型领导风格的管理结果是领导表现越突出，团队绩效趋近目标导向和个体创造力的关系越密切，团队成员个体能力水平通过奖惩的详细量化更容易被个体知觉感知，从而带来较高的团队绩效趋近目标导向。

4. 加强水平型绩效控制，提高组织环境威胁感

水平型绩效控制除了可以提高学习目标导向水平外，还有助于团队绩效趋近目标导向的提升，其机理同上文所述类似，在此不重复叙述。然而组织环境威胁感同团队绩效趋近目标导向密切相关，无论是将组织环境变化认知为机会抑或是威胁，都会影响企业创新决策，而组织环境威胁认知更能显著提升企业创新能力。当组织资源损失威胁感、控制减少威胁感上升时，团队绩效趋近目标导向提高，团队成员创造力得以提升，以满足趋近最初设定创新目标的需要。

5. 给予下属更多的消极反馈，降低个体消极情绪调节能力

为降低个体趋近目标导向倾向，也需要通过个体情绪调节能力改善来实现，同学习目标推进策略不同的是虽然降低个体积极情绪调节能力也会带来个体趋近目标导向的下降，但同时学习目标导向也会下降。因此，应降低个体消极情绪调节能力，简单理解即当面对任务信息时，持较高消极情绪效价的个体更关注对消极自我的关注，这可能会导致因对个体创造力的提升预期不佳而退出创新组织。然而，降低个体消极情绪调节能力，则在面对同样难度的任务信息时，其消

极情绪变化不大,对消极自我的关注不显著,从而还有个体创造力提升的机会。但这并不能保障个体创造力得到提升,还需要组织领导给予下属更多的消极反馈,让整个团队认识到达不成团队目标要求可能带来的消极后果,以此警示成员付出必要的努力而使团队绩效趋近目标提升。

6. 建立员工家属关爱机制,引导员工家庭采取权威型教养方式

同学习目标导向推进策略类似,家庭权威性教养水平除了和个体学习目标导向紧密相关外,对团队绩效趋近目标导向也有促进作用。应通过员工家庭关爱机制,让员工家属感受到企业的关爱,从而使家属对企业的理解和支持程度加深,权威型家属对企业创新的认同会促使个体趋近于企业创新目标,最终虽不能必定提升个体绩效趋近目标导向,但有助于团队绩效趋近目标导向的达成。

三、绩效趋避目标回避策略

绩效趋避目标回避策略的意义不在于个体创造力的提升,而在于"止损",即当学习目标推进策略、绩效趋近目标引导策略对个体创造力的提升未达到预期效果,反而因激进的策略可能导致优秀创新人才的流失、团队成员规模大幅减少,从根本上影响现代组织核心竞争力,甚至动摇现代企业生存的根本,而此时应采取将人力资源损失降低到最小的策略。因此,绩效趋避目标回避策略则应该慎重实施,若迫不得已必须实施绩效趋避目标回避策略,则可从以下四个方面入手。

1. 加强垂直型绩效控制

建立垂直绩效控制机制,提高团队目标和组织规则透明度,杜绝"暗箱操作""有法不依",适当干预个体行为,提供必要的指导,促使团队目标和规则在员工行为和认知中的内化。奖惩机制突破员工心理安全预期,增加员工紧迫感,让员工充分意识到退出组织所需承受的超预期的"机会成本",探寻解决异质问题的最佳解决路径。从而达到通过降低团队绩效趋避目标导向权重,使团队目标导向回归到学习目标导向或绩效趋近目标导向。

2. 调整神经质型人格特质个体,放任型领导到非创新部门

神经质人格特质员工具有个性敏感、易对组织环境微小变化紧张、性格急躁、脾气暴躁等特征,其行为会表现出完美主义倾向、自卑倾向或过度焦虑倾向,由此导致团队绩效趋避目标导向权重加大,将这部分员工调整到非创新部门,则能降低团队绩效趋避目标导向倾向。同时,放任型领导往往具有保守、畏缩、退却、缺乏自信、沮丧悲观、沉默寡言、循规蹈矩等人格特征,明显此类领

导在团队绩效趋避目标导向较强，在对现代组织已经产生非常不利的影响情况下，则不适合再继续领导创新团队，因此应将其调离创新部门以重构团队目标导向结构。

3. 重设组织创新目标，提高个体未来时间洞察力

未来时间洞察力是一种认知结构，也是一种稳定意向。个体未来时间洞察力是一种指向未来的能力和动力的人格特质，未来时间洞察力的心理结构可以时间来对应。个体未来时间洞察力可以划分为未来意象、目的意识、远目标导向、未来效能和行为承诺五个维度。从这五个维度出发降低绩效趋避目标导向倾向的目的是促使员工将对当前组织不佳表现的关注转移到未来时间上，借此获得重构组织目标导向结构的机会。通俗而言，通过提高个体的"远见卓识"，让员工认同组织调整后的创新目标，意识到组织创新发展的前景，放弃眼前利益而着眼长远发展，从而降低组织绩效趋避目标导向，降低员工离职率。

从个体目的意识维度入手，促使个体对未来发展、未来生活关注并建立清晰认识，能主动行动创造未来。从个体未来意象维度入手，重构个体对现阶段组织创造力的意象，建立其同未来组织创新目标的意象关联。从个体未来效能入手，引导个体对组织未来发展持有乐观态度，建立个体对创造美好未来的能力自信。从远目标导向层面，引导个体对长远人生目标关注，对组织未来构思。最终激发个体为实现个体人生目标、组织目标而付诸行动。在重新调整组织创新目标的基础上，从上述五个维度入手，能够在个体未来时间洞察力提升的前提下，有效降低员工离职率，赢得宝贵的重构组织目标导向时间，为未来创造力提升带来可能。

4. 深化员工家属关爱机制，引导下属家庭采取专制型教养方式

深化学习目标推进、绩效趋近目标策略实施过程中建立的员工家属关爱机制，如采取员工父母就医福利、子女入学福利、子女入职福利、家庭集体旅游福利等低成本、人性化的福利政策深化对员工家属的关爱，逐步让家属认同企业创新理念、面临的困境，以此加深家属对企业的认同感、归属感。同时，引导下属家庭采取专制型教养方式，通过家庭成员对组织员工施加绩效趋避目标导向回避影响，降低优秀员工流失率以稳定个体创造力。

第四节　个体创造力提升的保障措施

本节在现代组织个体创造力管理体系框架下，在个体信息细化和团队信息交

第六章 现代组织的个体创造力提升对策

换两个子系统支撑下,在个体创造力策略选择指引下,提出保障体系运行的加强、组织文化建设、采取柔性组织结构、丰富组合激励方式、建立长效激励机制五大个体创造力提升的保障措施。

一、加强组织文化建设

加强组织文化建设的重点在于创新性组织文化培育,缔结管理者和普通员工心理契约。组织文化虽然不能通过领导者直接发生改变,但可以通过采取打造企业战略文化、规范企业制度、改变组织结构、增强创新意识等艺术性方式予以干预。特别是创新性组织文化培育,有利于提高团队信息交换水平、加快个体信息细化进程,影响团队层面和个体层面的目标导向,进而提高个体创造力。初级层面的数据交换、信息传递,并不是团队信息交换的终极目的。团队信息交换应该是信息传播和知识共享的深度融合,而创新性组织文化鼓励经验的交流、建立互信的组织氛围、重视信息生产和知识共享的双重效益,从而形成了极强的学习氛围、完整的信息传播链条、规范化的知识共享流程,极大地促进了团队信息交换和个体信息细化水平的提高,为个体创造力的支撑条件完善提供了有力的保障。同时,创新性组织文化培育也意味着学习型目标导向的培育,无论是个体层面还是团队层面,学习目标导向均对个体创造力起着举足轻重的作用,可见,组织文化建设在目标导向策略实施方面也能够形成保障。

然而,创新性组织文化终究要固化到心理层面,才能够持久发挥对创造力的能动作用。企业家、经营班子、中层干部、一线员工心理契约的达成依托于组织文化的建设。通过资本层和人力层心理契约的缔结,能够使组织领导和普通个体深度融入企业,不断以企业创新目标要求来审视团队目标和个体目标,关注企业发展胜于对部门利益、个人利益的关注,在动态发展的组织环境中不断调整自身目标导向和行为,以保持和组织目标的高度契合。更不再局限于对个体信息细化和团队信息交换所要求的"坦诚""毫无保留"的观点、创意、信息、数据、知识的交流、传递和共享而带来的个体竞争力损害的担忧,从而极大地推动了团队信息交换水平的提高和个体信息细化的深化,给个体创造力的提升建立了更为长久的心理层面保障机制。

二、采取柔性组织结构

学习目标导向对个体创造力的作用毋庸置疑,但也并不一定意味着现代组织创新一定要采取学习型组织结构。从个体创造力策略选择一节的讨论,我们亦可以看出，首先一定要建立创新型组织，其次要采取柔性的组织结构，即现代组织个体创造力提升的理想组织是柔性创新型组织。共同的企业愿景和创新意愿是创新型组织的基本要求，"共同"二字其实强调了团队和个体层面目标导向的一致性，这同学习目标导向对个体和团队层面的要求一致。既然企业愿景、创新意愿、团队目标导向、个体目标导向一致，即企业、团队、个体融为有机的结构整体，那么团队信息交换、个体信息细化则不存在结构上和心理上的障碍，使之可以"无缝"衔接和发展。

然而，在通常情况下，虽然管理层级较少、专权组织体制较少，表面上似乎更有利于个体创造力提升和企业创新的发展。但"没有规矩，不成方圆"，应该在组织结构设计绝对性的基础上，针对组织具体情况进行设计柔性创新组织而发挥相对作用，即在保障现有生产规模、质量、效率的前提下，采取机械结构和有机结构结合的方式组织新产品、新工艺的开发，发挥柔性创新组织结构优势配置研发创新部门人力资源，能够保障个体创造力有关策略的有效实施，动态调整性和可塑性更强，可极大避免学习目标推进策略、绩效趋近目标主导策略实施失败的可能。

三、丰富组合激励方式

在个体创造力提升策略中，指出了平行绩效和垂直绩效措施对目标导向的调节作用，但往往创新组织的激励不仅仅是绩效激励，而应该是多种组合激励方式的丰富（马君，2016）。有效的激励既是个体创造力提升的有效途径，也是重要保障。现代组织可采取的组合激励方式有物质层面的薪酬激励和工作环境激励、情感层面的员工家属关爱激励、绩效层面的平行或垂直绩效激励、精神层面的成就和表彰激励、发展性层面的成长环境激励、企业文化层面的成就激励等。丰富的组合激励方式为管理层基于员工性格特质引导不同目标导向成为可能，也为个体创造力的提升保驾护航。

首先，个体总是希望组织关注其工作、认可其在组织中的地位和重要性。尤其是创新部门成员，更因其高风险、高失败的活动性而更期望感受到领导的认同和关怀，降低个体创新过程中的心理风险。为个体提供组合层面的奖励，等价于为其所从事工作赋予了有趣性和企业认同信息，提高个体创新乐趣和认同感，从而在增强任务目标对个体创造力解释的基础上，保障个体创造力的提升。其次，组合式奖励清晰地传递了组织创新目标要求，使个体间机会均等、期望透明，降低了创新过程中的心理风险，使个体能够抽出更多精力和时间提升个体创造力。

丰富的组合激励方式，传递了企业对其工作价值的认同，以及对取得切实的创造性成果的期待，个体使命和责任感因其而达到前所未有的高度，从而促进内外创造动机整合，为创造力提升提供了基础性保障。

四、建立长效培训机制

创造力教育和培训能够有效促进个体显性知识内化，大幅度提高个体创造力。例如，通用公司早在20世纪30年代就推行了"创造工程"培训，公司员工创造力大幅提升。在员工入职初期就展开创造力培训也是目前我国企业通行的做法。通过个体创造力较高的资深员工和新入职员工的言传身教，使新员工工作相关技能和知识得到提升的同时，企业创新目标、价值观、规范条例也被快速吸收。现代组织新个体崇高的团队精神、强烈的责任心和荣誉感、高尚的个人品格、深广的创新气度、忠于企业创新事业等特质得以形成，团队信息交换和个体信息细化在培训过程中得以实现。

创造力培训一方面是理论教育的加深，另一方面是对其创造性思维额训练，从本书第五章的研究结论可以看出，目标导向、团队信息交换、个体信息细化对个体创造力的影响随着时间的推移存在逐步减弱的可能。由此可见，个体创造力的开发和调动是一项复杂的综合工程，因此要建立长效培训机制，既要有入职培训，也要有中期的系统培训方案，还要制定长期培训战略规划。从具体措施来看，通过从人力资源部门剥离培训职能，建立大规模创造力培训中心，调动内外人力资源建立庞大师资库，利用先进的计算机技术和移动通讯技术开展微课培训以丰富培训形式，提供24小时不间断的按需培训定制，做好员工职业生涯规划，通过岗位轮换变换培训方式，鼓励学历教育和非学历进修，以上种种虽然均能通过培训为个体创造力提升提供保障，但必须意识到个体创造力提升不可能一蹴而就，还需要不断完善和开发培训方案，加强对培训效果的考核和监督，才会使现代组织在激烈的市场竞争中，通过组织成员个体创造力的不断提升而得到持续回报，最终形成企业独有的核心竞争力而永立于不败之地。

本章小结

本章针对现代组织个体创造力提升面临的问题和困境，基于动机性信息处理理论及本书第四、五章研究成果，构建了现代组织个体创造力管理体系；指出从个体信息细化和团队信息交换两个层面提供个体创造力支撑条件，并对相应支撑子系统予以阐释；从团队和个体层面多目标导向提出个体创造力提升策略；指出个体创造力提升的保障措施。本章是全书实践层面最终落脚点，主要研究工作和结论如下：

（1）构建了现代组织个体创造力管理体系

基于动机性信息处理理论构建了现代组织个体创造力管理的"1234"体系，指出现代组织个体创造力提升应把握1个系统的原则，以2个条件为支撑，实施3项提升策略，采取4项保障措施。

（2）指出现代组织个体创造力提升的支撑条件

基于本书第四、五章研究结论，构建团队信息交换支撑子系统和个体信息细化支撑子系统，指出从信息交换团队、信息和知识、信息交换环境、信息交换技术及工具四个团队信息交换支撑系统要素入手为个体创造力提升提供支撑条件。从信息细化个体、信息、信息细化环境、信息挖掘技术和工具四个个体信息细化支撑系统要素入手为个体创造力提升提供支撑条件。

（3）对现代组织个体创造力提升策略展开研究

提出现代组织个体创造力学习目标推进、绩效趋近目标引导和绩效趋避目标回避三项选择策略。从影响目标导向的内隐能力、人格特质、成就动机、自我效能感、能力直觉、情绪倾向、组织环境、家庭情境等多个因素入手提出学习目标推进、绩效趋近目标引导和绩效趋避目标回避实施策略。

（4）对现代组织个体创造力提升保障措施进行研究

提出在个体创造力提升过程中，要以加强组织文化建设、采取柔性组织结构、丰富组合激励方式、建立长效培训机制四项措施为保障。

第七章 结论与展望

本书以个体创造力为研究对象,基于目标导向、信息交换、信息细化理论展开了相关研究。首先,从目标导向、信息交换、信息细化对个体创造力影响进行分析并建立全书理论支撑;其次,运用实证研究方法对目标导向对个体创造力的跨层影响进行研究,针对实证研究结果展开深入讨论;再次,运用仿真研究方法对目标导向对个体创造力的动态影响展开研究,得出了一系列有价值的研究结论;最后,基于上述理论研究成果,提出现代组织个体创造力提升对策。本书研究在理论层面逐步深入,理论研究和应用研究紧密结合,在形成完整研究框架的基础上取得了丰硕的成果。

第一节 研究的主要结论

本书第三章、第四章、第五章、第六章为核心章节,主要研究结论如下:

第一,针对目标导向对个体创造力的跨层影响问题,得出以下主要研究结论:①团队层次学习目标导向正向影响个体创造力;②团队层次绩效趋近目标导向正向影响个体创造力;③团队层次学习目标导向通过团队信息交换对个体创造力产生正向影响;④团队层次绩效趋避目标导向通过团队信息交换对个体创造力产生负向影响;⑤个体层次的学习目标导向对个体创造力产生正向影响;⑥个体层次学习目标导向通过个体信息细化对个体创造力产生正向影响;⑦当团队层次学习目标高时,个体学习目标导向与工作信息细化之间的正向关系更强烈;⑧只有当团队层次绩效趋避目标较高时,个体学习目标导向对工作信息细化活动有负向影响。

第二，针对目标导向对个体创造力的动态影响问题，得出以下主要研究结论：①个体创造力系统内部总存在个体创造力状态未改变平衡点，当阈值 $R_0 = \dfrac{\forall(g^{es}\tau\beta + g^{is}\vartheta)}{\beta(\beta + \lambda + g^{rs}\epsilon + g^{is}\vartheta + g^{es}\tau) + \lambda(g^{rs}\epsilon + g^{es}\tau + g^{is}\vartheta) + g^{es}\tau\gamma} \leq 1$ 时，系统存在无个体创造力改变平衡点 P_0。当 $R_0 > 1$ 时，系统存在无个体创造力改变平衡点（无病平衡点）及无个体创造力改变局部平衡点（地方病平衡点）。②个体多目标导向、团队多目标导向、个体信息细化、团队信息交换等要素对个体创造力变化存在系统性的动态影响，即便个体在多个因素的复合作用下可以改变个体创造力水平，但并不能影响到每个个体，最终部分个体的创造力未受到系统影响。③团队学习目标导向对个体创造力有直接或间接的影响，随着目标导向权重的逐渐增大，个体创造力水平逐步提升，并最终达到稳定的影响状态，但团队学习目标导向并不直接对系统成员的退出产生直接影响。④个体学习目标导向是个体创造力提升的核心关键要素，个体学习目标导向权重增大，个体创造力水平显著提升，个体学习目标导向也并不直接对系统成员的退出产生影响。⑤个体信息细化和团队信息交换一定会促使个体发生创造力状态改变，达到平衡点后，系统中仍然存在正在做出信息细化或信息交换行为的个体/团队，个体信息细化和团队信息交换远未达到足以对个体创造力产生巨大影响的水平。⑥随着潜伏率增大，做出个体信息细化行为的成员数量也逐步增加，当潜伏—感染率进一步增大时，放大了信息细化行为对个体创造力的提升效应。当变异率增大时，做出团队信息交换行为的成员数量越来越多，同样变异率和变异—感染率的复合作用进一步加快了个体创造力的提升进程。直接感染率可以显著提升个体创造力，随着直接感染率增大，个体创造力密度也增大，但随之会出现快速下降的趋势，并最终趋于稳定。从免疫者密度来看，直接感染率增大，带来较高的免疫者密度。免疫密度对免疫者密度产生极大影响，随着感染率的增加，免疫者密度也显著提升。

第三，基于本书理论研究成果，提出了现代组织个体创造力提升对策。①完善现代组织个体创造力管理体系指出现代组织个体创造力提升应把握1个系统的原则，以2个条件为支撑，实施3项提升策略，采取4项保障措施。②提供2个创造力支撑条件。现代组织个体创造力提升应以团队信息交换子系统和个体信息细化子系统为支撑。从信息交换团队、信息和知识、信息交换环境、信息交换技术及工具四个团队信息交换支撑系统要素入手为个体创造力提升提供支撑条件。从信息细化个体、信息、信息细化环境、信息挖掘技术和工具四个个体信息细化支撑系统要素入手为个体创造力提升提供支撑条件。③实施3项个体创造力提升策略。现代组织应采取学习目标推进、绩效趋近目标引导和绩效趋避目标回避三项策略提升个体创造力。在实施措施上，应从影响目标导向的内隐能力、人格特质、成就动机、自我效能感、能力直觉、情绪倾向、组织环境、家庭情境等多个因素入手实施。④采取4项个体创造力保障措施。在现在组织个体创造力提升过程中，要以加强组织文化建设、采取柔性组织结构、丰富组合激励方式、建立长效培训机制四项措施为保障。

第二节 研究的创新点

本书主要创新点概括如下：

第一，基于目标导向、个体创造力理论研究了目标导向对个体创造力的影响机理。首先，在目标导向对个体创造力影响的理论框架基础上，剖析团队目标导向和个体目标导向对个体创造力的直接影响；其次，探究个体信息细化和团队信息交换在影响路径中的中介作用以及团队目标导向的调节作用；最后，构建了目标导向对个体创造力影响的路径模型。

第二，基于信息细化、信息交换和动机性信息处理理论，从团队和个体两个层面出发研究了目标导向对个体创造力的跨层影响。刻画了目标导向和创造力之间的"特征—过程—绩效"影响路径，明确了团队信息交换和个体信息细化对个体创造力形成影响的条件与过程，比较完整地揭示了团队目标导向和个体目标导向对个体创造力的影响机制。

第三，基于系统动力学及传染病理论，研究了目标导向对个体创造力的动态影响。首先，从系统动力学视角下的疾病传播过程和目标导向对个体创造力影响的相似性出发，确定了建模依据和思想；其次，构建了目标导向对个体创造力影响的基础模型 G-SEIR 和衍生模型 MG-SEVIR，确定了模型平衡点和阈值，剖析了个体创造力系统阈值内在机理，基于问卷数据配置了15组45个参数方案展开仿真研究；最后，对仿真结果展开系统分析。

第四，基于本书理论研究成果，提出了现代组织个体创造力提升对策。在对现代组织个体创造力的系统分析基础上，提出个体创造力管理的"1234"体系，从信息细化、信息交换视角提出个体创造力提升支撑条件，基于动机性信息处理理论提出个体创造力提升策略，最后从组织文化、组织结构、激励方式、培训机制角度提出保障措施。

第三节 研究局限及展望

尽管本书取得了一定的研究成果,但还存在着一些不足:

第一,本书的研究虽然聚焦于工业企业,但是忽视了非营利性机构的情况,因此在研究结论当中对动机的考虑不够充分,因为工业企业中员工的动力和创新动机与非营利性机构和教育机构是完全不同的,因此对于不同动机对目标导向和员工创造力之间的影响关系,还有待进一步的深入挖掘。

第二,本书的研究并没有在组别上进行比较,如以年龄、性别、行业类别等进行分组比较。因此,对这些变量的影响没有进一步深入分析,这些因素或许能深化本书的研究结论。

第三,在仿真研究中,假定个体不存在重复感染,但客观存在员工创造力达到一定程度后,可能会强化同事间的信息交换或信息细化,进而重塑团队学习目标导向和个体创造力的关系。

因此,未来研究将在以下方面予以改进:

第一,未来研究将考虑更多的潜在中介变量。例如,同个体创造力密切相关的技能、领域相关知识、目标动机的个体层次变量,这将会使未来的研究更具有价值。

第二,进一步聚焦于人的属性变量展开目标导向对创造力的影响研究。学习目标导向是内生性动机的一个可能结果,由此学习目标导向与内生性动机必然存在关联,而人的属性变量则能反映、影响或激发内生性动机,并导致创造力的改变。

第三,将非营利性机构纳入样本,同时考虑重复感性,展开更为深入的仿真研究,基于研究结果,提出更具有普适性的个体创造力管理策略。

参考文献

[1] Amabile T. M., Conti R., Coon H., et al. Assessing the Work Environment for Creativity [J]. Academy of Management Journal, 1996, 39 (5): 1154 – 1184.

[2] Amabile T. M. A Model of Creativity and Innovation in Organizations [J]. Research in Organizational Behavior, 1988, 10 (10): 123 – 167.

[3] Amabile T. M. Motivating Ereativity in Organizations: On Doing What You Love and Loving What You Do [J]. California Management Review, 1997, 40 (1): 39 – 58.

[4] Amabile T. M. The Social Psychology of Creativity: A Componential Conceptualization [J]. Contemporary Sociology, 1983, 13 (5): 637.

[5] Amabile T. M. The Social Psychology of Creativity [M]. New York: Springer, Berlin, 2012.

[6] Amabile T. Creativity in Context: Update to the Psychology of Creativity [J]. High Ability Studies, 1996 (2): 100 – 101.

[7] Ames C. Classrooms: Goals, Structures, and Student Motivation [J]. Journal of Educational Psychology, 1992, 84 (3): 261 – 271.

[8] Ames C. Competitive, Cooperative, and Individualistic Goal Structures: A Cognitive – Motivational Analysis [J]. Research on Motivation in Education, 1984, 1: 177 – 207.

[9] Aneika L. Simmons, Run Ren. The Influence of Goal Orientation and Risk on Creativity [J]. Creativity Research Journal, 2009, 21 (4): 400 – 408.

[10] Arad S., Hanson M. A., Schneider R. J. A Framework for The Study of Relationships between Organizational Characteristics and Organizational Innovation

[J]. The Journal of Creative Behavior, 1997, 31 (1): 42 –58.

[11] Archer J. Achievement Goals As a Measure of Motivation in University Students [J]. Contemporary Educational Psychology, 1994, 19 (4): 430 –446.

[12] Archer J. Motivation and Creativity: The Relationship between Achievement Goals and Creativity in Writing [D]. University of Illinois at Urbana – Champaign, 1989.

[13] Assor A., Kaplan H. Mapping the Domain of Autonomy Support [M] // Trends and Prospects in Motivation Research. Springer Netherlands, 2001: 101 –120.

[14] Astrid C. Homan, Daan van Knippenberg. Bridging Faultlines by Valuing Diversity: Diversity Beliefs, Information Elaboration, and Performance in Diverse Work Groups [J]. Journal of Applied Psychology, 2007, 92 (5): 1189 –1199.

[15] Baer M. Putting Creativity to Work: The Implementation of Creative Ideas in Organizations [J]. Academy of Management Journal, 2012, 55 (5): 1102 –1119.

[16] Barron F., Harrington D. M. Creativity, Intelligence, and Personality [J]. Annual Review of Psychology, 1981, 32 (1): 439 –476.

[17] Barron K. E., Harackiewicz J. M. Chapter 9 – Achievement Goals and Optimal Motivation: A Multiple Goals Approach [J]. Intrinsic & Extrinsic Motivation, 2000: 229 –254.

[18] Bell B. S., Kozlowski W. J. Goal Orientation and Ability: Interactive Effects on Self – Efficacy, Performance, and Knowledge [J]. Journal of Applied Psychology, 2002, 87 (3): 497.

[19] Bempechat J., Boulay B. A. Beyond Dichotomous Characterizations of Student Learning: New Directions in Achievement Motivation Research [J]. Research on Sociocultural Influences on Motivation and Learning, 2001, 1: 17 –36.

[20] Bereby – Meyer Y., Kaplan A. Motivational Influences on Transfer of Problem – Solving Strategies [J]. Contemporary Educational Psychology, 2005, 30 (1): 1 –22.

[21] Bergin D. A. Effects of A Mastery Versus Competitive Motivation Situation on Learning [J]. The Journal of Experimental Education, 1995, 63 (4): 303 –314.

[22] Bode K. D., Knippenberg D. V., Ginkel W. P. V. Ethnic Diversity and

Distributed Information in Group Decision Making: The Importance of Information Elaboration [J]. Group Dynamics Theory Research & Practice, 2008, 12 (4): 307 – 320.

[23] Bode K. D., Knippenberg D. V., Ginkel W. P. V. Ethnic Diversity and Distributed Information in Group Decision Making: The Importance of Information Elaboration [J]. Group Dynamics Theory Research & Practice, 2008, 12 (4): 307 – 320.

[24] Bowers C. A. When Member Homogeneity Is Needed in Work Teams [J]. Small Group Research, 2000, 31 (3): 305 – 327.

[25] Brett J. F., Vandewalle D.. Goal Orientation and Goal Content As Predictors of Performance in A Training Program [J]. Journal of Applied Psychology, 1999, 84 (6): 863 – 873.

[26] Brookhart S. M., Walsh J. M., Zientarski W. A. The Dynamics of Motivation and Effort for Classroom Assessments in Middle School Science and Social Studies [J]. Applied Measurement in Education, 2006, 19 (2): 151 – 184.

[27] Bunderson J. S., Sutcliffe K. M. Management Team Learning Orientation and Business Unit Performance [J]. Journal of Applied Psychology, 2003, 88 (3): 552 – 560.

[28] Butler R., Ruzany N. Age and Socialization Effects on The Development of Social Comparison Motives and Normative Ability Assessment in Kibbutz and Urban Children [J]. Child Development, 1993, 64 (2): 532 – 543.

[29] Butler R. Effects of Task – and Ego – Achievement Goals on Information Seeking During Task Engagement [J]. Journal of Personality and Social Psychology, 1993, 65 (1): 18 – 31.

[30] Button S. B., Mathieu J. E., Zajac D. M. Goal Orientation in Organizational Research: A Conceptual and Empirical Foundation [J]. Organizational Behavior & Human Decision Processes, 1996, 67 (1): 26 – 48.

[31] Carolyn M. Jagacinski, Jennifer L. Madden, Matthew H. Reider. The Impact of Situational and Dispositional Achievement Goals on Performance [J]. Human Performance, 2001, 14 (4): 321 – 337.

[32] Catharine Patrick. Creative Thought in Artists [J]. Journal of Psychology Interdisciplinary & Applied, 1937, 4 (1): 35 – 73.

[33] Cellar D. F., Stuhlmacher A. F., Young S. K., et al. Trait Goal Orientation, Self-Regulation, and Performance: A Meta-Analysis [J]. Journal of Business & Psychology, 2011, 26 (4): 467-483.

[34] Chae S. W., Seo Y. W., Lee K. C. Task Difficulty and Team Diversity on Team Creativity: Multi-Agent Simulation Approach [J]. Computers in Human Behavior, 2015, 42: 83-92.

[35] Chae S., Seo Y., Lee K. C. Effects of Task Complexity on Individual Creativity Through Knowledge Interaction: A Comparison of Temporary and Permanent Teams [J]. Computers in Human Behavior, 2015, 42 (4): 138-148.

[36] Chen G., Kanfer R. Toward A Systems Theory of Motivated Behavior in Work Teams [J]. Research in Organizational Behavior, 2006, 27: 223-267.

[37] Chin N. S., Khoo S, Low W. Y. Self-Determination and Goal Orientation in Track and Field. [J]. Journal of Human Kinetics, 2012, 33 (3): 151-161.

[38] Coyne J. C., Gottlieb B. H. The Mismeasure of Coping By Checklist [J]. Journal of Personality, 1996, 64 (4): 959-991.

[39] Cross R., Borgatti S. P., Parker A. Making Invisible Work Visible: Using Social Network Analysis to Support Strategic Collaboration [J]. California Management Review, 2002, 44 (2): 25-46.

[40] Csikszentmihalyi M. Creativity: Flow and the Psychology of Discovery and Invention [J]. Adult Education Quarterly, 1997, 43 (12): 823-824.

[41] Cumming J., Hall C. The Relationship between Goal Orientation and Self-Efficacy for Exercise [J]. Journal of Applied Social Psychology, 2004, 34 (4): 747-763.

[42] Cury F., Elliot A. J., Da Fonseca D., et al. The Social-Cognitive Model of Achievement Motivation and The 2 × 2 Achievement Goal Framework [J]. Journal of Personality and Social Psychology, 2006, 90 (4): 666.

[43] David P. MacKinnon, Chondra M. Lockwood, Jason Williams. Confidence Limits for the Indirect Effect: Distribution of the Product and Resampling Methods [J]. Multivariate Behavioral Research, 2004, 39 (1): 99-128.

[44] Davison M. L. Introduction to Multidimensional Scaling and Its Applications [J]. Applied Psychological Measurement, 1983, 7 (4): 373-379.

[45] De Dreu C. K., Beersma B., Stroebe K., et al. Motivated Information Processing, Strategic Choice, and The Quality of Negotiated Agreement [J]. Journal of Personality & Social Psychology, 2006, 90 (6): 927-943.

[46] De Dreu C. K., Nauta A. Self-Interest and Other-Orientation in Organizational Behavior: Implications for Job Performance, Prosocial Behavior, and Personal Initiative [J]. J Appl Psychol. 2009, 94 (4): 913-926.

[47] De Dreu C. K., Nijstad B. A., Van K. D. Motivated Information Processing in Group Judgment and Decision Making [J]. Personality and Social Psychology Review, 2008, 12 (1): 22-49.

[48] De Dreu C. K. Cooperative Outcome Interdependence, Task Reflexivity, and Team Effectiveness: A Motivated Information Processing Perspective [J]. Journal of Applied Psychology, 2007, 92 (3): 628-638.

[49] Delbecq A. L., Mills P. K. Managerial Practices That Enhance Innovation [J]. Organizational Dynamics, 1985, 14 (1): 24-34.

[50] Denise Potosky, H. V. Ramakrishna. The Moderating Role of Updating Climate Perceptions in The Relationship between Goal Orientation, Self-Efficacy, and Job Performance [J]. Human Performance, 2002, 15 (3): 275-297.

[51] Deshon R. P., Gillespie J. Z. A Motivated Action Theory Account of Goal Orientation [J]. Journal of Applied Psychology, 2005, 90 (90): 1096-127.

[52] Deshon R. P. Measures Are Not Invariant Across Groups Without Error Variance Homogeneity [J]. Psychology Science, 2004, 46 (1): 137-149.

[53] Dowson M., Mcinerney D. M. Psychological Parameters of Students' Social and Work Avoidance Goals: A Qualitative Investigation [J]. Journal of Educational Psychology, 2001, 93 (1): 35-42.

[54] Dragoni L, Kuenzi M. Better Understanding Work Unit Goal Orientation: Its Emergence and Impact Under Different Types of Work Unit Structure [J]. Journal of Applied Psychology, 2012, 97 (5): 1032.

[55] Dragoni L. Understanding The Emergence of State Goal Orientation in Organizational Work Groups: The Role of Leadership and Multilevel Climate Perceptions [J]. Journal of Applied Psychology, 2005, 90 (6): 1084-1095.

[56] Drazin R., Kazanjian R. K. Multilevel Theorizing about Creativity in Organizations: A Sense-Making Perspective [J]. Academy of Management Review,

1999, 24 (2): 286 - 307.

[57] Dweck C. S., Leggett E. L. A Social - Cognitive Approach to Motivation and Personality [J]. Psychological Review, 1988, 95 (2): 256 - 273.

[58] Dweck C. S. Motivational Processes Affecting Learning [J]. American Psychologist, 1986, 41 (10): 1040 - 1048.

[59] Dykman B. M. Integrating Cognitive and Motivational Factors in Depression: Initial Tests of A Goal - Orientation Approach [J]. Journal of Personality & Social Psychology, 1998, 74 (1): 139 - 158.

[60] Eisenbeiß S. A., Boerner S. A Double - Edged Sword: Transformational Leadership and Individual Creativity [J]. British Journal of Management, 2013, 24 (1): 54 - 68.

[61] Elliot A. J., Church M. A. A Hierarchical Model of Approach and Avoidance Achievement Motivation [J]. Journal of Personality and Social Psychology, 1997, 72 (1): 218 - 232.

[62] Elliot A. J., McGregor H. A. A 2 × 2 Achievement Goal Framework [J]. Journal of Personality and Social Psychology, 2001, 80 (3): 501 - 519.

[63] Elliot A. J. Approach and Avoidance Motivation and Achievement Goals [J]. Educational psychologist, 1999, 34 (3): 169 - 189.

[64] Elliot A. J. Integrating The "Classic" and "Contemporary" Approaches to Achievement Motivation: A Hierarchical Model of Approach and Avoidance Achievement Motivation [J]. Advances in Motivation and Achievement, 1997, 10 (7): 143 - 179.

[65] Elliott A. J., Harackiewicz J. M. Approach and Avoidance Achievement Goals and Intrinsic Motivation [J]. Journal of Personality and Social Psychology, 1996, 73: 171 - 185.

[66] Elliott E. S., Dweck C. S. Goals: An Approach to Motivation and Achievement [J]. Journal of Personality & Social Psychology, 1988, 54 (1): 5 - 12.

[67] Ford J. D., Ford L. W. The Role of Conversations in Producing Intentional Change in Organizations [J]. Academy of Management Review, 1995, 20 (3): 541 - 570.

[68] Frensch P. A., Sternberg R. J. Expertise and Intelligent Thinking: When

Is It Worse to Know Better? [C] // Rj Sternberg, Advances in the Psychology of Human Intelligence, 1989.

[69] Friedman R. S., Forster J. The Effects of Promotion and Prevention Cues on Creativity [J]. Journal of Personality & Social Psychology, 2001, 81 (6): 1001 - 1013.

[70] George J. M. Personality, Affect, and Behavior in Groups [J]. Journal of Applied Psychology, 1990, 75 (2): 107 - 116.

[71] Gilson L. L., Lim H. S., Luciano M. M., et al. Unpacking the Cross - level Effects of Tenure Diversity, Explicit Knowledge, and Knowledge Sharing on Individual Creativity [J]. Journal of Occupational & Organizational Psychology, 2013, 86 (2): 203 - 222.

[72] Ginkel W. P. V., Knippenberg D. V. Group Information Elaboration and Group Decision Making: The Role of Shared Task Representations [J]. Organizational Behavior & Human Decision Processes, 2008, 105 (1): 82 - 97.

[73] Ginkel W. P. V., Knippenberg D. V. Knowledge about the Distribution of Information and Group Decision Making: When and Why does It Work? [J]. Organizational Behavior & Human Decision Processes, 2009, 108 (2): 218 - 229.

[74] Gong Y., Fan J. Longitudinal Examination of the Role of Goal Orientation in Cross - Cultural Adjustment [J]. Journal of Applied Psychology, 2006, 91 (1): 176 - 184.

[75] Gong Y., Huang J. C., Farh J. L. Employee Learning Orientation, Transformational Leadership, and Employee Creativity: The Mediating Role of Employee Creative Self - Efficacy [J]. Academy of Management Journal, 2009, 52 (4): 765 - 778.

[76] Gönül Kaya Özbağ. A Research on the Relationships among Perceived Organizational Climate, Individual Creativity and Organizational Innovation [J]. Journal of Business Research - Turk / Isletme Arastirmalari Dergis, 2014, 6 (1): 21.

[77] Graham S., Golan S. Motivational Influences on Cognition: Task Involvement, Ego Involvement, and Depth of Information Processing [J]. Journal of Educational Psychology, 1991, 83 (2): 187 - 194.

[78] Grant A. M., Berry J. W. The Necessity of Others is the Mother of Invention: Intrinsic and Prosocial Motivations, Perspective Taking, and Creativity [J].

Philosophy, 2011, 53 (206): 375-383.

[79] Grant H., Dweck C. S. Clarifying Achievement Goals and Their Impact [J]. Journal of Personality and Social Psychology, 2003, 85 (3): 541-553.

[80] Grizzle J. W., Zablah A. R., Brown T. J., et al. Employee Customer Orientation in Context: How the Environment Moderates the Influence of Customer Orientation on Performance Outcomes [J]. Journal of Applied Psychology, 2009, 94 (5): 1227-1242.

[81] Guilford J. P. Creativity [J]. American Psychologist, 1950, 5 (9): 444-454.

[82] Hahn M. H., Lee K. C. An Empirical Analysis of the Effect of Social and Emotional Intelligence on Individual Creativity Through Exploitation and Exploration [M] //Digital Creativity. Springer New York, 2013: 79-98.

[83] Halley S., Bradley C. A., Lukach J. R., et al. Distribution and Severity of Pasmo on Flax in North Dakota and Evaluation of Fungicides and Cultivars for Management [J]. Plant Disease, 2004, 88 (10): 1123-1126.

[84] Harackiewicz J. M., Barron K. E., Carter S. M., et al. Predictors and Consequences of Achievement Goals in the College Classroom: Maintaining Interest and Making the Grade [J]. Journal of Personality and Social psychology, 1997, 73 (6): 1284-1295.

[85] Harackiewicz J. M., Sansone C. Rewarding Competence: The Importance of Goals in the Study of Intrinsic Motivation [J]. Intrinsic and Extrinsic Motivation: The search for Optimal Motivation and Performance, 2000: 79-103.

[86] Hargadon A. B., Sutton R. I. Technology Brokering and Innovation in A Product Design Firm [J]. Administrative Science Quarterly, 1997, 42 (4): 716-749.

[87] Hinsz V. B., Tindale R. S., Vollrath D. A. The Emerging Conceptualization of Groups as Information Processes [J]. Psychological Bulletin, 1997, 121 (1): 43-64.

[88] Hirst G., Dick R. V., Knippenberg D. V. A Social Identity Perspective on Leadership and Employee Creativity [J]. Journal of Organizational Behavior, 2009, 30 (7): 963-982.

[89] Hirst G., Knippenberg D. V., Zhou J. A Cross-Level Perspective on

Employee Creativity: Goal Orientation, Team Learning Behavior, and Individual Creativity [J]. Academy of Management Journal, 2009, 52 (2): 280 – 293.

[90] Hoever I. J., Van Knippenberg D., Van Ginkel W. P., et al. Fostering Team Creativity: Perspective Taking As Key to Unlocking Diversity's Potential [J]. Journal of Applied Psychology, 2012, 97 (5): 982 – 996.

[91] Homan A. C., Kleef G. A. V. Facing Differences with an Open Mind: Openness to Experience, Salience of Intragroup Differences, and Performance of Diverse Work Groups [J]. Academy of Management Journal, 2008, 51 (6): 1204 – 1222.

[92] Homan A. C., Van K. D., Van Kleef G. A., et al. Bridging Faultlines by Valuing Diversity: Diversity Beliefs, Information Elaboration, and Performance in Diverse Work Groups [J]. Journal of Applied Psychology, 2007, 92 (5): 1189 – 1199.

[93] Huang L., Luthans F. Toward Better Understanding of the Learning Goal Orientation – Creativity Relationship: The Role of Positive Psychological Capital [J]. Applied Psychology, 2014, 64 (2): 444 – 472.

[94] Im S., Workman Jr. J. P. Market Orientation, Creativity, and New Product Performance in High – Technology Firms [J]. Journal of Marketing, 2004, 68 (2): 114 – 132.

[95] Inbal Levy, Avi Kaplan, Helen Patrick. Early Adolescents' Achievement Goals, Social Status, and Attitudes Towards Cooperation with Peers [J]. Social Psychology of Education, 2004, 7 (2): 127 – 159.

[96] Isaken J. An Individualized Approach to Learning: A Curriculum in Schlepping [J]. Behavior Problems, 1973.

[97] Jagacinski C. M., Nicholls J. G. Competence and Affect in Task Involvement and Ego Involvement: The Impact of Social Comparison Information [J]. Journal of Educational Psychology, 1987, 79 (2): 107 – 114.

[98] Janssen O, Van Yperen N. W. Employees' Goal Orientations, the Quality of Leader – Member Exchange, and the Outcomes of Job Performance and Job Satisfaction [J]. Academy of Management Journal, 2004, 47 (3): 368 – 384.

[99] Kanter R. M. Change Masters [M]. Simon and Schuster, 1984.

[100] Kaplan A., Maehr M. L. Achievement Goals and Student Well – Being

[J]. Contemporary Educational Psychology, 1999, 24 (4): 330-358.

[101] Karabenick S. A. Seeking Help in Large College Classes: A Person-Centered Approach [J]. Contemporary Educational Psychology, 2003, 28 (1): 37-58.

[102] Kenny D. A., Korchmaros J. D., Bolger N. Lower Level Mediation in Multilevel Models [J]. Psychological Methods, 2003, 8 (2): 115-128.

[103] Kim T. Y., Gong Y., Lee D. R., et al. A Multilevel Model of Team Goal Orientation, Information Exchange, and Creativity [J]. Academy of Management Journal, 2013, 56 (3): 827-851.

[104] Kim T. Y., Shin S. J., Lee J. Y., et al. Cognitive Team Diversity and Individual Team Member Creativity: A Cross-level Interaction [J]. Academy of Management Journal, 2012, 55 (1): 197-212.

[105] Kozlowski S. W. J., Gully S. M., Brown K. G., et al. Effects of Training Goals and Goal Orientation Traits on Multidimensional Training Outcomes and Performance Adaptability [J]. Organizational Behavior & Human Decision Processes, 2001, 85 (1): 1-31.

[106] Kruskal J. B., Wish M. Multidimensional Scaling [M]. Beverly Hills: Sage, 1978.

[107] Larson J. W. Patient Satisfaction with Delivery of Products and Information by An Ambulatory Care Pharmacy [J]. American Journal of Health-System Pharmacy, 1998, 55 (10): 1025-1029.

[108] Lau S., Nie Y. Interplay between Personal Goals and Classroom Goal Structures in Predicting Student Outcomes: A Multilevel Analysis of Person-Context Interactions [J]. Journal of Educational Psychology, 2008, 100 (1): 15-29.

[109] Lee O. F., Tan J. A., Javalgi R. Goal Orientation and Organizational Commitment: Individual Difference Predictors of Job Performance [J]. International Journal of Organizational Analysis, 2010, 18 (18): 129-150.

[110] Lee O., Anderson C. W. Task Engagement and Conceptual Change in Middle School Science Classrooms [J]. American Educational Research Journal, 1993, 30 (3): 585-610.

[111] Lemos M. S. Students' and Teachers' Goals in the Classroom [J]. Learning and Instruction, 1996, 6 (2): 151-171.

[112] Levinson M. H. Creativity: Flow and the Psychology of Discovery and Invention [J]. ETC: A Review of General Semantics, 1997, 54 (2): 254 – 256.

[113] Levy I., Kaplan A., Patrick H. Early Adolescents' Achievement Goals, Social Status, and Attitudes Towards Cooperation with Peers [J]. Social Psychology of Education, 2004, 7 (2): 127 – 159.

[114] Lewthwaite R., Piparo A. J. Goal Orientations in Young Competitive Athletes: Physical Achievement, Social – Relational, and Experiential Concerns [J]. Journal of Research in Personality, 1993, 27 (2): 103 – 117.

[115] Litchfield R. C., Ford C. M., Gentry R. J. Linking Individual Creativity to Organizational Innovation [J]. Journal of Creative Behavior, 2014, 49 (4): 279 – 294.

[116] Locke E. A., Latham G. P. Work Motivation and Satisfaction: Light at the End of the Tunnel [J]. Psychological Science, 1990, 1 (4): 240 – 246.

[117] Lu L., Lin X., Leung K. Goal Orientation and Innovative Performance: The Mediating Roles of Knowledge Sharing and Perceived Autonomy [J]. Journal of Applied Social Psychology, 2012, 42 (S1): E180 – E197.

[118] Lubart T. I. Creativity and Cross – cultural Variation [J]. International Journal of Psychology, 1990, 25 (1): 39 – 59.

[119] MacCallum J. The Contexts of Individual Motivational Change [J]. Research on Sociocultural Influences on Motivation and Learning, 2001, 1: 61 – 98.

[120] Mackinnon D. P., Krull J. L., Lockwood C. M. Equivalence of the Mediation, Confounding and Suppression Effect [J]. Prevention Science, 2001, 1 (4): 173 – 181.

[121] Mackinnon D. P., Lockwood C. M., Hoffman J. M., et al. A Comparison of Methods to Test Mediation and Other Intervening Variable Effects [J]. Psychological Methods, 2002, 7 (1): 83.

[122] MacKinnon D. W. Personality and the Realization of Creative Potential [J]. American Psychologist, 1965, 20 (4): 273.

[123] Martins E. C., Terblanche F. Building Organisational Culture that Stimulates Creativity and Innovation [J]. European Journal of Innovation Management, 2003, 6 (1): 64 – 74.

[124] Martocchio J. J., Hertenstein E. J. Learning Orientation and Goal Orien-

tation Context: Relationships with Cognitive and Affective Learning Outcomes [J]. Human Resource Development Quarterly, 2003, 14 (4): 413 - 434.

[125] Mathieu J. E., Taylor S. R. A Framework for Testing Meso - Mediational Relationships in Organizational Behavior [J]. Journal of Organizational Behavior, 2007, 28 (2): 141 - 172.

[126] McClelland D. C. Culture and Achievement Motivation: A Second Look [J]. Studies in Cross - Cultural Psychology, 1951: 60 - 80.

[127] Mcclelland D. C. Personality [J]. Annual Review of Psychology, 1956, 7 (1): 39 - 62.

[128] Mccrae R. R., Costa P. T. Validation of the Five - Factor Model of Personality Across Instruments and Observers [J]. Journal of Personality & Social Psychology, 1987, 52 (1): 81 - 90.

[129] McInerney D. M., Roche L. A., McInerney V., et al. Cultural Perspectives on School Motivation: The Relevance and Application of Goal Theory [J]. American Educational Research Journal, 1997, 34 (1): 207 - 236.

[130] Mehta A., Feild H., Armenakis A., et al. Team Goal Orientation and Team Performance: The Mediating Role of Team Planning [J]. Journal of Management, 2009, 35 (4): 1026 - 1046.

[131] Mehta B., Nejdl W. Unsupervised Strategies for Shilling Detection and Robust Collaborative Filtering [J]. User Modeling and User - Adapted Interaction, 2009, 19 (1): 65 - 97.

[132] Mehta R. B., Nonaka M. I., Nonaka M. Comparative Genomic Analysis of the Major Histocompatibility Complex Class I Region in the Teleost Genus Oryzias [J]. Immunogenetics, 2009, 61 (5): 385 - 399.

[133] Meng U. T., Smith T., Singla. N, et al. The Relationship between Learning Goal Orientation, Goal Setting, and Performance: A Longitudinal Study [J]. Journal of Applied Social Psychology, 2013, 43 (8): 1668 - 1675.

[134] Mesmer - Magnus J. R., Dechurch L. A. Information Sharing and Team Performance: A Meta - Analysis [J]. Journal of Applied Psychology, 2009, 94 (2): 535 - 546.

[135] Michael West, Claudia Sacramento. Building Successful Teams: Sparkling Fountains of Innovation [J]. Rcm Midwives the Official Journal of the Royal

College of Midwives, 2004, 7 (9): 386 - 389.

[136] Michael A. West, James L. Farr. Innovation at Work: Psychological Perspectives [J]. Social Behaviour, 1989, 4 (1): 15 - 30.

[137] Middleton M. J., Kaplan A., Midgley C. The Change in Middle School Students' Achievement Goals in Mathematics Over Time [J]. Social Psychology of Education, 2004, 7 (3): 289 - 311.

[138] Midgley C., Kaplan A., Middleton M., et al. The Development and Validation of Scales Assessing Students' Achievement Goal Orientations [J]. Contemporary Educational Psychology, 1998, 23 (2): 113 - 131.

[139] Midgley C., Kaplan A., Middleton M. Performance - Approach Goals: Good for What, for Whom, under What Circumstances, and at What Cost? [J]. Journal of Educational Psychology, 2001, 93 (1): 77 - 86.

[140] Miller R. B., Behrens J. T., Greene B. A., et al. Goals and Perceived Ability: Impact on Student Valuing, Self - Regulation, and Persistence [J]. Contemporary Educational Psychology, 1993, 18 (1): 2 - 14.

[141] Min H. H., Lee K. C., Lee D. S. Network Structure, Organizational Learning Culture, and Employee Creativity in System Integration Companies: The Mediating Effects of Exploitation and Exploration [J]. Computers in Human Behavior, 2015, 42: 167 - 175.

[142] Mohrman S. A., Gibson C. B., Mohrman A. M. Doing Research That Is Useful to Practice: A Model and Empirical Exploration [J]. Academy of Management Journal, 2001, 44 (2): 357 - 375.

[143] Morris I. Stein. Creativity and Culture [J]. Journal of Psychology Interdisciplinary & Applied, 1953, 36 (2): 311 - 322.

[144] Mumford, Michael D., Gustafson, et al. Creativity Syndrome: Integration, Application, and Innovation [J]. Psychological Bulletin, 1988, 103 (1): 27 - 43.

[145] Ng J., Bharath A. A. Multiscale Orientation Estimation of Perceptual Boundaries [C] //IEEE International Conference on Acoustics, Speech, and Signal Processing. IEEE, 2005 (2): 785 - 788.

[146] Nicholls J. G., Patashnick M., Mettetal G. Conceptions of Ability and Intelligence [J]. Child Development, 1986, 57 (3): 636 - 645.

[147] Nicholls J. G., Patashnick M., Nolen S. B. Adolescents' Theories of Education [J]. Journal of Educational Psychology, 1985, 77 (6): 683.

[148] Nicholls J. G, Thorkildsen T. A. Reasons for Learning: Expanding the Conversation on Student – Teacher Collaboration [M]. New York: Teachers College Press, 1995.

[149] Nicholls J. G. Effort is Virtuous, But It's Better to Have Ability: Evaluative Responses to Perceptions of Effort and Ability [J]. Journal of Research in Personality, 1976, 10 (3): 306 – 315.

[150] Nickerson R. S. Confirmation Bias: A Ubiquitous Phenomenon in Many Guises [J]. Review of General Psychology, 1998, 2 (2): 175 – 220.

[151] Özbağ G. K., Ceyhun G. C., Cekmecelioğlu H. G. The Moderating Effects of Motivating Job Characteristics on the Relationship between Burnout and Turnover Intention [J]. Procedia – Social and Behavioral Sciences, 2014, 150: 438 – 446.

[152] Patrick J. Recovery After Hanging [J]. British Medical Journal, 1935, 1 (1): 333.

[153] Payne S. C., Youngcourt S. S., Beaubien J. M. A Meta – Analytic Examination of the Goal Orientation Nomological Net [J]. Journal of Applied Psychology, 2007, 92 (1): 128 – 150.

[154] Peñarroja V., Orengo V., Zornoza A., et al. How Team Feedback and Team Trust Influence Information Processing and Learning in Virtual Teams: A Moderated Mediation Model [J]. Computers in Human Behavior, 2015, 48: 9 – 16.

[155] Peng J., Zhang G., Fu Z., et al. An Empirical Investigation on Organizational Innovation and Individual Creativity [J]. Information Systems and e – Business Management, 2013, 12 (3): 465 – 489.

[156] Peter M. Gollwitzer; Paschal Sheeran. Self – regulation of Consumer Decision Making and Behavior: The Role of Implementation Intentions [J]. Journal of Consumer Psychology, 2009, 19 (4): 593 – 607.

[157] Phillip M. Mangos, Debra Steele – Johnson. The Role of Subjective Task Complexity in Goal Orientation, Self – Efficacy, and Performance Relations [J]. Human Performance, 2001, 14 (2): 169 – 185.

[158] Piaget J. Part I: Cognitive Development in Children: Piaget Development

and Learning [J]. Journal of Research in Science Teaching, 1964, 2 (3): 176 - 186.

[159] Pieterse A. N., Van Knippenberg D., van Ginkel W. P. Diversity in Goal Orientation, Team Reflexivity and Team Performance [J]. Organizational Behavior and Human Decision Processes, 2011, 114 (2): 153 - 164.

[160] Pintrich P. R., De Groot E. V. Motivational and Self - Regulated Learning Components of Classroom Academic Performance [J]. Journal of Educational Psychology, 1990, 82 (1): 33 - 40.

[161] Pintrich P. R., Garcia T. Student Goal Orientation and Self - Regulation in the College Classroom [J]. Journal of Rheumatology, 1991, 31 (11): 2175 - 2180.

[162] Pintrich P. R., Smith D. A., Garcia T., et al. Reliability and Predictive Validity of the Motivated Strategies for Learning Questionnaire (MSLQ) [J]. Educational and Psychological Measurement, 1993, 53 (3): 801 - 813.

[163] Porath C. L., Bateman T. S. Self - regulation: From Goal Orientation to Job Performance [J]. Journal of Applied Psychology, 2006, 91 (1): 185 - 192.

[164] Porter M. E. The Competitive Advantage of Nations [J]. Harvard Business Review, 1990, 68 (2): 73 - 93.

[165] Radosevich D. J., Vaidyanathan V. T., Yeo S., et al. Relating Goal Orientation to Self - Regulatory Processes: A Longitudinal Field Test [J]. Contemporary Educational Psychology, 2004, 29 (3): 207 - 229.

[166] Rico R., Sánchez - Manzanares M., Antino M., et al. Bridging Team Faultlines by Combining Task Role Assignment and Goal Structure Strategies [J]. Journal of Applied Psychology, 2011, 97 (2): 407 - 420.

[167] Roedel T. D., Schraw G., Plake B. S. Validation of A Measure of Learning and Performance Goal Orientations [J]. Educational and Psychological Measurement, 1994, 54 (4): 1013 - 1021.

[168] Roeser R. W., Eccles J. S. Adolescents' Perceptions of Middle School: Relation to Longitudinal Changes in Academic and Psychological Adjustment [J]. Journal of Research on Adolescence, 1998, 8 (1): 123 - 158.

[169] Rubenson D. L., Runco M. A. The Psychoeconomic View of Creative Work in Groups and Organizations [J]. Creativity & Innovation Management, 1995,

4（4）：232-241.

［170］Runco M. A., Okuda S. M. Problem Discovery, Divergent Thinking, and the Creative Process［J］. Journal of Youth & Adolescence, 1988, 17（3）：211-220.

［171］Russo M. Diversity in Goal Orientation, Team Performance, and Internal Team Environment［J］. Equality, diversity and Inclusion: An International Journal, 2012, 31（2）：124-143.

［172］Sarah Harvey. When Accuracy Isn't Everything: The Value of Demographic Differences to Information Elaboration in Teams［J］. Group and Organization Management, 2015, 40（1）：35-61.

［173］Sawyer R. W., Griffin R. W. Toward A Theory of Organizational Creativity［J］. Academy of Management Review, 1993, 18（3）：293-321.

［174］Scholten L., Knippenberg D. V., Nijstad B. A., et al. Motivated Information Processing and Group Decision Making: Effects of Process Accountability and Information Dissemination［J］. Journal of Experimental Social Psychology, 2007, 43（4）：539-552.

［175］Schwartz S. H., Ros M. Values in the West: A Theoretical and Empirical Challenge to the Individualism – Collectivism Cultural Dimension［J］. World Psychology, 1995, 1（2）：91-122.

［176］Seijts G. H., Latham G. P., Tasa K., et al. Goal Setting and Goal Orientation: An Integration of Two Different Yet Related Literatures［J］. Academy of Management Journal, 2004, 47（2）：227-239.

［177］Seo Y. W., Chae S. W., Lee K. C. The Impact of Absorptive Capacity, Exploration, and Exploitation on Individual Creativity: Moderating Effect of Subjective Well – Being［J］. Computers in Human Behavior, 2015, 42：68-82.

［178］Shalley C. E., Zhou J., Oldham G. R. The Effects of Personal and Contextual Characteristics on Creativity: Where Should We Go From Here?［J］. Journal of Management, 2004, 30（6）：933-958.

［179］Shirley Wang. Emotional Intelligence, Information Elaboration, and Performance: The Moderating Role of Informational Diversity［J］. Small Group Research, 2015, 46（3）：324-351.

［180］Shye S., Elizur D., Hoffman M. Introduction to Facet Theory: Content

Design and Intrinsic Data Analysis in Behavioral Research [M]. Sage Publications, Inc., 1994.

[181] Simmons A. L., Ren R. The Influence of Goal Orientation and Risk on Creativity [J]. Creativity Research Journal, 2009, 21 (4): 400 – 408.

[182] Simonton D. K. Significant Samples: The Psychological Study of Eminent Individuals [J]. Psychological Methods, 1999, 4 (4): 425 – 451.

[183] Skaalvik E. M. Self – Enhancing and Self – Defeating Ego Orientation: Relations with Task and Avoidance Orientation, Achievement, Self – Perceptions, and Anxiety [J]. Journal of Educational Psychology, 1997, 89 (1): 71 – 81.

[184] Smith M., Duda J., Allen J., et al. Contemporary Measures of Approach and Avoidance goal Orientations: Similarities and Differences [J]. British Journal of Educational Psychology, 2002, 72 (2): 155 – 190.

[185] Somech A., Drach – Zahavy A. Translating Team Creativity to Innovation Implementation: The Role of Team Composition and Climate for Innovation [J]. Journal of Management, 2013, 39 (3): 684 – 708.

[186] Spinath B., Stiensmeier – Pelster J. Goal Orientation and Achievement: The Role of Ability Self – Concept and Failure Perception [J]. Learning & Instruction, 2003, 13 (4): 403 – 422.

[187] Stasser G., Titus W. Pooling of Unshared Infomation in Group Decision Making, Biased Information Sampling During Discussion [J]. Journal of Personality & Social Psychology, 1985, 48 (6): 1467 – 1468.

[188] Steele – Johnson D., Beauregard R. S., Hoover P. B., et al. Goal Orientation and Task Demand Effects on Motivation, Affect, and Performance [J]. Journal of Applied Psychology, 2000, 85 (5): 724 – 738.

[189] Sternberg R. J., Lubart T. I. Creating Creative Minds [J]. Phi Delta Kappan, 1991, 72 (8): 608 – 614.

[190] Sternberg R. J., Lubart T. I. Investing in Creativity [J]. American Psychologist, 1996, 51 (3): 677 – 688.

[191] Sternberg R. J. Handbook of Creativity [M]. Cambridge University Press, 1999.

[192] Sternberg R. J. Implicit Theories of Intelligence, Creativity, and Wisdom [J]. Journal of Personality & Social Psychology, 1985, 49 (49): 607 – 627.

[193] Sternberg, Robert J. The Nature of Creativity [M] // Virgil on the Nature of Things: Cambridge University Press, 1988: 87 – 98.

[194] Taggar S. Individual Creativity and Group Ability to Utilize Individual Creative Resources: A Multilevel Model [J]. Academy of Management Journal, 2002, 45 (2): 315 – 330.

[195] Teresa M. Amabile. How to Kill Creativity [J]. Harvard Business Review, 1998, 76 (5): 76 – 87, 186.

[196] Tett R. P., Burnett D. D. A Personality Trait – based Interactionist Model of Job Performance [J]. Journal of Applied Psychology, 2003, 88 (3): 500 – 517.

[197] To M. L., Fisher C. D., Ashkanasy N. M. The Effects of Negative Mood and Goal Orientation on Within – Person Creativity Fluctuations [C] // 5th Biannual Conference of the International Association for Chinese Management Research, 2012.

[198] Treasure D. C., Roberts G. C. Perception of Success Questionnaire: Preliminary Validation in An Adolescent Population [J]. Perceptual and Motor Skills, 1994, 79 (1): 607 – 610.

[199] Tuckey M., Brewer N., Williamson P. The Influence of Motives and Goal Orientation on Feedback Seeking [J]. Journal of Occupational & Organizational Psychology, 2002, 75 (2): 195 – 216.

[200] Udwadia F. E. Creativity and Innovation in Organizations: Two Models and Managerial Implications [J]. Technological Forecasting and Social Change, 1990, 38 (1): 65 – 80.

[201] Urdan T. C., Maehr M. L. Beyond A Two – Goal Theory of Motivation and Achievement: A Case for Social Goals [J]. Review of Educational Research, 1995, 65 (3): 213 – 243.

[202] Urdan T. Predictors of Academic Self – Handicapping and Achievement: Examining Achievement Goals, Classroom Goal Structures, and Culture [J]. Journal of Educational Psychology, 2004, 96 (2): 251 – 264.

[203] Utman C. H. Performance Effects of Motivational State: A Meta – analysis [J]. Personality and Social Psychology Review, 1997, 1 (2): 170 – 182.

[204] Van Dam K. Workplace Goal Orientation: Development of A Measure

[J]. European Journal of Psychological Assessment, 2015, 31: 62 -68.

[205] Van K. D., De Dreu C. K., Homan A. C. Work Group Diversity and Group Performance: An Integrative Model and Research Agenda [J]. Journal of Applied Psychology, 2004, 89 (6): 1008 -1022.

[206] Vandewalle D., Brown S. P., Cron W. L., et al. The Influence of Goal Orientation and Self - Regulation Tactics on Sales Performance: A Longitudinal Field Test [J]. Journal of Applied Psychology, 1999, 84 (2): 249 -259.

[207] Vandewalle D., Cron W. L., Slocum J. W. The Role of Goal Orientation Following Performance Feedback [J]. Journal of Applied Psychology, 2001, 86 (4): 629 -640.

[208] Vandewalle D., Cummings L. L. A Test of the Influence of Goal Orientation on the Feedback - Seeking Process [J]. Journal of Applied Psychology, 1997, 82 (3): 390 -400.

[209] Vandewalle D. Development and Validation of A Work Domain Goal Orientation Instrument [J]. Educational & Psychological Measurement, 1997, 57 (6): 995 -1015.

[210] Wang C. J., Tsai C. Y. Managing Innovation and Creativity in Organizations: An Empirical Study of Service Industries in Taiwan [J]. Service Business, 2014, 8 (2): 313 -335.

[211] Weingart L. R. Impact of Group Goals, Task Component Complexity, Effort, and Planning on Group Performance [J]. Journal of Applied Psychology, 1992, 77 (5): 682 -693.

[212] Weinzimmer L. G., Michel E. J., Franczak J. L. Creativity and Firm - Level Performance: The Mediating Effects of Action Orientation [J]. Journal of Managerial Issues, 2011: 62 -82.

[213] Wendy P. van Ginkel, Daan van Knippenberg. Group Information Elaboration and Group Decision Making: The Role of Shared Task Representations [J]. Organizational Behavior and Human Decision Processes, 2008, 105: 82 -97.

[214] Wendy P. van Ginkel, Daan van Knippenberg. Knowledge about the Distribution of Information and Group Decision Making: When and Why Does It Work? [J]. Organizational Behavior and Human Decision Processes, 2009, 108: 218 -229.

[215] West M. A., Sacramento C. A. Chapter 15 – Creativity and Innovation: The Role of Team and Organizational Climate [J]. Handbook of Organizational Creativity, 2012, 92 (3): 359 – 385.

[216] West M. A. Innovation and Creativity at Work [C] // Electrical Performance of Electronic Packaging and Systems (EPEPS), 2010 IEEE 19th Conference on. IEEE, 1990: 1516 – 1518.

[217] Yee R., Lee P., Yeung A., et al. The Relationships among Leadership, Goal Orientation, and Service Quality in High – Contact Service Industries: An Empirical Study [J]. International Journal of Production Economics, 2013, 141 (2): 452 – 464.

[218] Zhang X., Bartol K. M. The Influence of Creative Process Engagement on Employee Creative Performance and Overall Job Performance: A Curvilinear Assessment [J]. Journal of Applied Psychology, 2010, 95 (5): 862 – 873.

[219] Zhenjiao Chen, Dingtao Zhao. When and How Employees Learn: The Effect of Task Conflict on Learning Behavior [J]. Social Behavior and Personality, 2012, 40 (1): 47 – 54.

[220] Zhou J., Shin S. J., Brass D. J., et al. Social Networks, Personal Values, and Creativity: Evidence for Curvilinear and Interaction Effects [J]. Journal of Applied Psychology, 2009, 94 (6): 1544 – 1552.

[221] 艾树,汤超颖. 情绪对创造力影响的研究综述 [J]. 管理学报, 2011, 8 (8): 1256 – 1262.

[222] 白学军,巩彦斌,胡卫平,等. 不同科学创造力个体干扰抑制机制的比较 [J]. 心理与行为研究, 2014, 12 (2): 151 – 155.

[223] 蔡海珍. 隐性知识对人力资源经理的绩效影响研究 [D]. 杭州:浙江财经学院, 2012.

[224] 蔡亚华,贾良定,尤树洋,等. 差异化变革型领导对知识分享与团队创造力的影响:社会网络机制的解释 [J]. 心理学报, 2013, 45 (5): 585 – 598.

[225] 曹花蕊,杜伟强,姚唐,等. 顾客参与内容创造的个体心理和群体创造机制 [J]. 心理科学进展, 2014, 22 (5): 746 – 759.

[226] 曾梦禹. 知识团队均匀度、任务信息精致阐述与团队创新绩效的影响机制研究 [D]. 杭州:浙江理工大学, 2014.

［227］陈波，于泠，刘君亭，褚为民．泛在媒体环境下的网络舆情传播控制模型［J］．系统工程理论与实践，2011，31（11）：2140-2150．

［228］陈德辉，王续琨．组织创造力的模型建构与实证分析［J］．科学学与科学技术管理，2012，33（9）：128-134．

［229］陈力田，许庆瑞，吴志岩．战略构想、创新搜寻与技术创新能力演化——基于系统动力学的理论建模与仿真研究［J］．系统工程理论与实践，2014，34（7）：1705-1719．

［230］陈维亚．变革型领导对企业创新能力影响之研究［D］．上海：东华大学，2011．

［231］陈晓．组织创新氛围影响员工创造力的过程模型研究［D］．杭州：浙江大学，2006．

［232］陈艳露．中庸思维、自我监控对建言行为的影响：代表者角色的中介机制［D］．南京：南京大学，2014．

［233］代明，殷仪金，戴谢尔．创新理论：1912—2012——纪念熊彼特《经济发展理论》首版100周年［J］．经济学动态，2012（4）：145-152．

［234］邓今朝．工作情景中的目标取向研究进展［J］．经济与管理，2012，26（6）：57-60．

［235］邓雪梅．试论团体创造力研究与创造心理学的理论转向［J］．心理科学，2005，28（5）：1277-1278．

［236］邓渝，范莉莉．员工多样性对团队成员学习绩效的影响：个体与团队的多层次实证研究［J］．预测，2014（2）：32-37．

［237］丁栋虹，张翔．创造力自我效能对员工创造力的影响机制［J］．经济与管理研究，2016，37（9）：115-125．

［238］丁琳．国外个体创造力研究述评与展望［J］．技术与创新管理，2017，38（1）：8-14．

［239］丁莹莹．企业缺陷管理的驱动因素和使能因素分析［J］．技术经济与管理研究，2016（8）：61-64．

［240］董玉杰．团队断层对员工绩效的影响：一项跨层次研究［D］．北京：北京科技大学，2015．

［241］杜占玮．个体的情感和传染病传播理论研究［D］．长春：吉林大学，2015．

［242］段联合．诚信领导、组织创新气氛、员工创造力的影响机制研究

[D]．武汉：武汉大学，2011．

[243] 高力群，刘克功，张健伟，等．工业设计与产品文化价值的提升[J]．研究教学，2005（28）：123-126．

[244] 高力群．工业设计与产品文化价值的提升[J]．商场现代化，2009（3）：179-180．

[245] 贡喆，刘昌，沈汪兵．有关创造力测量的一些思考[J]．心理科学进展，2016，24（1）：31-45．

[246] 顾美玲，毕新华，张健．知识融合、信息细化与企业创新绩效的关系研究[J]．情报科学，2017，35（3）：13-18

[247] 顾琴轩，蒋琬．多层次组织创造力研究：构念、测量与研究展望[J]．贵州大学学报（社会科学版），2013，31（6）：18-24．

[248] 管建世，罗瑾琏，钟竞．动态环境下双元领导对团队创造力影响研究——基于团队目标取向视角[J]．科学学与科学技术管理，2016（8）：159-169．

[249] 郭波．面向产品方案设计的个体创新绩效影响因素的研究[D]．重庆：重庆大学，2010．

[250] 郭婧，苏秦，孙林岩．外部激励对产品创新中个人创造力的影响[J]．科学学与科学技术管理，2015，36（1）：162-170．

[251] 郭婧，苏秦．团队异质性与产品创新模糊前端中的个人创造力[J]．管理学报，2014，11（7）：1046-1051．

[252] 韩翼，杨百寅，张鹏程．组织承诺会导致创新：目标定向的调节作用[J]．科学学研究，2011（1）：127-137．

[253] 蒿坡，贺伟，黄祎．任务目标框架对个体突破性创造意愿的影响[J]．管理学报，2016，13（3）：403-414．

[254] 蒿坡，龙立荣，贺伟．共享型领导如何影响团队产出？信息交换、激情氛围与环境不确定性的作用[J]．心理学报，2015，47（1）：1288-1299．

[255] 郝敬鑫．企业知识理论与知识型员工的管理[D]．长春：吉林大学，2004．

[256] 和斌斌，陈春花．打破雇员组织，激活个体[J]．中外管理，2016（3）：128-128．

[257] 侯二秀，陈树文，长青．知识员工心理资本对创新绩效的影响：心理契约的中介[J]．科学学与科学技术管理，2012，33（6）：149-155．

[258] 胡泓, 顾琴轩, 陈继祥. 变革型领导对组织创造力和创新影响研究述评 [J]. 南开管理评论, 2012, 15 (5): 26-35.

[259] 胡灵敏. 从智力结构理论看个体创造力的培养 [J]. 中国成人教育, 2012 (9): 131-133.

[260] 胡庆庆. 心理契约对高新技术企业研发团队创新绩效影响的实证研究 [D]. 西安: 西安电子科技大学, 2014.

[261] 胡睿玲. 工作价值取向、工作重塑和工作满意度的关系研究 [D]. 重庆: 重庆工商大学, 2016.

[262] 胡卫平, 张淳俊. 跨学科概念图创作能力与科学创造力的关系 [J]. 心理学报, 2007, 39 (4): 697-705.

[263] 胡西华. 管理的人性化与非人性化 [J]. 企业改革与管理, 2003 (10): 16-17.

[264] 胡绪华, 陈丽珍, 吕魁. 基于传染病模型的集群内异质企业间知识传播机理分析与仿真 [J]. 运筹与管理, 2015, 24 (3): 248-257.

[265] 黄红兵. 领导艺术中的"三讲"方略 [J]. 企业改革与管理, 2006 (8): 66-67.

[266] 黄四林, 林崇德, 王益文. 创造力内隐理论研究: 源起与现状 [J]. 心理科学进展, 2005, 13 (6): 715-720.

[267] 黄四林, 林崇德, 王益文. 教师的创造力内隐理论 [J]. 心理科学, 2005, 28 (5): 1243-1245.

[268] 黄玮, 项国鹏, 杜运周, 等. 越轨创新与个体创新绩效的关系研究——地位和创造力的联合调节作用 [J]. 南开管理评论, 2017, 20 (1): 143-154.

[269] 季红, 鲁恒心, JI Hong, 等. 文化创意产业背景下艺术设计专业学生个体创造力的培养 [J]. 嘉兴学院学报, 2011, 23 (3): 121-126.

[270] 江静, 杨百寅. 善于质疑辨析就会有高创造力吗: 中国情境下的领导—成员交换的弱化作用 [J]. 南开管理评论, 2014, 17 (2): 117-128.

[271] 蒋建武. 员工创造力研究评述: 基于中国情境 [J]. 现代管理科学, 2011 (7): 38-40.

[272] 靳蕊, 刘权贵. 激励在绩效管理中的应用 [J]. 大观周刊, 2011 (41): 69-69.

[273] 李春光, 刘学利. 知识的分类与个体创造力的培养 [J]. 教育评论,

团队目标导向与个体目标导向对个体创造力的影响研究

2003（5）：1.

[274] 李海，熊娟，朱金强．情绪对个体创造力的双向影响机制——基于阴阳观的视角［J］．经济管理，2016（10）：100-113.

[275] 李海东．组织中的管家行为研究：概念结构、影响因素与未来展望［J］．华中农业大学学报（社会科学版），2017（3）：140-148.

[276] 李建军．创造发明学导引［M］．北京：中国人民大学出版社，2009.

[277] 李磊，尚玉钒．基于调节焦点理论的领导对下属创造力影响机理研究［J］．南开管理评论，2011，14（5）：4-11.

[278] 李全喜，张健，赵丹，付广华．信息细化在实证研究中的角色演化及未来展望：基于国外文献［J］．情报杂志，2016（9）：182-186+134.

[279] 李晓巍，刘艳，曾荣，等．非认知因素对个体创造力的影响［J］．北京师范大学学报（社会科学版），2015（2）：50-62.

[280] 李兴业．非智力因素与创造力的培养［M］．武汉：湖北教育出版社，2002.

[281] 李阳，白新文．善心点亮创造力：内部动机和亲社会动机对创造力的影响［J］．心理科学进展，2015，23（2）：175-181.

[282] 梁冰倩，顾琴轩．团队成员学习目标导向离散化与团队创造力研究［J］．管理学报，2015（1）：72-79.

[283] 梁祺，雷星晖，苏涛永．个体、组织双层面下的知识共享对员工创造力影响研究［J］．软科学，2013，27（6）：94-97.

[284] 刘洁．新创企业中家长式领导对员工创造力和组织承诺的作用机理研究［D］．合肥：中国科学技术大学，2016.

[285] 刘爽．中国企业的组织政治行为与组织创造力产生［D］．大连：大连理工大学，2014.

[286] 刘翔宇，李新建．职业技能提升对类联盟雇佣人员创造力的影响机理研究［J］．科学学与科学技术管理，2015，36（12）：149-162.

[287] 刘兴武．团队创造力形成的影响因素［D］．大连：东北财经大学，2016.

[288] 刘旭．顾客心理授权对创新绩效的影响［D］．广州：广东工业大学，2016.

[289] 刘云，石金涛．员工创造力的研究逻辑［J］．现代管理科学，2009

(1): 99-101.

[290] 刘云. 组织创新气氛对员工创新行为的影响过程研究 [D]. 上海: 上海交通大学, 2010.

[291] 路琳, 常河山. 目标导向对个体创新行为的影响研究 [J]. 研究与发展管理, 2007 (6): 44-51.

[292] 罗瑾琏, 徐振亭, 钟竞. 个体创造力的跨层次影响因素: 个体目标取向与团队自省 [J]. 科技进步与对策, 2016 (4): 138-143.

[293] 罗瑾琏, 徐振亭, 钟竞. 团队目标取向对创造力的多层次影响研究 [J]. 华东经济管理, 2016, 30 (3): 106-112.

[294] 罗玲玲. 论团体创造力与个体创造力转化的条件 [J]. 理论界, 2007 (4): 151-152.

[295] 吉丹俊. 彼得·德鲁克. 创新管理思想研究 [J]. 科技信息, 2007 (1): 133.

[296] 马国丰, 陆居一. 国内外系统动力学研究综述 [J]. 经济研究导刊, 2013 (6): 218-219.

[297] 马君, 王迪. 内外激励协同影响创造力: 一个被中介调节模型 [J]. 管理科学, 2015, 28 (3): 38-51.

[298] 马君, 张昊民, 杨涛. 成就目标导向、团队绩效控制对员工创造力的跨层次影响 [J]. 心理学报, 2015 (1): 79-92.

[299] 马君, 张昊民, 杨涛. 绩效评价、成就目标导向对团队成员工作创新行为的跨层次影响 [J]. 管理工程学报, 2015 (3): 62-71.

[300] 马君. 奖励能否激励员工创造力: 不同成就动机氛围下的匹配研究 [J]. 系统工程理论与实践, 2016, 36 (4): 945-957.

[301] 马蜜. 基于调节焦点理论的变革型领导对员工组织承诺的影响研究 [D]. 天津: 河北工业大学, 2015.

[302] 牟善良. 企业人才管理运行机制与协调优化 [J]. 商业经济, 2014 (2): 81-82.

[303] 倪旭东, 项小霞, 姚春序. 团队异质性的平衡性对团队创造力的影响 [J]. 心理学报, 2016 (5): 556-565.

[304] 倪旭东, 薛宪方. 基于知识异质性团队的异质性知识网络运行机制 [J]. 心理科学进展, 2013 (3): 389-397.

[305] 潘静洲, 王震, 周文霞, 等. LMX差异化对创造力的影响: 一项多层

次研究[J]. 管理科学学报, 2017, 20 (2): 108-126.

[306] 裴瑞敏, 李虹, 高鹏. 多源数据合成方法及其在个体创造力研究中的应用[J]. 数学的实践与认识, 2011, 41 (9): 76-83.

[307] 裴瑞敏, 李虹, 高艳玲. 领导风格对科研团队成员创造力的影响机制研究——内部动机和LMX的中介作用[J]. 管理评论, 2013, 25 (3): 111-118.

[308] 彭芹芳, 李晓文. Dweck成就目标取向理论的发展及其展望[J]. 心理科学进展, 2004 (3): 409-415.

[309] 屈晓倩, 刘新梅. 信息型团队断裂影响团队创造力的作用机理研究[J]. 管理科学, 2016 (2): 18-28.

[310] 任菲菲. 组织创新气氛、挑战性—阻断性压力对员工创造力的影响[D]. 济南: 山东师范大学, 2012.

[311] 上官子木. 创造力危机[M]. 上海: 华东师范大学出版社, 2004.

[312] 尚彬彬. 考虑胜任力和满意度的员工与岗位匹配问题研究[D]. 沈阳: 东北大学, 2008.

[313] 宋文豪, 顾琴轩, 于洪彦. 学习目标导向对员工创造力和工作绩效的影响[J]. 工业工程与管理, 2014 (2): 28-34.

[314] 宋长琨. 美国企业文化中激励机制的特点探析[J]. 桂林航天工业学院学报, 2001, 6 (4): 29-31.

[315] 宋志刚, 顾琴轩. 创造性人格与员工创造力: 一个被调节的中介模型研究[J]. 心理科学, 2015, 38 (3): 700-707.

[316] 孙健敏, 刘小禹, 胡佳. 科技人才创造倾向的个体差异研究[J]. 科学学与科学技术管理, 2007, 28 (3): 170-174.

[317] 孙健敏, 刘小禹, 胡佳. 我国科技人员创造倾向的影响因素——个体与地区差异的交互作用[J]. 经济管理, 2009 (12): 1-7.

[318] 孙健敏, 王震, 胡倩. 核心自我评价与个体创新行为: 集体主义导向的调节作用[J]. 商业经济与管理, 2011, 1 (4): 27-33.

[319] 孙健敏, 王震. 人与组织匹配对个体创新行为的影响[C]//第四届(2009)中国管理学年会——组织行为与人力资源管理分会场, 2009.

[320] 孙小伟. 企业职工内在潜能的激励[J]. 金山企业管理, 1997 (1): 34-36.

[321] 孙永磊, 宋晶, 陈劲. 差异化变革型领导、心理授权与组织创造力

[J]. 科学学与科学技术管理, 2016, 37 (4): 137-146.

[322] 孙有发, 郭旭冲, 梁肖肖, 刘彩燕, 张成科. 现实复杂情形下的 SIRS 型传染病模型及其控制策略 [J]. 系统仿真学报, 2010, 22 (1): 195-200.

[323] 谭峻峰. 员工开明性对工作创造力的影响研究 [D]. 上海: 上海交通大学, 2012.

[324] 汤小莉, 田高良, 孙笑明, 等. 占据合作网络切割点位置与关键研发者创造力 [J]. 系统工程理论与实践, 2016, 36 (12): 3152-3163.

[325] 陶佳. 不当督导与组织承诺、工作投入的关系研究 [D]. 北京: 首都经济贸易大学, 2015.

[326] 田友谊. 创造力系统观及其对创造教育的启示 [J]. 清华大学教育研究, 2006, 27 (1): 106-113.

[327] 童娟. 思想政治教育个体价值研究 [D]. 武汉: 武汉理工大学, 2010.

[328] 屠兴勇, 杨百寅, 张琪. 学习目标取向、共享意愿与员工创造力: 机理与路径 [J]. 科学学与科学技术管理, 2016 (2): 161-171.

[329] 汪玲, 方平, 鲁蕊. 目标定向对创造性个性的影响 [J]. 心理科学, 2010, 33 (1): 28-30+40.

[330] 王端旭, 赵轶. 学习目标取向对员工创造力的影响机制研究: 积极心境和领导成员交换的作用 [J]. 科学学与科学技术管理, 2011 (9): 172-179.

[331] 王佳佳. 论创造力发展的教育价值导向 [J]. 南京社会科学, 2011 (7): 127-131.

[332] 王嘉彤. 以心理契约为中介的知识型员工期望匹配与创新绩效关系研究 [D]. 西安: 西安电子科技大学, 2014.

[333] 王磊, 李翠霞. 团队特征对高校科研团队个体创造力影响的跨层次研究——以团队知识整合能力为中介变量 [J]. 软科学, 2016, 30 (9): 75-78.

[334] 王黎萤, 陈劲. 国内外团队创造力研究述评 [J]. 研究与发展管理, 2010, 22 (4): 62-68.

[335] 王莉红, 顾琴轩, 吴一穹. 团队错误中学习对成员创造力的跨层次影响: 基于无形资本视角 [J]. 科技管理研究, 2016, 36 (13): 117-124.

[336] 王莉红, 顾琴轩, 俞明传. 创造力由个体向团队涌现的边界机制: 目标共享与多元化视角 [J]. 科技管理研究, 2016, 36 (20): 123-129.

[337] 王莉红. 人力资本与社会资本对创新的影响: 个体与团队跨层次模型

研究［D］．上海：上海交通大学，2013．

［338］王莉红．人力资本与社会资本对创新的影响：个体与团队跨层次模型研究——基于经验学习与社会认同的作用机制［D］．上海：上海交通大学，2012．

［339］王陵峰，龙静，黄勋敬．员工创造力影响因素新探［J］．软科学，2011，25（10）：87－90．

［340］王先辉，段锦云，田晓明，孔瑜．员工创造性：概念、形成机制及总结展望［J］．心理科学进展，2010，18（5）：760－768．

［341］王先辉．员工创造力和建言行为关系研究［D］．苏州：苏州大学，2012．

［342］王晓红，金子祺，姜华．创新团队成员知识创新行为的系统动力学研究［J］．研究与发展管理，2014，26（2）：120－128．

［343］王欣，周泓．关于创造力的影响因素及有效培养个体创造力的思考［J］．黑河学刊，2012（9）：143－144．

［344］王砚羽，谢伟．基于传染病模型的商业模式扩散机制研究［J］．科研管理，2015，36（7）：10－18．

［345］王艳子，罗瑾琏．目标取向对员工创新行为的影响研究——基于知识共享的中介效应［J］．科学学与科学技术管理，2011，32（5）：164－169．

［346］王妤扬，苏勇，程骏骏．员工创造力与绩效结果和情感结果的关系［J］．技术经济，2015，34（5）：41－47．

［347］王中蝶．浅谈妨碍个体创造力的因素［J］．晋中学院学报，2001，18（4）：45－47．

［348］王忠，郭欢．玩趣人格对员工创造力作用机理研究——关于创造力形成的新研究视角［J］．科技管理研究，2015，35（2）：108－113．

［349］王紫薇．基于知识共享过程的规范与承诺对创造力的影响研究——以IT企业研发人员为例［D］．杭州：浙江大学管理学院，2008．

［350］温忠麟，刘红云，侯杰泰．调节效应和中介效应分析：Analyses of Moderating and Mediating Effects［M］．北京：教育科学出版社，2012．

［351］温忠麟，叶宝娟．中介效应分析：方法和模型发展［J］．心理科学进展，2014（5）：731－745．

［352］吴琳娜．组织创新气氛、领导行为与创造力的关系［D］．济南：山东师范大学，2010．

[353] 吴梦, 白新文. 动机性信息加工理论及其在工业与组织心理学中的应用 [J]. 心理科学进展, 2012, 20 (11): 1889-1898.

[354] 吴启涛, 栾贞增. 交互视角下工作场所创造力的研究述评与展望——一个整合性分析框架 [J]. 外国经济与管理, 2017, 39 (3): 51-60.

[355] 谢俊, 储小平. 多层次导向的变革型领导对个体及团队创造力的影响: 授权的中介作用 [J]. 管理工程学报, 2016, 30 (1): 161-167.

[356] 谢章澍. TIM 视角下企业全员创新机理与管理模式研究 [D]. 杭州: 浙江大学, 2006.

[357] 辛冲. 企业组织创新要素对技术创新的影响研究 [D]. 哈尔滨: 哈尔滨工业大学, 2008.

[358] 邢淑丹. 员工创造力受影响的因素和对领导行为的思考 [J]. 技术经济与管理研究, 2006 (5): 87-88.

[359] 熊汉富. 企业管理人才创造力开发 [M]. 湘潭: 湖南人民出版社, 2006.

[360] 徐德刚. 具有病毒变异的复杂网络 SIVR 疾病传播模型研究 [A]. 东北大学、IEEE 新加坡工业电子分会. 第 27 届中国控制与决策会议论文集 (下册) [C] //东北大学、IEEE 新加坡工业电子分会, 2015: 6.

[361] 徐东升, 周文莉, 顾远东. 领导力与组织创造力研究进展 [J]. 科技管理研究, 2017, 37 (10): 160-167.

[362] 徐建中, 曲小瑜. 个人目标取向对员工前摄行为的作用机理——基于心理契约的中介效应和自我领导的调节效应 [J]. 预测, 2015 (1): 1-7.

[363] 许光清, 邹骥. 系统动力学方法: 原理、特点与最新进展 [J]. 哈尔滨工业大学学报 (社会科学版), 2006 (4): 72-77.

[364] 薛会娟. 研发团队中的效能感与创造力的关系——跨层次研究 [J]. 南开管理评论, 2013, 16 (5): 71-76.

[365] 杨海锋. 个体创造力通向组织创造力的必由之路——论创新型组织的构建 [J]. 发明与创新, 2008 (1): 20-21.

[366] 杨晶照, 杨东涛, 赵顺娣, 等. 工作场所中员工创新的内驱力: 员工创造力自我效能感 [J]. 心理科学进展, 2011, 19 (9): 1363-1370.

[367] 杨柳. 双元学习、创造力与绩效 [D]. 大连: 东北财经大学, 2014.

[368] 杨文祥. 论 "需要—激励" 理论及其在人员管理中的运用 [J]. 管理世界, 1989 (5): 176-180.

[369] 杨鑫, 贾良定, 蔡亚华, 等. 团队认知多样性和个体创造力的关系研究——以社会网络和关系性人口学为视角 [J]. 科学学与科学技术管理, 2013, 34 (6): 152-162.

[370] 杨燕, 蔡新蕾. 原始性创新的触发机制研究——基于动机性信息处理理论和利益相关者视角 [J]. 科研管理, 2016, 37 (9): 1-10.

[371] 姚春序, 项小霞, 倪旭东. 团队内隐异质性: 内涵拓展及其效能机制 [J]. 心理科学进展, 2014, 22 (2): 323-333.

[372] 叶澜. 教师角色与教师发展新探 [M]. 北京: 教育科学出版社, 2001.

[373] 尹润锋, 朱颖俊. 绩效考核目标取向与员工创新行为: 差错管理文化的中介作用 [J]. 科学学与科学技术管理, 2013 (2): 174-180.

[374] 喻佳. 个体创造力与团队创造力 [D]. 上海: 上海交通大学, 2014.

[375] 张发, 李璐, 宣慧玉. 传染病传播模型综述 [J]. 系统工程理论与实践, 2011, 31 (9): 1736-1744.

[376] 张钢, 吕洁. 从个体创造力到团队创造力: 知识异质性的影响 [J]. 应用心理学, 2012, 18 (4): 349-357.

[377] 张昊民, 杨涛, 马君. 自主管理团队的协和控制、成就目标导向对成员创造力的跨层次影响 [J]. 科学学与科学技术管理, 2015 (8): 170-180.

[378] 张华, 席酉民, 丁琳. 社会网络对个体创造力的作用机理研究 [J]. 科学学与科学技术管理, 2008, 29 (11): 185-191.

[379] 张健, 李全喜, 赵丹, 珏元英. 信息细化研究现状及演化历程的可视化分析——基于国外文献 [J]. 情报理论与实践, 2017 (2): 139-144+127.

[380] 张健, 李全喜, 赵丹, 张鹏. 新媒体环境下具有多目标导向性的信息细化模型研究——基于传染病模型 [J]. 情报杂志, 2016 (10): 137-145.

[381] 张杰. 创造力的含义 [J]. 心理科学, 1988 (6): 45-47.

[382] 张军, 许庆瑞. 企业知识积累与创新能力演化间动态关系研究——基于系统动力学仿真方法 [J]. 科学学与科学技术管理, 2015, 36 (1): 128-138.

[383] 张雷, 雷雳, 郭伯良. 多层线性模型应用 [M]. 北京: 教育科学出版社, 2003.

[384] 张鹏程, 陈菲. 领导授权对创新的多层次影响机制研究: 团队创新效能感的作用 [J]. 中国人力资源开发, 2014 (17): 6-13.

[385] 张鹏程,刘文兴,廖建桥. 魅力型领导对员工创造力的影响机制:仅有心理安全足够吗?[J]. 管理世界,2011(10):94-107.

[386] 张瑞娟,孙健敏. 创新导向人力资源管理实践:结构和测量[J]. 中国人力资源开发,2014(23):55-66.

[387] 张双元,张舜. 奖励对创造力影响的研究进展[J]. 科技资讯,2016,14(34):185-185.

[388] 张文勤,刘云. 研发主管目标取向对团队反思与知识分享行为的影响[J]. 科研管理,2014(9):154-160.

[389] 张文勤,石金涛,刘云. 团队成员创新行为的两层影响因素:个人目标取向与团队创新气氛[J]. 南开管理评论,2010(5):22-30.

[390] 张文勤,石金涛,宋琳琳,顾琴轩. 团队中的目标取向对个人与团队创新的影响——多层次研究框架[J]. 科研管理,2008(6):74-81+100.

[391] 张文勤,孙锐. 知识员工目标取向与知识团队反思对知识活动行为的交互影响研究[J]. 南开管理评论,2014(5):33-41+72.

[392] 张文勤,王瑛. 团队中的目标取向对创新气氛与创新绩效影响的实证研究[J]. 科研管理,2011,32(3):121-129.

[393] 张晓洁,刘新梅,屈晓倩. 团队任务冲突如何影响个体创造力:一个跨层的中介调节模型[J]. 预测,2016,35(1):22-27.

[394] 张雁冰. 社会资本对研究生创新能力的影响研究[D]. 合肥:中国科学技术大学,2014.

[395] 张燕,怀明云,章振,等. 组织内创造力影响因素的研究综述[J]. 管理学报,2011,8(2):226-232.

[396] 张燕,章振. 性别多样性对团队绩效和创造力影响的研究[J]. 科研管理,2012,33(3):81-88.

[397] 章振,张燕,侯立文,等. 理解团队多样性:理论、机制与情境[J]. 南大商学评论,2012(2):127-146.

[398] 甄美荣,朱永跃,庄晋财,郭本海. 心理资本、目标取向与创新行为——组织创新氛围下的两层次多效应研究[J]. 软科学,2015,29(11):101-104.

[399] 郑彤彤,谢科范. 基于系统动力学的用户创新行为演化分析[J]. 管理学报,2015,12(12):1824-1831.

[400] 钟芳冰,彭灿,陈悦. 团队氛围对个体创造力与团队创造力的影响

［J］．价值工程，2011，30（15）：12－13．

［401］钟竞，韩杨，罗瑾琏．微观开放性视角下创造力的多层次影响机制探究［J］．科技管理研究，2016，36（11）：15－22．

［402］钟竞，罗瑾琏，韩杨，等．知识分享中介作用下的经验开放性与团队内聚力对员工创造力的影响［J］．管理学报，2015，12（5）：679－686．

［403］周文泳，胡璟璟．内在动机及其前因变量和结果变量研究进展［J］．郑州航空工业管理学院学报，2012，30（2）：85－88．

［404］周小兰，赵鹏，马文．成就目标导向：三维结构的理论采纳与实证检验［J/OL］．科技进步与对策，2017，34（12）：134－139．

［405］周耀烈，杨腾蛟．个体创造力向团队创造力转化的机理研究［J］．科学学研究，2007，（S2）：409－413．

［406］周治金，杨文娇．论知识与创造力的关系［J］．高等教育研究，2007（10）：75－79．

［407］朱俊．创新型企业间合作创造力的实证研究［D］．杭州：浙江工业大学，2016．

［408］朱娜．浅析绩效管理中的激励作用［J］．工程技术（引文版），2016（11）：308．

［409］朱素平．个体创造力的构成要素［J］．科技创业月刊，2006（10）：140．

［410］朱秀梅，方琦，鲍明旭．基于领导—成员交换调节作用的目标导向对员工创业学习的影响研究［J］．管理学报，2016（12）：1792－1800．

［411］朱学红，谭清华，伍如昕．心理契约：创造力研究的新视角［J］．科技管理研究，2013（21）：215－221．

［412］李旖．核心自我评价、目标导向与个人创造力的关系研究［D］．西安：电子科技大学，2016．

［413］史丽萍，贾亚男，刘强．团队目标导向影响因素的探索性研究：基于扎根理论和概念格——加权群组DEMATEL方法［J］．运筹与管理，2016，25（2）：104－112．

［414］宁晓梅．创业团队目标导向对团队创造力的影响研究［D］．杭州：浙江理工大学，2017．

［415］张黎明．研发团队行为整合、跨边界外部学习与创新绩效关系的实证研究［D］．南京：南京邮电大学，2017．

[416] 朱素平. 个体创造力的构成要素 [J]. 科技创业月刊, 2006 (10): 140 + 147.

[417] 顾金凤. 构建以战略目标为导向的精益绩效管理体系 [N]. 东方烟草报, 2019 - 08 - 14 (003).

[418] 王天力. 一般创造力: 概念内涵、存在机理与影响因素 [J]. 黄河科技大学学报, 2018, 20 (6): 83 - 89.

[419] 刘芳, 李涛, 黄于桐. 学习目标导向对员工创造力的影响路径研究 [J]. 牡丹江师范学院学报 (社会科学版), 2019 (3): 19 - 28.

[420] 华斌, 魏巍. 个体目标导向对员工创造力的影响研究 [J]. 华东经济管理, 2019, 33 (8): 36 - 44.

附 录

调查问卷

尊敬的先生/女士：

您好！真诚地感谢您在百忙之中抽空参与本次调研。本问卷受有关部门的委托，针对企业进行深入的调研。问卷内容主要用于科学研究，不会涉及贵企业的商业机密。并且，我们郑重承诺绝不用于商业用途，并对贵企业的数据保密。在填写问卷过程中，如果您认为某个问题并不能完全代表您的意见，请您选择最接近您的想法的答案。

您的客观回答对于我们学术研究的结论十分重要，谢谢您的配合！如果您对我们研究的结果感兴趣，请您留下联系方式，我们会在完成研究后与您分享结果。

联系人：　　　　　　　　　　E-mail：

1. 贵领导（员工）的基本信息：

（1）性别：
□男　□女

（2）年龄：
□29岁及以下　□30~40岁　□41~50岁　□51岁及以上

（3）教育水平：
□中专及以下　□大专　□本科　□硕士　□博士及以上

（4）工作任期：
□3年以下　□3~6年　□6~9年　□9年以上

（5）团队规模：
□3人以下　□4~6人　□7~10人　□10人以上

领导问卷

2. 请您根据实际情况与下列题项的符合程度对下属情况进行准确判断（1~7）。

员工创造力：

T1：此员工，在其工作中可以表现出独创性。

T2：此员工会冒着风险提出执行工作的原创性想法。

T3：此员工可以找到使用现有的工作方法或工具的新用途。

T4：此员工会解决给他人造成困难的难题。

T5：此员工会尝试了解解决问题的新想法、方法。

T6：此员工会积极发现开发新产品或新工作流程的机会。

T7：此员工在工作中会经常发现有创意并且可操作的想法。

T8：此员工是一个拥有创造力的模范下属。

员工问卷

3. 请您根据实际情况对下列题项进行准确判断（1~7）。

团队层次目标导向

301. 团队层次学习目标导向：

WLO1：本团队会积极寻求发展新技能与新知识的机会。

WLO2：本团队喜欢具有挑战性且困难的任务，从中学习到新技能。

WLO3：本团队为了发现具有可行性的新想法，愿意承担风险。

WLO4：本团队喜欢对于执行能力或才能有较高要求的工作。

WLO5：本团队视学习与发展技能为非常重要的事情。

302. 团队层次绩效趋近目标导向：

WAO1：本团队视学习与发展技能为非常重要的事情。

WAO2：本团队会努力去弄清楚，在工作中向其他团队证明本团队能力需要做些什么。

WAO3：当其他团队意识到本团队做得好时，本团队会觉得很高兴。

WAO4：本团队喜欢从事可以向其他团队证明本团队优质能力的项目。

303. 团队层次的绩效趋避目标导向：

WVO1：本团队会避免去从事可能使本团队显得比较无能的新任务。

WVO2：本团队会避免显露出能力不足，而不是去学习新技能。

WVO3：本团队会担心从事一些会因表现不佳而显露团队能力低的任务。

WVO4：本团队会尽量回避可能展现团队绩效不佳的任务。

4. 请您根据实际情况对下列题项进行准确判断（1~7）。

个体层次目标导向

401. 个体学习目标导向：

ELO1：我乐于选择一个能学到更多的挑战性任务安排。

ELO2：我常寻求发展新技能与新知识的机会。

ELO3：我喜欢具有挑战性且困难的任务，可以从中学到新技能。

ELO4：对我而言，发展工作能力是重要的，我愿意为此承担风险。

ELO5：我比较喜欢对执行能力或才能有较高要求的工作。

402. 个体绩效趋近目标导向：

EAO1：我在意向别人展现我的绩效比我的同事好。

EAO2：我会努力去弄清楚，在工作中向他人证明我的能力需要做些什么。

EAO3：当其他同事知道我做得有多好时，我会觉得很开心。

EAO4：我偏好从事可以让我向其他人证明我的能力的工作。

403. 个体绩效趋避目标导向：

EVO1：我会避免去从事可能使我显得比较无能的新任务。

EVO2：对我而言，避免显得能力不足比学习新技能更重要。

EVO3：我担心从事一些会因表现不佳而展现我能力低的任务。

EVO4：在工作中，我尽量回避可能展现我绩效不佳的情境。

5. 请您根据实际情况对下列题项进行准确判断（1~7）。

个体信息细化

EOI1：在工作中，我会从多方面咨询与任务相关的信息。

EOI2：在工作中，我会从身边的同事或公司内部文件搜寻信息。

EOI3：在工作当中，我会尽可能全面考虑任务相关的信息以提出较佳方案。

EOI4：在工作当中，我会仔细考虑同事或公司所提供或呈现的档案信息。

6. 请您根据实际情况对下列题项进行准确判断（1~7）。

团队信息交换

TS1：在工作中，团队个体互相交换信息，并且互相学习。

TS2：在工作中，团队个体通过互相交换想法来分析和解决问题。

后 记

本书是在本人博士论文基础上修改而成,为了尽可能保持论文原貌,因此仍然把博士论文中的致谢内容作为本书后记的主要部分,这也最能体现我写作本书时的内心感受!

"桃李不言,下自成蹊",在博士求学生涯中,我首先要衷心感谢恩师李全喜教授。老师严谨的治学态度、一丝不苟的敬业精神、谦逊正直的人格魅力对我的学习和生活产生了重要影响,恩师的教诲将是我人生的一笔宝贵财富,使我终生受益,在此特别向恩师致以衷心的感谢和诚挚的敬意!

感谢吉林大学管理学院毕新华教授、陈海涛教授、邱长波教授等师长在我论文的开题和写作过程中给予耐心指导,各位老师对论文提出的宝贵意见和建议让我受益匪浅。同时一并感谢所有曾经教导过我,关怀过我的老师们。感谢王楠、董睿、张鹏、徐嘉徽等同门给予我的鼓励与支持,以及付广华、顾美玲博士在学习和生活上帮助。感谢我的父母和妻子,是你们默默的支持和奉献,解决了我的后顾之忧,让我可以全身心地投入科研工作中,顺利完成博士学位论文。人生路上有你们相伴,走再远的路吃再多的苦也无怨无悔。还需要感谢经济管理出版社各位老师在本书出版过程中的指导、帮助、支持与理解。最后感谢教育部人文社科青年项目、重庆文理学院人才引进项目、重庆文理学院学术专著资助项目给予本书的资助。

虽然自己尽了最大的努力,但我深知相关理论研究中仍有巨大的研究价值未曾触及,比如:工作氛围对个体的创造力影响到底是怎样的?个体自身特质与外部环境是如何交互影响个体创造力的?团队创造力是否可以取代个体创造力?……希望在未来的某一天可以找到答案!

张 健

2020 年 4 月